清华版·高等院校旅游与饭店管理专业规划教材

旅游心理学基础

第二版

李 昕 主编
郑 岩 李振东 副主编

清华大学出版社
北京

内 容 简 介

本书是教育部旅游管理专业教育教学改革工程项目的系列配套教材之一。

本书系统地阐述了旅游心理学的基本原理、方法及其在实践中的应用。全书共 16 章，分别从旅游消费者的角度和旅游服务工作者的角度，论述和讨论了旅游者的知觉、学习、需要与动机、态度、个性和社会因素对旅游行为的影响、旅游服务质量、旅游者的满意度、旅游体验及旅游行业涉及的各种服务心理。

本书可作为高等学校旅游管理类各个专业或专业方向的教材，也可作为旅游企业高级管理人员的培训教材。

本书封面贴有清华大学出版社防伪标签，无标签者不得销售。
版权所有，侵权必究。举报：010-62782989，beiqinquan@tup.tsinghua.edu.cn。

图书在版编目(CIP)数据

旅游心理学基础/李昕主编；郑岩，李振东副主编．--2版．--北京：清华大学出版社，2011.3(2021.6重印)

(清华版·高等院校旅游与饭店管理专业规划教材)
ISBN 978-7-302-24890-3

Ⅰ.①旅… Ⅱ.①李… ②郑… ③李… Ⅲ.①旅游心理学—高等学校—教材 Ⅳ.①F590

中国版本图书馆 CIP 数据核字(2011)第 017365 号

责任编辑：温　洁
装帧设计：常雪影
责任校对：王　晖
责任印制：沈　露

出版发行：清华大学出版社
网　　址：http://www.tup.com.cn, http://www.wqbook.com
地　　址：北京清华大学学研大厦 A 座　　邮　编：100084
社 总 机：010-62770175　　邮　购：010-62786544
投稿与读者服务：010-62776969, c-service@tup.tsinghua.edu.cn
质量反馈：010-62772015, zhiliang@tup.tsinghua.edu.cn

印 装 者：三河市龙大印装有限公司
经　　销：全国新华书店
开　　本：185mm×260mm　　印　张：19.25　　字　数：460 千字
版　　次：2006 年 7 月第 1 版　2011 年 3 月第 2 版　印　次：2021 年 6 月第 9 次印刷
定　　价：46.00 元

产品编号：039486-02

教育部面向21世纪
旅游管理专业教育教学改革工程项目配套教材
清华版·高等院校旅游与饭店管理专业规划教材

编 委 会

总 主 编 马 勇 田 里

副总主编 郑向敏 罗兹柏 高 峻

主编委员（按姓氏笔画排序）

马 波　马 勇　王 琳　王远水
王远坤　田 里　叶 红　叶晓辉
龙京红　吕宛青　刘 纯　刘大可
刘爱服　牟 红　冯冬明　朱承强
肖 星　李 丽　李 昕　李 晴
李亚利　李肇荣　杜文才　陈福义
陈绍友　张文建　张德成　杨 敏
杨振之　郑向敏　郑耀星　赵 丽
赵 毅　罗兹柏　罗有贤　修月桢
高 峻　徐启明　曹华盛　韩玉灵
魏 卫

丛 书 序

进入21世纪以来，随着中国社会经济的飞跃发展，综合国力的不断增强，国民生活水平的显著提高，中国旅游业迅速发展起来，并且保持着持续发展的活力。根据世界旅游组织的预测，2020年中国将成为世界第一大旅游目的地国，并成为世界主要旅游客源国之一。在21世纪的起始阶段，中国旅游业的发展将本着"大力发展入境游，积极发展国内游，规范发展出境游"的方针，逐步发展成为出入境旅游并举的旅游客源输出大国和旅游目的地大国。

中国能够快速发展成为全球最主要的旅游市场之一，首先需要大量优秀的专业人才做支撑。旅游产业的发展运行需要管理、策划、营销、服务等多方面和多层次的专业人才体系来支撑，涉及面包括了从旅游资源的规划与开发到旅游产品的策划与设计，从旅游活动的组织创意到旅游线路的营销推介，从旅游企业的管理运营到旅游项目的筹划运作以及到各种旅游服务的实际提供与操作等等；同时，随着现代旅游产业发展呈现出的多元化、国际化趋势，旅游节庆、旅游会展、旅游地产、旅游电子商务等新型旅游产业迅速发展起来，对现代旅游从业人员提出了新的要求，也是对当前旅游管理专业的高等教育提出了新的挑战。

当前，我国旅游管理专业教学建设已有了一定的发展基础，在中国步入"十一五"新的发展时期，中国旅游专业人才的培养需要一套具有新理念、新思维、高水平的精品教材，以培养出一批符合未来中国旅游产业发展需求的合格人才。为此，清华大学出版社策划组织了国内一流旅游院校中的部分院系著名专家教授和学科带头人参与编写了这套能够适应中国旅游业发展需要的高等院校系列教材。本套教材是教育部面向21世纪旅游管理专业教育教学改革工程项目的系列配套教材，由清华大学出版社组织出版。本套教材的宗旨是进一步完善全国旅游管理专业的高等教学体系，总结中国旅游产业发展的理论成果和实践经验，推进中国旅游管理专业的理论发展和学科建设，并希望有助于提高中国现代旅游从业人员的专业素养和理论功底。

在编制本套教材的过程中，我们力求系统地、完整地和准确地介绍旅游管理专业的基本理论和知识，并体现资料全、观点新和体系完整的特色，尽可能地将当前国内外旅游产业发展的前沿理论和热点、焦点问题收纳进来。本套教材既可作为全国高等院校旅游管理专业教育教学的专业教材，也可作为旅游企业专业人才培训的参考用书。本套教材由教育部工商管理教学委员会委员马勇教授和田里教授担任总主编，由华侨大学郑向敏教授、重庆师范大学罗兹柏教授和上海师范大学高峻教授担任副总主编。

本套系列教材将于2006年秋季陆续出版发行，其中刘纯教授的《现代饭店督导管理》、郑向敏教授的《现代饭店经营管理》已评为教育部国家级"十一五"规划教材。在教材的编制过程中，清华大学出版社特别邀请了全国旅游教育界和企业界的知名教授和专家学者进行了严格的审定，借此机会对支持和参与本套教材编、审工作的专家、学者表示衷心的感谢。

欢迎全国旅游高等院校师生和旅游专业人士的选用，并提出宝贵意见，以利于今后本套系列教材的修订与完善。

编委会
2006年7月

第二版前言

本书是教育部旅游管理专业教育教学改革项目配套教材之一，也是清华版高等院校旅游与饭店管理专业规划教材之一。

本书吸收了国内外有关旅游心理学教材的优点，借鉴和参考了大量的中文和外文文献资料，力图将国内外旅游心理学领域的最新研究成果和实践资料融入本教材。全书共分成 16 章，提供了与本章内容相关的"典型案例"、"参考信息"或"案例讨论"，供教师在教学过程中和学生在学习时参考。每章后面的"复习与思考题"供教师参考和学生课后复习和自测时参考使用。这次修订版中，在一些实践性较强的章节中增加了若干"微型案例"和"小资料"，以帮助学生加深理解所学的内容。

另外，本书配有电子课件，以适应多媒体教学的需要。课件下载网址：www.tup.tsinghua.edu.cn。

本书第一版于 2006 年 7 月出版，主编为李昕、李晴；副主编为马莹、李振东；编者为杨娅娜、张永林。第二版主编为李昕；副主编为郑岩、李振东。具体分工为：李昕设计编写大纲并编写一、三、四、六至十章以及修改全部书稿和最后统稿；李振东编写第二、五章；郑岩编写第十一至十六章。

本书的策划及第一版和第二版的出版得到了清华大学出版社的大力支持和帮助，尤其是编辑对本书的问世和第二版的修订工作提出很多指导性的建议，投入了大量的心血和精力，在此，表示衷心的感谢。本书在编写过程中参考和引用了国内外的一些相关文献和资料，谨向这些文献资料的作者致以诚挚的谢意。

旅游心理学是旅游学中的一门不断发展的新兴学科，所涉及的理论需要通过实践的检验而加以完善,同时由于编写时间的仓促和编者的水平所限,书中存在一些缺点、谬误和疏漏之处是难免的,恳请各位学术同仁、教师、学生和其他读者不吝赐教,提出宝贵的批评和建议,以便在对本书进行再次修订时加以改正。

李 昕

前　言

本书是教育部旅游管理专业教育教学改革项目配套教材之一，也是清华版高等院校旅游与饭店管理专业规划教材之一。

本书作为高等院校旅游与饭店管理专业或专业方向的"旅游心理学"课程的教科书，在编写过程中针对学生的特点和需要，考虑到本门课程的具体学时的安排(32学时左右)，力求做到理论系统、难易适度、理论联系实际、可操作性强。本书主要从两个方面对旅游心理学的理论和实践进行讨论和研究，即旅游者的旅游消费心理和行为及旅游业中各个行业领域中的从业人员的服务心理和行为。由于旅游企业管理人员的管理心理和行为已经在"管理学"和"组织行为学"课程中进行了系统的论述和讨论，因此本书对这方面的内容就不再进行重复讨论和论述了。

本书编者吸收了国内外有关旅游心理学教材的优点，借鉴和参考了大量的中文和外文文献资料，力图将国内外旅游心理学领域的最新研究成果和实践资料融入本书。全书共分成14章，每章后面都提供了与本章内容相关的"典型案例"、"参考信息"或"案例讨论"，供教师在教学过程中和学生在学习时参考。每章后面的"复习与思考题"供教师参考以及学生课后复习和自测时参考使用。

另外，本书配有电子课件，以适应多媒体教学的需要。下载地址：www.tup.tsinghua.edu.cn。

本书的主要编写人员与具体分工如下：李昕设计编写大纲并编写第一、三、四、六至九章以及修改全部书稿和最后统稿；李晴、杨娅娜编写第十一、十二章；马莹编写第十三、十四章；李振东编写第二、五章；张永林编写第十章。

本书在策划和编写过程中得到了清华大学出版社的大力支持和帮助，尤其是编辑对本书的问世投入了大量的心血和精力，在此表示衷心的感谢。本书在编写过程中参考并引用了国内外的一些相关文献和资料，谨向这些文献资料的作者致以诚挚的谢意。

　　旅游心理学是旅游学中的一门不断发展的新兴学科，所涉及的理论需要通过实践的检验而加以完善，同时由于编写时间的仓促和编者的水平所限，书中存在一些缺点、谬误和疏漏之处是难免的，恳请各位学术同仁、教师、学生和其他读者不吝赐教并提出宝贵的批评和建议，以便在对本书进行修订再版时加以改正。

李　昕

目 录

第一章 旅游心理学引论 ... 1
第一节 旅游观念与休闲观念的变化 ... 2
第二节 旅游产品的基本特性 ... 3
第三节 旅游心理学的研究对象和研究意义 ... 6
一、旅游心理学的研究对象 ... 7
二、研究旅游心理学的意义 ... 7
典型案例 ... 10
复习与思考题 ... 12

第二章 旅游者的知觉 ... 13
第一节 旅游知觉概述 ... 14
一、旅游知觉的概念 ... 14
二、旅游知觉的特征 ... 15
三、影响旅游知觉的因素 ... 22
第二节 旅游知觉的心理定势 ... 26
一、首因效应 ... 26
二、晕轮效应 ... 27
三、刻板印象 ... 28
第三节 旅游者对旅游条件的知觉 ... 28
一、旅游者对旅游地或旅游景观的知觉 ... 29
二、旅游者对时间的知觉 ... 32
三、旅游者对旅游距离的知觉 ... 33
四、旅游者对旅游交通的知觉 ... 35
参考信息 ... 38
复习与思考题 ... 40

第三章 旅游者的学习 ... 41
第一节 学习的概念 ... 42
第二节 学习使旅游者从不成熟走向成熟 ... 43
一、成熟旅游者的表现 ... 43

二、旅游消费中风险的学习 45
　　三、减少旅游者购买后疑虑的学习 48
第三节　旅游者如何学习 49
　　一、通过经验学习旅游 49
　　二、获取信息的过程也是学习旅游的过程 50
参考信息 52
复习与思考题 54

第四章　旅游者的需要与动机 55

第一节　旅游者的需要 56
　　一、需要的概念 56
　　二、需要层次理论 57
　　三、需要的单一性和复杂性 60
　　四、人对高质量生活的需要 61
第二节　旅游者的动机 64
　　一、动机与旅游动机 64
　　二、旅游动机的多源性 66
　　三、旅游动机的激发 70
参考信息 72
复习与思考题 74

第五章　旅游者的态度 75

第一节　旅游态度概述 76
　　一、态度的概念 76
　　二、态度的特性 79
　　三、影响旅游态度形成的因素 81
第二节　旅游态度与旅游行为 85
　　一、旅游偏好与旅游态度 85
　　二、旅游决策与旅游态度 87
第三节　旅游态度的改变 89
　　一、改变旅游产品，改变旅游态度 90
　　二、进行旅游宣传，改变旅游态度 92
参考信息 96
复习与思考题 98

第六章 旅游者的个性 99

第一节 个性概述 100
- 一、个性的概念 100
- 二、影响个性形成和发展的因素 100

第二节 个性特征与旅游行为 102
- 一、个性倾向与旅游行为 102
- 二、生活方式与旅游行为 104

第三节 个性结构与旅游决策 107
- 一、自我状态的三副不同"面孔" 107
- 二、自我状态与旅游决策 108

参考信息 110

复习与思考题 112

第七章 社会因素与旅游行为 113

第一节 社会角色 114
- 一、角色规范 114
- 二、角色期待 115
- 三、角色冲突 115
- 四、旅游角色 116

第二节 家庭与旅游行为 117
- 一、家庭结构 117
- 二、家庭生命周期 118
- 三、家庭旅游决策 121

第三节 社会阶层与旅游行为 123
- 一、社会阶层的划分 123
- 二、社会阶层与旅游行为 126

第四节 社会文化与旅游行为 127
- 一、文化概述 127
- 二、社会文化对旅游行为的影响 130

参考信息 132

复习与思考题 133

第八章 旅游服务与服务质量 135

第一节 服务的概念 136

一、服务的定义 136
　　　二、旅游服务行业的特性 137
　第二节　服务质量 140
　　　一、服务质量的概念 140
　　　二、评估服务质量 141
　　　三、质量管理理论 142
　典型案例 145
　参考信息 146
　复习与思考题 148

第九章　旅游者的满意度 149

　第一节　服务质量与旅游者的满意度 150
　　　一、顾客的满意度 150
　　　二、顾客满意的价值 151
　　　三、顾客对不满意的产品或者服务的反应 153
　第二节　影响旅游者满意度的因素 154
　　　一、服务的差异 154
　　　二、"容忍区间"因素 155
　　　三、各种压力因素 156
　　　四、关键时刻 157
　典型案例 158
　参考信息 159
　复习与思考题 162

第十章　旅游休闲体验 163

　第一节　旅游休闲体验概述 164
　　　一、体验对成熟的旅游消费者十分重要 164
　　　二、旅游体验是多种复杂因素相互作用的结果 166
　第二节　旅游休闲体验的特性 167
　　　一、动机因素 167
　　　二、时间因素 169
　　　三、情感因素 170
　　　四、自我表现因素 172
　　　五、服务环境因素 173

	六、心理结果	174
第三节	影响旅游休闲体验的因素	174
	一、旅游服务质量	175
	二、环境因素	175
	三、人的因素	177

参考信息 ... 177

案例讨论 ... 178

复习与思考题 ... 180

第十一章　旅行社服务心理 ... 181

第一节	旅游者在旅游过程中的心理活动规律	182
	一、旅游者初到异地时的心理特点	182
	二、旅游者在游览活动中的心理特点	182
	三、旅游者在旅游终结阶段的心理特点	184
第二节	旅游者对旅行社服务的要求	185
	一、团队旅游者对旅行社服务的要求	185
	二、散客旅游者对旅行社服务的要求	186
	三、导游工作对导游员心理素质的要求	187
第三节	旅行社前台服务心理	190
	一、旅行社前台接待工作的作用	190
	二、前台服务人员应该具备的心理素质	191
第四节	导游服务的心理策略	193
	一、以美好形象面对游客	193
	二、以微笑服务亲和游客	194
	三、以精彩的语言感染游客	194
	四、以灵活技巧吸引游客	196
	五、以热情服务温暖游客	197
	六、以超值服务凝聚游客	198

参考信息 ... 199

案例讨论 ... 200

复习与思考题 ... 202

第十二章　饭店服务心理 ... 203

第一节　前厅服务心理 ... 204

　　　　一、前厅部的主要功能 204
　　　　二、宾客对前厅服务的心理需求 205
　　　　三、如何做好前厅服务工作 207
　　第二节　客房服务心理 209
　　　　一、宾客对客房服务的心理需求 209
　　　　二、如何做好客房服务工作 210
　　第三节　餐厅服务心理 212
　　　　一、宾客对餐厅服务的心理需求 213
　　　　二、如何做好餐厅服务工作 215
　　典型案例 218
　　案例讨论 219
　　复习与思考题 220

第十三章　旅游景区服务心理 221

　　第一节　旅游者对景区服务的心理需求 222
　　　　一、对主动服务的需求 222
　　　　二、对热情服务的需求 222
　　　　三、对周到服务的需求 223
　　　　四、对便捷服务的需求 223
　　　　五、对娱乐服务的需求 224
　　　　六、对安全服务的需求 224
　　第二节　景区服务的心理策略 224
　　　　一、闸口接待服务 224
　　　　二、信息咨询服务 225
　　　　三、娱乐表演服务 226
　　　　四、环境卫生服务 226
　　　　五、安全保卫服务 227
　　　　六、应急医疗服务 227
　　　　七、特殊亲情服务 228
　　　　八、投诉受理服务 228
　　参考信息 229
　　案例讨论 231
　　复习与思考题 232

第十四章 旅游购物服务心理 233

第一节 旅游者的购物心理 234
一、旅游者的购买动机 234
二、旅游者的购物行为分析 236
三、旅游者对购物服务的心理需求 238

第二节 旅游商品及其心理因素 239
一、旅游商品的三大属性 240
二、旅游商品中的心理因素 241

第三节 旅游购物服务的心理策略 244
一、精心设计，美化购物环境 244
二、热情主动，激发购买兴趣 244
三、敏锐观察，抓住销售时机 245
四、因人而异，提供特色服务 245

参考信息 246
案例讨论 248
复习与思考题 249

第十五章 旅游售后服务心理 251

第一节 旅游者投诉心理 252
一、妥善处理旅游投诉的重要性 252
二、引起旅游者投诉的原因 253
三、旅游者投诉时的心理需求 255
四、处理旅游者投诉的心理策略 256
五、旅游投诉的预防 260

第二节 旅游售后服务心理 262
一、售后服务的概念 262
二、售后服务的方式 262

案例讨论 264
复习与思考题 266

第十六章 旅游工作者的心理卫生与保健 267

第一节 心理卫生与心理健康 268
一、心理健康与心理卫生的含义 268
二、心理健康的标准 269

第二节　旅游工作者的健康心理培养与调适 270
　　一、旅游工作者的常见心理问题 270
　　二、旅游工作者的健康心理培养 271
　　三、旅游工作者的健康心理调适 272
第三节　旅游工作者心理健康教育 274
　　一、旅游工作者岗位适应的心理健康教育 274
　　二、旅游工作者人际交往的心理健康教育 276
　　三、旅游工作者心理健康的企业维护 278
参考信息 279
案例讨论 281
复习与思考题 283

参考文献 284

第一章　旅游心理学引论

【本章导读】

经济的发展和社会的进步使人们的休闲观念发生了变化。21世纪的人们逐步认识到，旅游者通过旅游活动花费的是金钱、时间和精力，最终得到的是宝贵的回忆、美妙的感受和丰富的阅历，因此当代人普遍把旅游当作现代社会的一种基本生活方式。随着社会的进步和财富的积累，人们对旅游休闲的观念（即休闲哲学）也发生了显著变化。这个时代的人们普遍认为提高生活质量是非常重要的，因此摒弃了原来那种低水平、低质量的"为了工作而休闲"的哲学，强调要"为了休闲而工作"。旅游业通常被认为是一种"服务"产业，而服务产品的特性明显地不同于其他产品。旅游产品具有无形性、不可分割性、变化性、不可储存性和互补性等基本特征。在旅游活动中，旅游者与"旅游产品"之间，旅游者与旅游设施和旅游资源之间，旅游者与旅游者之间，旅游者与旅游服务人员之间，旅游服务人员与旅游服务人员之间，旅游服务人员与旅游企业管理人员之间时时刻刻发生着接触和联系，这些相互之间的人际接触和关系的发生取决于各自的心理活动。旅游心理学既研究在旅游活动中人的心理活动规律，又研究在旅游活动中人的行为规律。

【关键词】

为了工作而休闲(play in order to work)　为了休闲而工作(work in order to play)　旅游产品(tourism product)　无形性(intangibility)　不可分割性(inseparability)　变化性(variability)　不可储存性(perishability)　互补性(interdependence)

第一节 旅游观念与休闲观念的变化

自第二次世界大战结束以来，和平与发展成为世界的主流。科学技术飞速发展，让人类文明突飞猛进，生产力的高度发达和世界经济持续高速的发展使人们的物质和文化生活水平得到了前所未有的提高。越来越多的人认识到度假、旅行、休闲及体验异邦文化在生活中的重要性。人们认识到通过旅游活动，旅游者花费的是金钱、时间和精力，最终得到的是宝贵的回忆、美妙的感受和丰富的阅历，因此当代人普遍把旅游当作现代社会的一种基本生活方式。在这种背景下，世界各国的旅游业都正在经历着一个快速发展的阶段，旅游和旅游业的重要性日益突显。根据世界旅游组织(World Tourism Organization，WTO)的统计，在过去的50年中全世界的旅游入境人数增加了近30倍：1950年为2500万；1970年为1.66亿；1990年为4.58亿；2000年达到6.97亿。世界旅游及旅行理事会(World Travel & Tourism Council，WTTC)的统计数字显示，从20世纪90年代开始，旅游业已经发展成为世界第一大产业，1998年全世界十分之一的就业岗位是旅游业提供的，旅游活动占全球经济活动的6%。1998年旅游业对全球国内生产总值(Gross Domestic Product，GDP)的贡献率为11.6%，2010年旅游业对全球国内生产总值(GDP)的贡献率达到12.5%。中国的旅游业从20世纪80年代开始也进入高速发展的阶段，旅游业已经成为中国国民经济中的重要产业，并显示出在21世纪将继续快速发展的迹象。根据世界旅游组织(WTO)的预测，中国将于2020年成为世界第一大旅游接待国和第四大客源输出国。届时，估计每年将有1.3亿游客前往中国，而中国公民出境旅游的人数将达到1亿，是目前亚洲各国的总和。

面对旅游和旅游业的这种发展趋势，旅游业界的专业人员、从事旅游研究的学者、旅游专业的学生及广大旅游者完全有理由设想，如果旅游继续以当前的发展趋势和势头发展，在未来的50年或者整个21世纪中，旅游业将会成为世界第一大产业，并且将继续对社会的各个领域和人们的生活方式产生巨大的影响。

总体而言，大多数家庭的可以自由支配的时间和可以自由支配的收入的多寡决定着旅游者对旅游和休闲的态度以及旅游客源地的旅游需求。从20世纪50年代开始，由于生产力的高度发达和世界经济持续高速度的发展，人们拥有的可以自由支配的时间和可以自由支配的收入越来越多。目前在发达国家，人们普遍享有一定天数的带薪休假权利，这是促进旅游需求的一个重要因素。生产力的高度发达和世界经济的飞速发展，也使人们对旅游和休闲的看法发生了根本转变。在20世纪初的工业化时代，人们并不认为旅游和休闲是人类本身天生就应该拥有的权利。那时候，人们只是认为休闲活动是必要的，因为通过休闲活动可以恢复人们的体力、调整精神状态，这样就可以提高工作效率。因此人们把旅游和休闲活动当作养精蓄锐、提高生劳动生产率的一种必要手段。这个时代的休闲哲学是"为了工作而休闲"(Play in order to work)。很显然，这种休闲哲学的中心是工作，而不是提高人们的生活质量。

然而，在后工业时代的信息化社会中，随着社会的进步和财富的积累，人们对旅游休闲的观念(即休闲哲学)也发生了显著变化。这个时代的人们普遍认为提高生活质量是非常重要的，因此摒弃了原来那种低水平、低质量的"为了工作而休闲"的哲学，强调要"为了休闲而工作"(Work in order to play)。这个时代的人们普遍认为，旅游休闲活动是高质量生活的体现，努力工作的目的是为了获取旅游休闲活动的经济基础。通过努力工作可以赚得更多的收入，这样就能够更好地进行旅游和休闲活动，就能够最大限度地提高生活质量，从而可以更好地享受人生。与"为了工作而休闲"的哲学截然相反，这种"为了休闲而工作"的哲学的中心是休闲，是要通过旅游休闲活动来提高生活质量。这种哲学认为，旅游和休闲是人类本身天生就应该拥有的权利，工作只是为旅游休闲活动创造经济基础的一种手段。这种旅游休闲观念得到全社会的认可后，其促进旅游的积极意义是显而易见的，并可以极大地激励人们的旅游愿望。

第二节 旅游产品的基本特性

任何行业都有本行业特定的产品，旅游业也不例外。旅游业通常被认为是一种"服务"产业，而服务产品的特性明显地不同于其他产品。旅游服务产品是由若干不同的服务元素组成的混合体。旅游服务产品区别于其他产品的特征主要表现在以下几个方面。

1. 无形性

旅游作为一种服务实际上是无形的。和有形的产品或商品不同，旅游服务产品在被购买之前或在被消费之前是看不到、品尝不到、摸不到、听不到、也闻不到的。旅游作为一种服务，实际上是无形的，消费者购买旅游产品就是购买服务，因此旅游者在购买无形的服务之前是无法对其进行质量检验的。旅游者多次重复购买某个旅游产品的原因，主要取决于前一次的旅游度假经历。旅游者在进入某一个旅游景点之前，可能手中只有一张该景点的门票和经营商对该景点内容的描述性宣传介绍。旅游消费者的实际旅游体验或经历完成之后，他们手中所拥有的证据，可能只是一张酒店的结账收据、一个登机牌、一件旅游纪念品或者其他有纪念意义的物品(例如，照片等)。消费者购买并且消费了服务产品之后，从表面看，他们可能空手离去，但是他们获得的是一种无形的经历和体验，这种经历和体验可能是幸福愉悦的，也可能是不愉快的。消费者在购买旅游产品和服务产品时，通常只了解其价格，看到某个旅游目的地及其提供的设施的几张图片或录像片，听信某个知名人士、亲朋好友或销售代理商对某个旅游产品或服务的介绍。消费者购买了有形的产品之后，如果不满意可以退货或换货，但是购买并消费了无形的服务产品之后，只能退款或者请顾客免费再消费一次该服务产品或其他相关产品。

2. 不可分割性

旅游服务具有不可分割性，即其生产和消费发生在同一时间里。旅游服务的不可分割性指服务的生产(如度假)和旅游消费是同时进行的。在制造业中，消费者不参与产品的产生过程。方便面是在工厂产生和包装的，但是消费者只是在超级市场或便利店购买方便面。生产方便面的工人看不到吃方便面的消费者，消费者要吃方便面也不必到工厂去。产生和消费这两个活动是完全分开的。但是在服务领域，则是另外一种情况。例如，旅游度假产品和旅游者的度假消费活动是同时发生的。旅游者进行消费时，本人必须到场，否则消费活动就不能发生。也就是，服务产品的生产活动和消费活动两者是不可分的，即旅游服务产品的生产过程就是旅游者的消费过程。旅游者活动的全过程就是其对旅游产品的消费过程，也是旅游产品的生产过程。旅游者结束旅游活动之时，旅游者对该产品的消费即告完成，该产品的生产过程也告结束。

旅游产品的生产者在生产服务产品时需要不断地和旅游消费者进行接触和交流，因此生产者和消费者之间的这种相互作用和关系对顾客的满意度非常重要。某个旅游景区的风景可能十分漂亮，其环境也可能非常舒适，但是如果服务人员的态度很粗野或经常发生服务失误事件，旅游者对此次旅游经历是不会满意的。

生产和消费的不可分割性还意味着消费者本身也是产品的一部分。顾客在消费过程中，不但与服务人员接触，而且还与其他顾客接触。这样，其他顾客也变成了产品的一部分，他们的行为也会影响服务质量。例如，一对情侣到餐馆就餐是希望享受一个幽静浪漫的夜晚，如果邻座的客人大声喧哗，就会使这对情侣十分扫兴。

3. 变化性

旅游服务的质量具有很大的变化性，因为提供旅游产品要涉及生产者和消费者的直接接触，因此不可避免地会受到"人的因素"的影响，包括旅游服务人员的情绪和旅游者的期望值。旅游消费者的每一个消费过程都是一次独特的经历和体验，即使是同一个餐馆的同一道菜、同一个酒店提供的住宿设施、同一个旅游目的地提供的服务，也都可能会由于不同服务人员的不同作为或同一个服务人员的不同作为而产生不同的服务质量，从而使旅游者感知到完全不同的旅游经历和体验。当旅游者再次光顾同一个饭店时，很有可能产生和上一次完全不同的体验，其原因可能是各种"人的因素"的总和，包括旅游者情绪、期望值及服务员工作技能的熟练程度等，这些因素既与生产者有关，也与消费者有关。所有这些都必然会影响消费者对服务质量的知觉和满意度。例如，一个旅游者在旅游度假地的一个餐馆中就餐，他需要的是完全的放松，期望自己所有的要求都能得到满足，而当班的服务员由于超时加班，感到十分疲劳，因此希望顾客能提出一些比较"合理"的要求。显然，消费者和服务者的预期是矛盾的，这种矛盾可能会导致不愉快的对抗，降低消费者的满意度，也会使服务者对旅游者产生不良印象。

4. 不可储存性

旅游服务产品不能储存或保留，只有当旅游者购买它，并在现场对其进行消费时，其各种资源、设施及服务的结合才能表现为产品，才能有收益。如果没有人消费，就没有收益。旅游服务产品不像其他物质生产部门所生产的商品那样可以储存起来，以后慢慢出售。旅游产品在时间上是不可储存的。如果当天不能出售，其当天的价值就浪费掉了。例如：如果在某年某月某日，某风景区一日游没有游客参加，该一日游产品就不能产生任何价值；某大型游乐设施如果没人使用，该游乐设施就不能产生任何价值；某酒店客房如果没有人入住，该客房就不能产生任何价值；某民航航班如果没有人乘坐，该航班也就不产生任何价值。简而言之，旅游服务产品如果在有效期间没有被利用，这些产品就会永远消失，无法弥补。

5. 互补性

旅游消费者购买的旅游产品，通常都不是一项单一的服务，而是由多个相互补充的子产品组成的。旅游消费者在消费整体旅游产品的过程中，只要有一项或一方面的服务失败或不到位(例如，航班延误、酒店房间安排不当、某一顿饭菜不可口等)，就十分可能影响旅游者的整个旅游度假体验。

表 1-1 简要概括了大多数有形的物质产品与无形的服务产品之间的典型区别。

表 1-1　服务产品与物质产品的典型区别

服务产品	物质产品
表现出来	制造出来
生产现场有顾客参与(不可分性)	生产现场不向顾客开放(可分性)
顾客前往服务的生产地	产品被运到顾客的居住地
购买者购买的是在指定时间和地点享受服务的暂时使用权	购买意味着获得了所有权,购买者可以随意使用和处置产品
服务在销售地不具备可触摸的形状,通常不能接受检查	产品在销售地具有可触摸的形状,可以接受检查
不可实地储存	可以实地储存

(资料来源:维克多·密德尔敦.旅游营销学.向萍,等译.北京:中国旅游出版社,2001:39,略有改动)

第三节　旅游心理学的研究对象和研究意义

旅游活动所涉及的人主要包括现实的旅游者、潜在的旅游者及旅游业中各个领域中的从业人员,这些人在旅游活动中各自都有不同的心理活动,都可以表现出不同的行为。在旅游活动中,旅游者与"旅游产品"之间,旅游者与旅游设施和旅游资源之间,旅游者与旅游者之间,旅游者与旅游服务人员之间,旅游服务人员与旅游服务人员之间,旅游服务人员与旅游企业管理人员之间时时刻刻都有着接触和联系,这些相互之间的接触和人际关系的发生取决于各自的心理活动。旅游心理学既研究在旅游活动中这些人的心理活动规律,又研究在旅游活动中这些人的行为规律。心理活动和行为是密不可分的,心理支配行为,而行为又反映心理。本书主要从两个方面对旅游心理学的理论和实践进行讨论和研究,即旅游者的旅游消费心理和行为、旅游业中各个行业领域中的从业人员的服务心理和行为。由于旅游企业管理人员的管理心理和行为已经在管理学和组织行为学课程中进行了系统的论述和讨论,因此本书对这方面的内容就不再进行重复讨论了。

一、旅游心理学的研究对象

1. 旅游消费心理和行为

旅游者是旅游活动的主体，是旅游业的主要服务对象。旅游者的行为趋向，对旅游业的发展和前途影响很大。在旅游活动中，作为消费者的旅游者的各种行为无一不受到心理活动的支配，旅游者通常按照自己的兴趣、意图、偏爱等购买自己需要的、符合自己口味的旅游产品和服务。在旅游活动中，不论每次具体的消费行为是如何形成的，旅游者总是把自己的那些稳定的、独特的和本质的心理特点反映出来，这些特点，也就是个性，构成了旅游消费行为的基础。分析旅游者的这些消费心理和行为，研究这些心理现象和行为的差异，就可以找出在旅游消费过程中旅游者的一般心理规律。了解旅游者的心理规律对正确理解并预测其行为有很大的帮助，从而为影响和引导旅游者的消费行为和提供有针对性的服务打下基础。

2. 旅游服务心理和行为

旅游服务是旅游业的灵魂，旅游业从业人员的服务行为体现着旅游企业的水平。服务水平的高低和服务质量的优劣直接决定着旅游企业的兴衰，是旅游企业能否在市场竞争中站住脚的关键。旅游者通过旅游活动获得美好的经历和体验，从而得到精神上的享受，达到消除紧张的目的。因此，旅游者在旅游活动中对精神享受的追求更为强烈，往往对服务水平的期望值更高，这就决定了心理因素在旅游活动中起着非常重要的作用。只有旅游业服务人员本身具有良好的心理素质才有可能满足旅游者的心理需求。也就是说，旅游服务质量的好坏与旅游业服务人员的心理品质有极大的关系。"顾客至上"是旅游服务中应该遵循的一个重要原则，但是如果旅游服务人员本身不具备良好的心理素质，则很难具体实施这个原则。旅游心理学研究旅游业从事具体服务工作的人员的心理活动特点、应具备的心理品质以及如何培养和训练良好的心理品质。在整个旅游活动中，旅游业对旅游者的服务是通过行、游、住、食、购、娱各个具体环节实现的，因此，有必要研究旅游者在旅游活动中体验各个具体环节中的心理特点以及旅游业服务人员应采取的相应心理服务措施。

二、研究旅游心理学的意义

1. 研究旅游心理学有助于旅游业开展有针对性的服务，提高旅游业的服务质量

学习和研究旅游心理学对于提高旅游从业人员的心理品质，提高旅游服务的整体水平，有着积极的现实意义。旅游服务工作是依靠人来进行的，旅游工作者的心理品质直接影响旅游服务工作的质量。旅游企业职工是企业的主人，旅游事业的

发展和服务质量的提高主要依赖全体旅游工作者的努力。为此，提高旅游工作者的心理品质对改善和提高旅游工作的质量至关重要。服务质量的优劣主要取决于旅游业从业人员的服务态度和技术水平的高低。良好的服务态度是提高服务质量的思想基础，精湛的技术水平是高质量服务的技术保证。这些都与人的心理品质有关。旅游心理学所揭示的人的心理活动规律对服务态度的产生和调节产生重要影响，端正的服务态度是提高服务质量的内在动力。提高旅游工作者的心理品质，一方面取决于旅游工作者的工作实践，另一方面取决于旅游工作者对旅游心理学理论的学习。通过对旅游心理学的学习，旅游企业工作人员可以正确地了解自己，控制自己的情感，培养形成良好的心理品质，有助于提高旅游服务质量。

服务质量的优劣直接关系到旅游企业的生存和发展。旅游者是旅游活动的主体，是旅游从业人员的服务对象。旅游者是旅游业赖以生存和发展的"衣食父母"。没有旅游者，旅游业就不复存在。赢得旅游者参与的多少是衡量旅游企业兴旺与否的重要标志。因此，要提高服务质量，首先就要了解旅游者的心理，掌握旅游者的心理活动及其规律。俗话说，"得人先得心"，要发展旅游业，就必须研究如何得人心。也就是说，必须要对所服务的对象有充分的了解。除了外在的客观因素之外，还需要了解旅游者内在的、深层次的人性方面的心理因素，也就是从知觉、学习、动机、需要、态度、个性等方面来了解旅游者，区分由不同民族、群体、职业、文化背景等因素造成的旅游者的个体心理差异。了解了不同旅游者心理倾向和心理特点，就可以自觉地、主动地、有针对性地对旅游者施加影响，提供最佳服务，从而赢得旅游者，使其乐于消费我们的"旅游产品"。这样就可以使各种不同旅游者在生理和心理上都能得到最大限度的满足。同时，旅游业中现代化的硬件设施有时并不能完全满足旅游者的需求，因为旅游者更看重的往往是优质的服务，是富有人情味的接待，是友谊和尊重等更高层次的满足。这就要求旅游工作者要着眼于优质、富有人情味的服务使旅游者通过各种旅游活动产生积极愉快的心理体验，形成美好而深刻的印象，真正达到世界旅游组织提出的"旅游促进生活质量提高"的目标。由此可见，学习和研究旅游心理学为提高旅游服务质量奠定了基础。

2. 研究旅游心理学有助于提高旅游企业的经营和管理水平

旅游企业竞争的核心是争夺客源市场，是争夺旅游者。旅游心理学可以在理论上指导旅游企业了解旅游者心理及变化势态，从而制定如何吸引旅游者，如何争夺客源的策略。旅游企业要想在激烈的市场竞争中立于不败之地，就要对市场环境进行科学的分析和预测，以制定切实可行的短期或长期营销策略。旅游心理学揭示的原理和规律可以帮助旅游企业分析旅游者的心理趋势，了解旅游者的需要和变化。旅游企业可以据此开展有针对性的旅游促销宣传，吸引旅游者；根据不断变化的市场走向，不断调整经营方针和策略，提高经营效果；在充分了解旅游者心理趋势的基础上进行科学的市场预测和决策。这样才能保持充足的客源，使旅游企业健康地发展。

旅游企业内部管理状况也是旅游企业能否在广大旅游者心目中树立良好的形象，能否在激烈的市场竞争中取胜的重要因素。通过对旅游心理的学习和研究，可以了解旅游者的需求和动机、知觉、学习、个性、态度等因素对其旅游决策影响的心理学知识，使旅游管理部门和旅游企业内部的管理部门可以更有针对性、预见性地做好行业管理和经营管理工作，提高旅游业的管理水平。在旅游企业中，人的管理是企业管理的首要部分。通过学习和研究旅游心理学的理论，有助于旅游企业的管理阶层对员工的心理进行深入的分析，帮助管理者了解员工的心理状态，有针对性地做好员工的思想工作，进行心理引导，解决员工的心理问题；通过了解企业内部人际关系状况，帮助他们调整好人际关系，保持工作的协调一致，共同搞好工作，避免产生各种不必要的矛盾；有的放矢地运用激励机制调动全体员工的积极性和创造性，更好地实现组织目标。

3. 研究旅游心理学有助于科学合理地安排旅游设施和开发旅游资源

旅游设施和旅游资源是旅游业生存和发展的基础，但要将其变为现实的旅游产品的一部分，其前提是这些设施和资源要被广大旅游者所接受，所利用。要做到这一点就需要在安排旅游设施和开发旅游资源时遵循旅游心理学所揭示的原理和规律，安排旅游设施和开发旅游资源都应以满足旅游者的需要为前提。如果不考虑旅游者的需要，盲目安排旅游设施和开发建设旅游景区、景点，那么这些设施和资源就不会为广大旅游者所接受，因此，就不一定会有旅游者光顾，必然导致人力、物力的浪费，使旅游设施和资源发挥不出应有的作用。

成功的旅游产品在设施设计和资源开发上都十分注意考虑旅游者的心理因素，使旅游者通过旅游活动在心理上得到极大的满足，获得美好的经历。现代化的交通设施是在充分认识到旅游者需要安全、快捷和舒适的心理特点后，得到改进和发展的；现代化的旅馆设施充分考虑到旅游者的生理和心理特点，给旅游者创造了方便、恬静、舒适的生活环境。开发旅游景区、景点，设计大型娱乐设施首先也要考虑能否对旅游者产生吸引力。日新月异的科学技术为旅游业提供了技术保证，使旅游业的现代化程度日益提高，但这并不能保证其一切都是合理的、科学的。旅游设施的安排和旅游资源的开发一定要考虑旅游者的心理活动规律，只有符合这种心理活动规律的安排和开发才是合理的、科学的，才可能获得效益。因此，在安排设计旅游设施、开发旅游资源时一定要考虑旅游者的心理因素，而旅游心理学所揭示的原理和规律为此提供了理论依据。

4. 研究旅游心理学有助于促进旅游者与旅游目的地居民、旅游目的地社区和旅游目的地政府建立和谐的关系

在旅游目的地的开发和发展的过程中，目的地社区和居民的心理行为也会逐步发生很大的变化。大量的旅游者进入旅游目的地进行度假休闲旅游活动势必对旅游目的地的经济、文化、社会、环境等多方面产生影响，这些影响即有积极正面的因素，也有消极负面的因素。无论是哪方面的影响都会使目的地居民对旅游者的态度发生变化。研究旅游者的心理变化和行为变化的规律可以为旅游目的地社区和政府制定旅游发展决策提供理论依据，最大限度地消除旅游目的地居民对外来旅游者的抵触情绪，促进外来旅游者和目的地居民之间的融洽关系，在使旅游者获得美好体验的同时，提高旅游目的地地区居民的生活质量，促进旅游目的地地区社会的和谐和稳定的发展。

典型案例

旅游业中的各个行业部门之间的关系具有共生性

旅行和旅游业的一个重要的特征是其整体中各个部分之间的相互关联性。一次旅行可能会包括：乘坐一次飞机、租一次汽车、在旅馆中住一次、在餐馆吃几次饭和购买几件礼品。每一个环节都必须不出差错，这样旅游者才能得到一次愉悦的全程经历。

例如，假设史密斯夫妇决定从他们明尼阿波利斯的家出发去佛罗里达奥兰多的迪斯尼世界度假。他们的全部旅行经历决定他们这次度假之旅的质量及他们是否能成为迪斯尼世界的回头客。史密斯夫妇飞往佛罗里达的旅途可能很愉快，但是后来由于他们租来的汽车发动机过热，使他们滞留数小时，这使他们被迫缩短了那一天在"未来社区实验典型中心"（EPCOT）的游览时间；或者他们入住的饭店正在重新装修，所以游泳池和餐馆都关闭，通常赏心悦目的大厅装饰也被吊布和脚手架遮挡起来。更糟糕的是，假设他们在一个特别的高峰时间抵达魔幻王国，发现停车场已经关闭，而且当天不再接纳任何游客。以上任何一个意外都会使他们的度假扫兴。

旅行业中的各个行业或者部门之间存在一种共生关系，即，一种相互依存的关系。要想成功地使史密斯夫妇满意，所有的部门都必须做好自己的工作。如果饭店使他们感到不舒适，即使史密斯夫妇在迪斯尼世界玩得很开心，他们仍然会觉得他们的这次度假美中不足。如果饭店做得很好，但是迪斯尼世界拥挤不堪，他们的总体经历也可能是消极的。无论出现哪种情况，如果史密斯夫妇不再重游迪斯尼世界，或者告诉他们在明尼阿波利斯的朋友们自己的迪斯尼世界之旅是一个扫兴的经历，那么从长远看，该地区的旅游生意将会受到一定影响。

(资料来源：Rocco M. Angelo，Andrew N. Vladimir. 当今饭店业. 李昕，主译. 北京：中国旅游出版社，2004：57～58)

复习与思考题

1. 讨论"为了工作而休闲"和"为了休闲而工作"这两种休闲哲学对旅游者行为和动机的影响。
2. 讨论旅游服务产品的特点及与旅游心理学的关系。
3. 旅游心理学的研究对象是什么?
4. 结合实际讨论研究旅游心理学对旅游业的发展有什么意义。

第二章 旅游者的知觉

【本章导读】

知觉是认知过程的一个重要阶段,它与感觉、注意、记忆等形成了人类其他心理活动的基础。知觉是理解旅游者心理和旅游行为的关键因子之一。旅游知觉具有选择性、理解性、整体性和恒常性等特性。这些基本特性使人能够对客观事物迅速获得清晰的感知。旅游者的旅游活动,在某种程度上,就是为了获得非日常性体验,对各种旅游环境的感知过程。旅游者的知觉受到知觉对象本身的特征和知觉者自身特点的双重影响。在旅游活动中,对旅游者的知觉产生影响的心理定势主要包括:首因效应、晕轮效应和刻板印象。旅游者对诸多旅游条件的知觉印象,对他们的旅游动机、旅游决策、旅游行为以及对旅游收获评价等都有显著的影响。

【关键词】

知觉(perception) 知觉过程(perception process) 刺激(stimulus) 心理定势(psychological set) 首因效应(primacy effect) 晕轮效应(halo effect) 刻板印象(stereotypical impression)

第一节 旅游知觉概述

知觉是认知过程的一个重要阶段，它与感觉(sensation)、注意(attention)、记忆(memory)等形成了人类其他心理活动的基础。认知心理学是现代心理学中研究最多，也是研究成果最丰富的一个领域。近半个世纪的旅游心理学的研究成果和旅游业的发展实践也说明，旅游者在旅游决策阶段的旅游目的地印象、旅游欲求、旅游动机、旅游需求的形成和旅游消费行为过程以及旅游行为的效果评价等，都与旅游者知觉过程中接收的信息及其知觉者的心理特点密切相关。知觉是理解旅游者心理和旅游行为的关键因素之一。

一、旅游知觉的概念

人们对客观事物的认识是从感觉开始的，人们首先通过感觉来反映作用于其感觉器官的客观事物的个别属性和人们所处的某种活动状态的信息。在实际生活中，任何客观事物的属性并不是脱离具体事物而独立存在的，因此，人们在对事物的个别属性进行反映时，是把其个别属性作为事物的一个方面而与整个事物同时被反映的。这种对客观事物进行信息整合而形成客观事物的整体印象就是知觉。例如，我们不但看到"红色的"、"圆的"，闻到"香味"，尝到"甜美的滋味"，还知道它是苹果。可见，知觉是在感觉的基础上，借助于经验和知识帮助的纯粹的心理活动。

如上所述，知觉是指"通过感觉器官，把从环境中得到的信息转化为对物体、事件、声音、味道的经验"。例如，当我们到达某一旅游目的地时，不仅看到各式的建筑、多彩的颜色，听到各种声音，呼吸到泥土和海水的气味，尝到地方特色小吃的美味，而且认识到这是博物馆，那是四维电影院，而整个地区是一个海滨旅游度假区。也就是说，在旅游者的头脑里产生了博物馆、四维电影院和海滨旅游度假区的整体印象。由此，所谓旅游知觉是指直接作用于旅游者感觉器官的旅游情景或旅游刺激物在人脑中的整体反映。

旅游知觉过程是选择、组织和解释来自于旅游环境中的感觉刺激，使之成为一个有意义连贯的现实映像过程。在这一过程中，人脑对大量离散的感觉信息进行选择加工，在信息加工过程中又强烈地受到旅游者的人格、动机、态度、学习等因素影响。不同的旅游者观赏相同的景观会产生不同的旅游知觉反映，其过程如

图 2-1 所示。

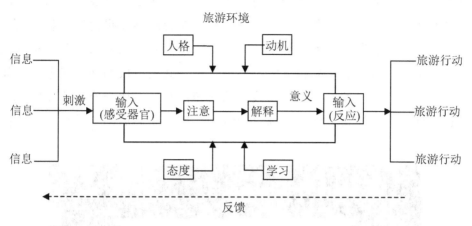

图 2-1　旅游知觉的过程

(资料来源：[日]马场房子. 消费者心理学. 白桃书房，1981：54；吕勤，郝春东. 旅游心理学. 广州：广东旅游出版社，2000：9)

二、旅游知觉的特征

旅游知觉具有选择性、理解性、整体性和恒常性等特性。这些基本特性使人能够对客观事物迅速获得清晰的感知。其中，旅游知觉的选择性和理解性与旅游行为的关系尤为密切，了解这两个特性有助于理解旅游者进行旅游决策和进行旅游消费时的一些心理和行为。

1. 旅游知觉的选择性

在日常生活中，作用于人们感觉器官的客观事物是多种多样的。在一定时间内，人不能感受到所有的刺激，而仅仅能感受到引起注意的少数刺激，此时，注意的对象好像从其他事物中突显出来，出现在"前面"，而其他的事物则退到"后面"去了。前者是知觉的对象，后者称为知觉的背景。在一定的条件下对象和背景可以相互转换。在一般情况下，面积小的比面积大的、被围的比包围的、垂直或水平的比倾斜的、暖色的比冷色的，以及同周围明度差别大的东西都容易成为知觉的对象。双关图形是一个典型的示例，如图 2-2 所示。可以将其看成两个人的面孔或者一个花瓶，两者可以反复变动，但是不可能同时把两者都当作知觉的对象，看到两者同时存在。

在信息爆炸的今天，由于人的感知能力有限，不可能不加选择地将周围的一切信息都作为知觉对象，因此，只有发挥知觉的选择功能，才能使知觉过程正常进行。旅游者在旅游活动中,时刻都在进行知觉选择。在旅游过程中,知觉的选择性依赖于旅游者的兴趣、需要、经验、动机和情绪等。例如,打算出游的人,浏览网页、翻阅报纸和收看电视时所关心的是旅行社的旅游线路和报价以及各地的旅游信息,而对其他广告信息的印象则很模糊。这说明,人有了旅游欲求和动机并在其影响下,只注意那些与旅游产品相关的资料信息,使其突出成为知觉对象。又如,一位偏好历史的旅游者,可能会把一块残破的秦砖汉瓦看得比一座现代化的大型游乐场还赏心悦目,而一位商务旅游者则可能认为一座豪华酒店的旅游价值远远高于名山大川。

图 2-2　人面—花瓶双关图

(资料来源:李毓秋,梁拴荣,姚有记. 心理学原理与应用. 北京:经济科学出版社,1999:114,有改动)

知觉的选择性还依赖于旅游情景刺激的变化、对比、位置、运动、大小程度、强度等。例如,人们对杭州西湖的整体形象知觉是一处湖光山色映衬下的杨柳垂岸、古刹点缀、恬静幽美的人间胜景。如果西湖也开展水上健身旅游项目,湖面上飞驰着摩托艇或矗立着大型的游乐设施,这种静与动、人工与自然的强烈对比会吸引正在享受西湖自然美景的游客的注意,而使这些水上人工娱乐设施很容易成为旅游者的知觉对象。这种知觉选择的产生,将影响甚至破坏西湖的整体形象,也会使旅游者难以获得预期的旅游收获和旅游体验——欣赏西湖的自然美。所以,沟尾良隆认为:如果对同一旅游资源的观光游览利用和休闲健身利用发生冲突,应该以资源替代性小的观光游览利用优先。

2. 旅游知觉的理解性

知觉的产生,需要有过去经验的参与,即由过去经验对感觉信息进行整合和解释。图2-3是一个斑点图,由于以知识、经验为基础的理解作用,使我们填补了画面信息的不足,把对象知觉为一个有意义的整体——一匹马。又如,游览过西安市慈恩寺大雁塔的旅游者,不管他们置身于西安何处,只要看到大雁塔的塔刹,头脑中浮现的将是一座高大雄伟、完整的大雁塔。

图2-3 斑点图

具有不同知识经验的人,对同一客观事物会有不同的理解和解释。在图2-4的画面上,幼小的儿童只能知觉出一些几何图形,他们无法把这个图形与他们知觉中的茶壶联系起来,而年龄大些的儿童由于知觉经验的积累则可以理解画面所刻画的物体是什么。又如,同属儒教文化圈的日本和韩国的游客,由于对我国的历史和文化的相关知识和经验较丰富,能从美学艺术价值、历史文化价值和社会价值等角度来理解我国的人文旅游资源,要比欧美的游客知觉的内容更深刻,更能获得更高层次的旅游享受和体验。

旅游者在理解知觉对象时,会受到旅游情景中各种主客观条件的影响,其中最重要的因素包括语言的指导作用、实践活动的任务和对知觉对象的态度。

(1) 言语的指导作用。在知觉环境复杂、陌生或者知觉对象特征不明显的情况下，他人使用语言进行指导，可以补充知觉的内容，引导知觉的过程，使人们迅速获得完整的知觉印象。简单地说，旅游者在旅游过程中离开惯常的生活圈，进行一定距离的空间位移，身处相对陌生的环境中，寻求一种非日常性的体验。前田勇和桥本俊哉认为，旅游者在旅游过程中一般的心理特征是紧张感和解放感并存，并且随着旅游形态的变化而此消彼长。在陌生的环境中，不论是现实的还是虚拟的，旅游服务人员的语言指导都可以帮助旅游者快速获得旅游地或景区的知觉形象，消除紧张心理，提高解放感、安心感，享受高质量的旅游体验，如图2-5所示。

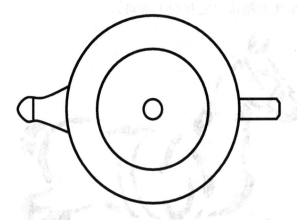

图 2-4　理解对知觉的作用

(资料来源：李毓秋，梁拴荣，姚有记．心理学原理与应用．北京：经济科学出版社，1999：117，有改动)

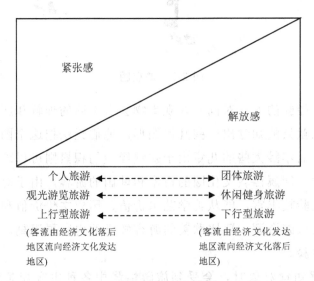

图 2-5　旅游者心理与旅游形态

(资料来源：[日]前田勇．现代旅游总论(第2版)．学文社，1999：119)

在旅游活动中，语言指导是导游工作的主要内容之一。例如，大连金石滩国家旅游度假区的东部地质景观游览区内有千姿百态的海岸断崖和岩石。其中有两个景点分别被称为"恐龙探海"和"贝多芬头像"。这是两个天然的岩石景观。如果旅游者不听导游的讲解，又没有找到适当的观赏位置，他们就很难发现"恐龙探头入海"和"贝多芬侧面头像"的形象。有些景点外观不太引人注意，但其内涵十分丰富多彩。黄辉石提出的关于旅游资源评价的"美、古、名、特、奇、用"六大标准和卢云亭提出的"三·三·六"旅游资源开发评价体系中的关于旅游资源自身三大价值——"历史文化价值、艺术观赏价值、科学考察价值"的评估说明，多数旅游资源的旅游价值是由外在价值和内在价值构成的。对旅游者而言，想要对这些旅游资源形成完整、准确的知觉印象，就离不开他人的语言指导。例如，位于陕西临潼的秦始皇陵是一座相对高度为五十余米的帝陵封土，建造时的宏伟陵园建筑已不复存在，而其他近期开发建造的景观也平淡无奇，没有历史知识或缺乏讲解，旅游者会感到大失所望。但是，通过导游的讲解，旅游者可以在深入了解秦始皇扫六合的雄才伟略的基础上，对这座被誉为"天下第一陵"、"东方金字塔"的封土皇陵留下非常深刻的印象。

(2) 实践活动的任务。当有明确的活动任务时，人们的知觉服从于当前的活动任务，所知觉的对象比较清晰、深刻，活动任务不同时对同一对象可以产生不同的知觉效果。例如，大连是一座国际化程度很高的港口城市。对旅游者而言，它是一个吸引不同类型的旅游者，具有多种旅游功能的综合性旅游城市。但是，持有不同旅游目的的旅游者来大连旅游时，他们对大连的印象可能会迥然不同。从东北亚重要的物流中心的角度，商务旅游者会觉得大连是商业之都；从东西方文化交融的角度，重视文化的旅游者会觉得大连是文化艺术之都；从美丽的城市环境和城市景观的角度，都市观光旅游者会认为大连是一座花园城市；从优质的沙滩、丰富多样的海上运动的角度，度假旅游者会觉得大连是一个海滨度假旅游胜地。旅游者心目中的大连，离不开他自己大连之旅的目的。

(3) 对知觉对象的态度。个人在知觉过程中对知觉对象所持的态度，对于他怎样理解知觉对象具有非常重要的影响。如果对知觉对象抱着消极的态度，就不能深刻地感知客观事物。只有对知觉对象发生兴趣，抱着积极的态度才能加深对它的理解，获得清晰而完整的知觉印象。从古代埃及新王朝时期到现代，宗教旅游一直是重要的旅游形式之一。在传统上，我们国家的宗教旅游很盛行，我国的宗教旅游资源也很丰富。虽然旅游者可能游览过一座座的寺院、宫观、教堂、清真寺等，但是多数旅游者只是对其外观产生一定的感知印象，而没有对它们形成完整而准确的知觉印象，因为那些宗教建筑到底属于什么宗教派别，他们不太清楚。一个对佛教文化感兴趣的旅游者在游览西安的慈恩寺时，不仅会赞叹大雁塔的雄伟挺拔，也会折服于玄奘法师的博学，感叹法相宗这一佛教流派的兴衰。

旅游者在理解知觉对象时，有时只会重视它的某些特征，缩小甚至完全忽视另外一些特征，从而形成与实际情况不相符的知觉印象，即"知觉歪曲"。在现实生活中，人们通常希望避免矛盾或者不和谐的信息，但是客观事物不可能永远与个人的心理特征和心理状态完全一致。当两者发生无法回避的矛盾时，个人就会设法曲解信息的含义，使其与实际状况相悖。人们通常说的"月是故乡明"就存在知觉歪曲的因素。旅游者往往根据自己的旅游需要、动机、偏好、目的等因素，有选择地感知与理解旅游活动中的各种信息。例如，以观光游览为目的的周游型旅游者的旅游目的地印象主要建立在各种景观基础上，而常常忽视目的地的旅游接待服务质量和设施水平；而以休闲度假为目的的滞留型旅游者对旅游目的地的印象主要建立在度假地区的生活居住功能、交流集会功能和娱乐健身功能的完备程度上，而景观不会成为最主要的感知对象。

3. 旅游知觉的整体性

旅游知觉的整体性指旅游者在过去知识经验的基础上，能够把由多个部分和多种属性构成的旅游刺激物知觉为一个统一的整体特征。甚至当旅游刺激物的个别属性或某一部分直接作用于旅游者的时候，也会产生这一旅游刺激物的整体印象。例如，旅游者在观赏黄山的迎客松时，由于观赏的角度和距离不同，映入旅游者眼帘的可能只是树干、树冠等某个部分，但是旅游者会依据以往的知识经验产生一棵完整的松树印象。

旅游知觉的整体性与知觉对象本身的特征，以及它的各个部分之间的结构关系密切相关，也离不开旅游者的知识经验。当知觉对象的颜色、强度、大小和形状等物理属性相似时容易被知觉成一个整体；当知觉对象具有接近、闭合、连续和相似等特点或者有较大的组合趋势时容易被知觉为一个整体，如图 2-6 所示。由于图 2-6(a)中的两条空间接近的直线被知觉为一个整体，所以人们常常把那些线段说成三组线段，或者说那是三组六条线段；图 2-6(b)中的直线排列与图 2-6(a)相同，由于两条线形成一个几乎闭合的图形，所以被知觉为三个长方形；图 2-6(c)中连续的散点常常被人们知觉为彼此重叠的一条直线和一条曲线，而不是看成一个一个孤立的点；图 2-6(d)中由于形状的相似，人们一般会把他们知觉为两组三角形和两组圆形，而不太可能把它们知觉为三角形与圆形相间的图形。

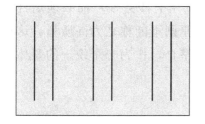
(a) 知觉的接近律

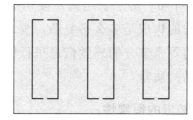
(b) 知觉的闭合律

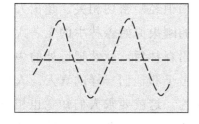
(c) 知觉的连续性

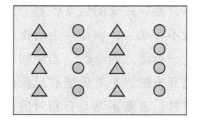
(d) 知觉的相似律

图 2-6　知觉整体性的四种基本规律

(资料来源：邱扶东．旅游心理学．北京：立信会计出版社，2003：35～37，有改动)

在旅游活动中，旅游者常常因为某些地区在空间上接近，而把它们视为一个整体。旅行社在设计旅游线路时往往也是优先考虑旅游景点的地区组合，注意在空间上的接近性，例如，华东五省一市游、新马泰七日游等。尽管夏威夷、地中海沿岸、加勒比海诸岛这三个地区，相互之间距离较远，地理位置、历史文化等方面具有诸多不同之处，但是度假旅游者会很自然地把它们组合在一起，视为世界知名海滨旅游地区。景观工学强调景观的连续性，尤其是城市景观，即街景。在欧美的一些历史名城，为了保持街景的连续性，通过法律详细规定了街区内建筑物的风格、高度、屋顶、窗饰和涂料等。目的是使旅游者把整个街区或者城市作为一个整体对象进行知觉，形成风格鲜明的旅游地形象。例如，瑞士首都伯尔尼的街道作为一个整体景观已成为该城市的重要旅游吸引物。

不论是总体旅游产品还是单项旅游产品，都具有综合性这一特性。旅游者不论出于何种旅游动机都是为了通过旅游活动获得不同于日常生活经历的一次体验。在旅游过程中的各种刺激物的各个部分和它的各种属性总是作为一个整体对旅游者发挥作用。旅游者从旅行社购买一项包价旅游产品，但构成该项旅游产品的大多数服务设施和服务是由旅游关联产业提供的。旅游者不会把线路中的每个旅游服务供应商提供的服务作为一个独立的个体加以感知，而是会把它们作为该项包价旅游产品的一个组成部分，以游程的时间安排为纵轴，以该项旅游产品的核心部分、形式部分和延伸部分为横轴，把旅游过程作为一个整体进行知觉。在旅游业界，人们经常使用"100-1=0"这一表达式，强调提供的所有服务性产品必须是百分之百的高质量，不论它的构成是多么得复杂，少之一厘则不能称之为高质量。这说明旅游者把旅游产品的各个部分的感觉信息进行组织整合，作为一个统一的整体进行知觉，评价旅游产品的质量。

4. 旅游知觉的恒常性

当知觉的条件在一定范围内发生改变时，知觉的印象仍然保持相对不变，这就是知觉的恒常性。知觉的恒常性与个人的知识经验密切相关，超出人的知识经验的范围，它就不存在了。例如，生活在非洲的刚果原始森林中的土著人，从来看不到超出四分之一英里远的东西。当他们被带出森林后，竟然把远处的牛看成蚊子，也不相信远处开来的"小"船能够运载成百上千和他们一样的真人。人们在认识世界和改造世界时，客观事物具有相对的稳定性，这就要求人们知觉也相应地具有一定的稳定性，以便能够真实地反映客观事物的本质属性和本来面貌，使人们可以更好地适应周围环境。例如，对过去认识的人，决不会因为他的发型、服饰的改变而变得不认识；教师判断学生的错别字，如"尖瑞科学"，不会因"端"字写成了"瑞"字，而不去感知"尖端科学"。知觉的恒常性在视觉中表现得最为典型，主要有大小恒常性、明度和颜色恒常性、形状恒常性和方向恒常性。

知觉的恒常性对生活有很大的作用。如果知觉不具有恒常性，那么个体适应环境的活动就会更加复杂。如果在不同情况下，每一认识活动，每一反应动作，都要重新学习和适应，那么适应就变为不可能了。旅游者在旅游活动中要尽量满足精神享受上的非日常性和物质生活享受上的日常性。这尤其表现在以增长见闻为目的的观光游览型旅游者身上，由于不断地接受新的感知对象的刺激，他们在旅游活动中多数时间内都处于紧张的心理状态中。如果食、住、行等物质生活方面也按照旅游目的地社会居民的生活原样提供给旅游者，让他们去感知、去适应，除极少数的异族风情旅游者以外，多数的旅游者会很不适应。这样会使整个旅程始终处于紧张的心理状态中，势必会降低旅游效果。例如，欧美游客到陕北旅游时，可以安排住一住窑洞，但不要让他们睡火炕盖花棉被，窑洞内部的设施也要像涉外酒店一样功能齐全和舒适，做到"外土而内洋"。又如，东京迪斯尼乐园和海乐园的酒店、餐馆等旅游接待设施都是"外旧而内新"，即酒店的外观是仿近代的欧洲城堡，这是主题公园的一道景观，但内部是豪华而舒适的酒店。

三、影响旅游知觉的因素

知觉是主体对客体的感知过程，而旅游者的旅游活动在某种程度上就是为了获得非日常性的体验，旅游活动过程也就是对各种旅游环境的感知过程。基于上文对知觉特征的描述，旅游者的知觉受到知觉对象本身的特征和知觉者自身特点的双重影响。也就是说，影响旅游者知觉的因素主要包括客观因素和主观因素两个方面。

1. 影响旅游知觉的客观因素

客观因素指旅游者自身之外的、不能由旅游者主观控制的因素。其主要包括旅游知觉对象的特征、旅游知觉对象的组合、旅游知觉对象与背景的差异、旅游知觉的情境、旅游者的生理条件五个方面。

(1) 旅游知觉对象的特征。旅游知觉对象特征既有物的自然方面的，也有人的社会方面的。知觉对象自身的特点首先影响着旅游者的感知。旅游知觉对象的特点主要包括新异性、刺激强度、运动变化等。

新异性是指知觉对象具有异乎寻常的特型。如前文所述，旅游者为了获得非日常性的体验，而进行一定距离的空间位移，到异地旅游。因此在旅游过程中，在"探新求异"心理的支配下，越是新异的事物，越吸引旅游者的注意并被感知。例如：初次到日本的中国游客多数会去观看日本的传统歌舞伎表演；到悉尼旅游的人会去观赏大歌剧院；到纽约旅游的人也会去自由女神像前留影等。这些旅游资源之所以具有极高的旅游价值，在于它们的新异性、垄断性和唯一性。

刺激强度是一个相对概念。相对强烈的声音、鲜明的颜色、浓烈的气味容易被人所感知。因此，在旅游活动中，那些奇峰异石、寂静的森林、宁静的田园风光、独特的异族风情等，都具有较大的刺激强度，能吸引旅游者的注意并被知觉。

此外，处于变化和动态的事物比处于静态的事物更容易成为知觉对象。例如，张艺谋导演的《印象刘三姐》，将演出置放在山水实景之中，两公里的漓江水域为舞台，12座阳朔山峰和广袤天穹为舞台布景。在寂静的夜晚，在纯自然的水光山色的映衬下，红色的拦网、万家的渔火、白色的纱巾、渔民的吆喝声、变幻的舞台等都强烈地吸引着旅游者，给旅游者留下深刻的知觉印象。又如，英国著名的海滨旅游度假区黑泽(Blackpool)每年的 9 月 1 日开始的为期两个月的"灯彩海滨大道"(Blackpool Illuminations)旅游项目，夜晚闪烁的霓虹灯和格式的装饰物，吸引了大量的旅游者前来观赏，成为该度假区旅游淡季的一个大型旅游吸引物。

(2) 旅游知觉对象的组合。旅游者对旅游刺激物的感知并不是杂乱无章、无系统的，而是把有关的刺激整合、知觉为一个统一的整体特征，如图 2-6 所示。

(3) 旅游知觉对象和背景的差异。根据知觉的选择性，旅游者在旅游过程中总是有选择地把一些旅游刺激物作为知觉对象，使之突现在眼前，获得其清晰深刻的知觉印象，而另外一些旅游刺激物则缩小或隐去，旅游者对此印象模糊。也就是说，被选择的旅游刺激物就是旅游者的感知对象，和感知对象相关联的其他事物则处于感知的范围以外，成为感知对象的背景。通常情况下，知觉对象是主体，背景是衬托，但图 2-2 所示的人面—花瓶双关图就是一种对象和背景无法确定的特殊情况。

另外，对象和背景的差异也可能表现为对比关系，从而使对象被感知的性质发生变化。这种变化可以在图 2-7 中表现出来。在图 2-7 中，A 和 B 面积的大小是相同的，但由于所处的背景不同，我们看起来就有明显的差异：A 显得大，而 B 显得小。

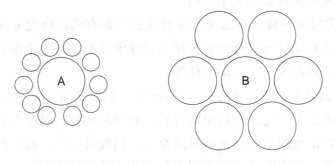

图 2-7　知觉的对比

(资料来源：游旭群．旅游心理学．上海：华东师范大学出版社，2003：54)

(4) 旅游知觉的情境。旅游知觉的情境主要指旅游者在感知时的人际氛围，即由旅游者和旅游服务人员共同的人际交往与人际支持构成的知觉和态度体系。旅游产品的核心是服务，旅游者与旅游服务人员共同参与了旅游产品的生产过程。因此，旅游产品的质量受服务者和服务对象双方自身特点的共同影响。旅游者在对所接受的旅游服务进行评价时，往往由于没有意识到自己也是服务产品生产的参与者，习惯用"服务好与不好"等客观性很强的表述。由于服务者和服务对象双方的自身情况各异，服务情境在不断变化，因此，实际上在很大程度上不存在两个相同的旅游服务产品。旅游者对旅游服务的感知印象是千差万别的。由于旅游者也参与产品的生产，且对旅游服务的评价是建立在感知印象基础之上的，因此，比较正确的表述应该是"感觉好或感觉不好的服务"。

通常，当旅游者感知到自己的看法与周围人的看法不一致时，他们就会自觉不自觉地，甚至是无奈地接受周围人的看法，以使自己与周围人的看法相一致，从而克服不一致带来的不良情绪。社会心理学家将这种现象称为从众。与从众相对应的是"反从众"，它反映的是个体克服群体一致态度和看法的压力，而保持自己独立见解的现象。从众行为的产生与否，取决于旅游者对群体看法正确与否的判断。所以，知觉情境对旅游知觉的影响力度主要取决于旅游者自身的主观因素。

(5) 旅游者的生理条件。旅游知觉的信息接收必须以个体感知器官的完好和功能正常为基础。因此，旅游者的感觉器官若有缺失，其产生的旅游知觉必然与他人不同。例如：失明者难以产生鲜明、具体的旅游视知觉形象；失聪者难以产生旅游听知觉反应。旅游者的生理条件对旅游知觉对象的选择也有很大影响。为了让高龄者和身体残疾的旅游者获得较高的旅游知觉印象或体验，很多地区在旅游区的设计和规划时都奉行"无障碍设计"这一旅游开发与运营理念。还有些地方提出了旅游目的地开发的"通用设计"方案，目的是让所有的旅游者都能方便地进行旅游活动，最大限度地减小知觉障碍，轻松地感知旅游刺激，获得最好的旅游体验。

2. 影响旅游知觉的主观因素

旅游者的知觉不仅受客观因素的影响，也受自身主观因素的影响。主观因素主要指旅游者的心理因素。一般来说，影响旅游知觉的主观因素主要有以下几个方面。

(1) 旅游者的经验。经验是个体在以往的活动中获得的信息储备，它反映了个体对客观现实的认识，是个人行为的调节器。人们根据经验，可以对知觉对象的意义做出理解和判断，迅速得出知觉印象，因此经验影响人们的知觉。

旅游者的经验是旅游知觉的基础。旅游者总是凭借以往的个体经验加工，从知觉对象中获得直接信息并对其进行理解，以纳入自己的经验体系。在旅游活动中，经验丰富的旅游者所获得的知觉印象可能更全面、更深刻，旅游效果也会更好；经验不足的旅游者所获得的知觉可能是简单的、表面的、笼统的。

(2) 旅游者的需要与动机。旅游者的需要决定着旅游者的旅游行为和旅游中的知觉活动。具有不同需要的旅游者会主动选择不同的知觉对象，即使选择同一知觉对象，他们也会对其进行不同的观察和思考，得出不同的感知印象。例如，同是到美国亚特兰大市旅游的游客，渴望显示自己社会地位、寻求受尊重体验的人与旨在海滨休闲度假、消除压力、实现身心恢复的旅游者的旅游行为和所关注的对象肯定不同，因而其最终得到的知觉印象也不一样。

(3) 旅游者的兴趣。兴趣是在个体需要的基础上产生的，它表现为个体对某种事物或从事某种活动的选择态度和积极的情绪反应。在旅游知觉中，兴趣首先引起旅游者对旅游信息的关注。例如，对旅游感兴趣的人对旅游广告非常敏感，使旅游广告从众多信息广告中突现出来，成为知觉对象，而把那些自己不感兴趣的信息广告作为背景，或排除在知觉之外。其次，兴趣会使旅游者的旅游知觉更深入。例如，对传统文化感兴趣的旅游者不会单纯地把对人文景观的观赏看成是放松娱乐，而是当成一次学习的好机会，对知觉对象的印象也更深刻。

(4) 旅游者的情绪状态。情绪是人对客观事物的态度体验，是人的需要是否获得满足的反应。通常，在旅游活动中，如果需要得到满足，就会引起旅游者的积极情绪，其知觉主动性提高，会积极主动地去感知旅游活动中的大量景物，知觉范围就会扩大，而且会给旅游者带来愉悦、松弛、振奋的感受。当旅游者处于消极情绪状态时，其知觉主动性就会降低，知觉范围也会缩小。作为优秀导游员的标准之一，就是能很好地调动旅游者的积极情绪，使旅游者乘兴而来，满意而归。另外，情绪也影响着人们对时间的知觉，人们常说的"欢乐良宵短，愁苦暗夜长"，就是这个道理。

第二节　旅游知觉的心理定势

心理定势指人在认识特定对象时的心理准备状态，即心理上的特定趋势。这种准备状态容易使人根据以往的经验所形成的习惯方式来感知事物。在"疑人偷斧"的典故里，知觉对象并没有变化，所变化的只是农夫找到斧子前后的主观意念。

人们的心境往往使人的知觉带上某种特定的色彩。在热恋的情侣眼里，整个世界都是玫瑰色的，而在悲观厌世的人眼里，一切都是灰色的。人们的需要、愿望都会形成知觉时的心理定势。例如，急于投宿的人，容易把商店的招牌看成是旅店的招牌。古诗里所写的"拂墙花影动，疑是玉人来"，也是这种心理的反映。

心理定势是导致知觉歪曲的重要因素。在旅游活动中，对旅游者的知觉产生影响的心理定势主要有以下几种。

一、首因效应

首因效应，即人们常说的"第一印象"，是指人在第一次接触某事物时产生的印象，以及这种印象对以后进一步认识事物所产生的积极的和消极的作用。第一印象会给知觉者留下鲜明、深刻、牢固的印象，形成一种很难改变的心理定势，具有继续发挥作用的特点，对以后的知觉也会起指导性作用。人们在接下来的活动中，通常会下意识地在"先入为主"观念的影响下，戴上"有色眼镜"，把当前的知觉印象同"第一印象"联系在一起，根据"第一印象"对当前的知觉对象进行归类并做出判断。因此，"第一印象"直接影响知觉者的后续知觉。

知觉者获得良好的"第一印象"之后，会淡化后续知觉中的不良印象，如果"第一印象"很糟糕，以后的良好印象也会罩上阴影。在旅游景区的视觉识别形象

(Visual Identity，VI)策划中，特别重视第一印象区的设计。第一印象区是旅游者最先进入旅游景区的视域空间。因为第一印象区给旅游者留下的良好印象将会对旅游者的后续印象产生影响。东京迪斯尼海乐园和美国好莱坞环球影城的第一印象区，即门景区的标志性建筑虽然都是以地球和水为主题，但设计风格截然不同，给来园游玩的旅游者的视觉印象也自然不一样。迪斯尼乐园童话世界的浪漫与梦幻和环球影城未来世界的惊险、刺激与虚幻，都通过门景区对旅游者进行第一视觉刺激。

二、晕轮效应

晕轮效应是从对象的某种特征推及对象的整体特征，就像月晕一样，由于光环的虚幻作用，使人看不清其真实面貌。晕轮效应往往在悄悄地影响着人们对事物的知觉。例如：有的老年人对青年人的个别缺点、衣着打扮、生活习惯看不顺眼，就认为他们一定没出息；有的青年人由于倾慕朋友的某一可爱之处，就会把他看得处处可爱，即所谓的"爱屋及乌"。

晕轮效应是一种以偏概全的主观心理臆测，其错误在于：第一，它容易抓住事物的个别特征，习惯以个别推及一般，就像盲人摸象一样，以点带面；第二，它把并无内在联系的一些个性或外貌特征联系在一起，断言有这种特征必然会有另一种特征；第三，它说好就全都肯定，说坏就全部否定，这是一种受主观偏见支配的绝对化倾向。

虽然首因效应也是以主观推断代替客观现实，但是首因效应容易使知觉者对前面的感知印象深刻，后面的知觉受前面的印象影响甚至支配；而晕轮效应则经常使人对知觉对象的部分特征印象深刻，并由此泛化为对象的整体印象。在旅游服务中，某一项优质服务能够淡化其他服务中存在的小缺陷。旅游业界经常提出"超常服务"和"穷其服务的细微处"等口号，其实就是增加旅游服务产品的延伸产品部分，使旅游者觉得享受到的服务是超值的，往往忽略或淡化了该产品的核心和形式产品部分，很容易对整个服务产生良好的知觉印象。例如，如果酒店西餐厅主动为在结婚纪念日到此就餐的一对预约的夫妇安排在靠窗、僻静的坐席，且在桌上的花瓶里插上一朵鲜艳的玫瑰并附上一张精巧别致的贺卡，这对夫妇会由于这精心的额外服务，而对其他服务的质量要求降低，即使在菜肴和酒水服务中出现小的过失，在首因效应和晕轮效应的作用下也会认为该餐厅提供的服务在整体上是优质的。同样，晕轮效应也有过分丑化对象的作用，因此在旅游服务中，即使是一次小的失误也可能导致旅游者对整个服务的全盘否定。

三、刻板印象

　　刻板印象是指人们对某一类人或事物产生的比较固定、概括而笼统的看法和印象。这种印象不是一种个体现象，而是一种群体现象，它反映的是群体的"共识"。比如说到商人，就和"唯利是图"联系起来，说到军人，就认为威武、刚强、守纪律，这是在职业上的刻板印象；认为青年人单纯幼稚、容易冲动，老年人经验丰富、保守、稳重，这是在年龄上的刻板印象；说到上海人，就认为比较灵活、善于应酬，说到北方人，就认为比较粗犷直爽，这是对不同地域的人的刻板印象；看到胖人，就认为性格比较乐观开朗，看到瘦子，就认为比较小心眼认死理，这是关于外貌的刻板印象等。

　　刻板印象的主要特点是对知觉对象群体特征进行概括。俗话说："一方水土养一方人"，"物以类聚，人以群分"，居住在同一个地区、从事同一种职业、属于同一个种族的人，总会有一些共同的特征，因此，刻板印象一般说来还是有一定道理的。所以，在旅游实践中，它可以帮助旅游企业和旅游从业人员了解其潜在客源国家、地区及群体的基本情况，有助于确定和设计针对某一目标市场的旅游产品和提供适当的服务。例如，导游人员在秦始皇兵马俑对法国游客进行讲解时，如果能针对法国人厌恶浪费，对本国文化持有极强的自豪感，认为法国是世界文化的中心，最为推崇"个人主义"和"个人节奏"等特点，在称赞"世界第八大奇迹"壮观宏伟与我们华夏文明博大精深的同时，又盛赞这一美誉的始倡者——法国前总统密特朗和西方文化的主体——法兰西文化，再适当地根据游客的需求灵活地调整游览节奏的话，那么就会得到较好的导游效果。

　　但是，"人心不同，各如其面"，刻板印象毕竟只是一种概括而笼统的看法，具有一定的局限性，如果具体落实到某一个体上，有时会有很大的出入或差别，因此，刻板印象也经常阻碍人们的正确知觉。如果没认识到这一点，像"削足适履"的郑人，宁可相信作为"尺寸"的刻板印象，也不相信自己的切身经验，就会出现错误。

第三节　旅游者对旅游条件的知觉

　　旅游者的旅游消费行为是由行、游、住、食、购、娱六个要素构成，与这些行为有关的事物就是最基本的旅游条件，包括居住地与旅游区之间的空间距离、时间、交通、旅游景观、旅游服务、旅游大环境等。旅游者对诸多旅游条件的知觉印象，对他们的旅游动机、旅游决策、旅游行为以及对旅游收获评价等都有显著的影响。

一、旅游者对旅游地或旅游景观的知觉

旅游景观是指自然界和人类社会中能够对旅游者产生吸引力，可以为旅游业开发利用，并可产生经济效益、社会效益和环境效益的各种事物和因素。狭义的旅游者活动是由往返于旅游者居住地与旅游地之间的旅行和在旅游目的地(或景区)逗留期间的游览、修养等消遣活动构成的。多数旅游者不会以空间移动的旅行(即交通)为旅游目的，激起旅游者旅游欲求的是旅游目的地(或景区)的旅游景观，旅游景观资源是旅游目的地得以生存和发展的最重要的旅游业资源。具有了旅游吸引物——旅游景观资源，解决了可进入性问题并配备了与旅游活动相配套的旅游接待设施，不论其规模大小、级别高低都可以成为旅游目的地(或景区)。

广义的旅游活动由旅游决策、旅游准备、旅游消费、旅游效果评价四个行为过程构成。而旅游者对旅游地的知觉主要集中在旅游决策阶段和旅游消费行为阶段。旅游决策阶段的知觉印象影响旅游者对旅游地的选择。在这一阶段，人们对旅游地的知觉印象多数不是以亲眼所见或亲身经历和体验为依据，而是以间接信息为主，主要来自他人的经验或各种信息媒介。例如，亲朋好友或同事等对旅游景区或景观资源的介绍，旅游促销广告，旅游宣传册，景区景点的宣传品，报纸杂志上的相关报道，互联网上发布的旅游信息等。由于旅游产品具有生产与消费的同时性，旅游者在做旅游决策时不可能接触到所要购买的旅游产品，只能是借助于一些对间接信息的感知和理解来为购买决策做支持，这都要使旅游者承担一定的感知风险。旅游消费行为实施阶段的知觉印象影响旅游者对旅游行为的满足感的获得与效果评价。在这一阶段，旅游者的知觉印象来自自身的亲身旅游经历和体验，以直接信息为主。此外，在旅游准备阶段和旅游效果评价阶段也能通过相关的行为活动来感知旅游地。例如，决定到滑雪度假区旅游的旅游者，在做旅游准备时，会由于购买了不同档次或价位的滑雪器具，而对度假区的感知印象产生影响；到高尔夫度假区度假的旅游者，也会由于球具与球服不菲的投入而对度假区的度假体验提出很高的要求。而在结束旅游消费活动进行旅游收获评价时，也会由于旅游目的地的旅行社寄来的一张印有当地景观的新年贺卡而对旅游目的地产生良好的感知印象。

旅游企业与从业人员应该根据旅游者对旅游目的地或景观知觉的特点，为使旅游者对旅游目的地形成良好的知觉影响而要做好以下工作：一是应该在旅游景观资源调查及评价的基础上，给旅游目的地的旅游形象定位。制定长期的营销战略，

加大宣传的力度，提高旅游宣传促销的质量，努力推出一个良好的景区景点形象。二是准确、翔实、及时地将旅游地的信息传递给旅游者，减小旅游者在旅游决策时的感知风险。三是要着力提高旅游产品的质量，以高质量的产品和服务为旅游者提供美好的旅游体验。四是继续为完成旅程的旅游者提供作为旅游目的地旅游产品的延伸部分的"超常服务"，如新年派对、意见征询、馈赠纪念品等，来满足旅游者寻求归属和尊重的需要，从而会对整个旅游活动做出积极评价，对旅游地留下深刻而美好的感知印象。

通常，旅游者对旅游地或景区的知觉印象主要受以下四个因素的影响。

第一，旅游景观的核心要素是吸引力要素，这些要素要能够激发旅游者的旅游欲求，使之形成旅游动机。为此，旅游景观必须具有独特性和可观赏性。例如，日本的温泉旅游一直很盛行。近些年来，虽然海滨度假和滑雪旅游也大规模地开展起来，但还是不能取代温泉旅游的主导地位。然而，目前日本温泉旅游面临着一个十分严峻的问题，虽然参加温泉旅游的旅游者在不断地增加，但很多知名的温泉旅游度假地却不见了往昔的繁荣。形成这种矛盾现象的主要原因是由于日本温泉资源较丰富，在"家乡创生事业"思维的影响下，全国各地的村镇都挖掘了温泉。由此，那些著名温泉地的旅游价值的独特性已不复存在，不具备激发旅游者前来"泡温泉"的吸引力要素。

第二，要使潜在的旅游资源成为现实的旅游资源，实现其旅游价值，必须提高旅游地的可进入性。这包括整个旅游地的可进入性和各个旅游景区景点的可进入性，主要是指交通条件的可进入性。例如，被誉为世界第一大峡谷的雅鲁藏布江大峡谷中，上有以南峰为首的冰雪世界，下有雅鲁藏布江带着上千流量的巨大水量奔流，神山与奇水的鬼斧神工，造就了一处最为壮观的风景线。其旅游景观质量非常高，但是，由于可进入性条件差，除极少数探险旅游者外，大多数旅游者难以开展旅游活动，给旅游者的知觉印象是偏、远、险，可望而不可即。此外，旅游地的可进入性还受到旅游地的文化、政治、军事、居民的态度等社会条件的影响。比如，大连的旅顺作为甲午战争与日俄战争的主战场，其人文旅游资源极为丰富，是著名的旅游城市、爱国主义教育基地，同时也是我国著名的军港、海军基地，但是目前旅顺还有近三分之一的地域不允许外国旅游者进入。此外，加拿大著名地理学者巴特勒在其著名的"旅游目的地生命周期理论"中提到，当旅游地发展到成熟阶段，由于大量外来旅游者的涌入和旅游活动的开展，使当地居民感到生活空间受到挤压，生活环境受到破坏，所以，开始反对旅游业的发展和旅游者的旅游活动。这多发生在客源地与旅游地文化差异大的旅游地和经济文化相对落后地区的游客流向经济文化相对发达地区的旅游地。由于社会条件而影响旅游地的可进入性，会给旅游者造成歧视、冷淡、没有生气的知觉印象。

第三,旅游设施不仅是旅游目的地的接待设施,也可能成为旅游对象,所以必须安全、方便、舒适,在标准化的同时,注意特异性。如前所述,旅游者的旅游体验强调物质生活体验的"日常性"与精神体验的"非日常性"。不论是异族风情旅游还是一般的观光旅游,都应该考虑到主要客源地居民的生活水平。给旅游者提供标准化的旅游接待设施,让旅游者能够安全、方便、舒适地使用这些设施,是引导旅游者形成积极知觉印象的必要条件之一。但同时也应注意到标准化的服务设施和服务,会稀释旅游目的地的个性化。在世界经济一体化的今天,酒店业、餐饮业与商品流通业的联号经营日渐兴盛,现代人造旅游资源不断增加,许多旅游地的独特性已越来越不明显。其实,设计独特的旅游设施本身就是旅游对象,甚至可以成为旅游目的地的地标(Land Mark),例如,悉尼的大歌剧院和被誉为伦敦四大旅游地标之一的"红色双层巴士"等。

第四,要提供个性化服务,强调服务的超常性;将功能性服务转变成为情感性服务;完善旅游市场的经济环境,实现旅游信息的对称流动,倡导诚信服务。

个性化旅游时代也要求旅游产品或服务富于个性化。摒弃大众旅游时代的团体包价旅游产品的生产方式,个性化旅游时代旅游产品的生产方式应是"定制式"生产模式,即先接受旅游者的预订,根据其具体要求,再有针对性地进行生产。在 21 世纪,旅行社的业务正在发生重大的变化,对大多数人而言,旅行社将成为协助自己制定旅游计划以及提供相关旅游信息的咨询服务者。随着旅游活动的惯常化,与家庭医生和私人律师一样,旅行社也会成为个人生活不可缺少的参谋者。就酒店业而言,从提供简单的食宿服务的 20 世纪初的斯塔特勒大饭店,到当今世界的各种功能齐全的自我完结式综合性国际联号酒店,服务的超常性这一概念的界定不断地被更改。

日本的西式酒店与日式旅馆服务的区别是:西式酒店服务强调的是功能性服务,而日式旅馆是情感性服务。在西式酒店里,客人的抵店、入住登记、住宿、餐饮、康体、离店等服务均由不同的服务人员提供,而在日式旅馆,这些服务则由一名服务人员全部提供。相比之下,日式旅馆更容易建立起服务人员与客人的私人感情。我国劳动力价格比日本要低得多,若采取日式酒店的服务方式提供情感性服务,将会给客人留下美好的感知体验。又例如,飞机在雨天的夜晚抵达目的地时,如果航空公司机组人员在通常的道别语("谢谢您乘坐××航空公司的班机,欢迎您再次乘坐我们的班机")之后加上一句人性化的道别语"此时正在下雨,又是晚上,通道的接口处地面可能有些滑,请注意安全",如此旅客就会对航空公司油然产生一种敬意感,在心目中形成非常好的感知印象。第一句道别语是功能性、机械性的服务;第二句道别语是情感性、充满人文关怀的服务。

此外,信息经济时代的今天,诚信已经成为人们普遍关注的问题。如果不能建立一个以法律和道德为基础的诚信的社会，后工业时代的一些新的经济形式，如电子商务等，旅游经济就不能得到很好的发展。旅游经济是一种体验经济，其产品具有生产与消费的同时性，因此，旅游从业人员在服务过程中，应该遵守法律，实践道德，减少信息的不对称，信守合同，为营造出一个诚信的旅游经济环境而贡献自己的力量。

二、旅游者对时间的知觉

旅游活动是利用闲暇时间，离开日常生活圈而进行的消遣活动。1936年法国通过了《度假法》，该项法律规定了法国的劳动者每年享有两周的带薪假期。自该项法律诞生以来，欧美工业化国家的劳动者经过70年的不懈努力，普遍获得每年二至六周的带薪假期。长期连续的带薪假期政策的推广和租赁航班制度的导入是推动20世纪50至70年代欧美大众旅游发展的两大原动力。但是带薪假期的增加并不完全意味着旅游者有充足的时间来进行旅游，旅游时间是影响旅游效果的重要因素之一，所以旅游者对时间的知觉是很敏感的。国内很多学者都倾向于用"一快、二慢、三准时"来描述旅游者对时间的知觉，即旅途要快、游览过程要慢、旅游活动安排要准时。

1. 旅途要快

旅游交通是旅游体验中被动产生的一个要素。对于大多数旅游体验而言，交通不是旅游的目的，所以要用最短的时间完成空间位移。在信息爆炸、技术快速更新的今天，"地球村"的居民最缺的就是"时间"。即使是在闲暇时间里进行的旅游活动，也是为了缓解压力，进行身心恢复，为再次投入工作做准备。所以，旅游者在旅游时也追求旅游时间与旅游效果的最高比，在有限的闲暇时间里，要尽量减少旅途时间，包括办理必要手续和候机(车、船等)时间。

2. 游览过程要慢

旅游者的非日常性的旅游体验主要是通过对旅游吸引物的游览行为来实现的。旅游过程中的旅游刺激物最容易成为旅游感知的对象。所以，旅游者总是希望能有充裕的时间，仔细地观看、欣赏各种旅游景观，慢慢地体会旅游带来的至高享受。此外，在安排游览时突出一个"慢"字的同时，也要根据不同景观类型的容时率的不同而加以调整。例如，苏州园林的容时率要大于内蒙古大草原的容时率，因此前者的游程当然也要"慢于"后者。

3. 旅游活动安排要准时

旅游者希望整个旅游过程能够按照购买协议中的规定没有偏差地进行。他们希望一切活动的安排都要在计划之中，一切都要准时进行。例如，准时出发，准时返回，活动准时开始和结束。一切活动都要在预先限定的时间之内进行和完成，忠实地执行原定的旅游计划。旅游者在购买旅游产品时会承担一定的感知风险，因此为了减少这种感知风险，设计的旅游产品在时间安排上，要尽可能详细，避免不确定性。任意地变动旅游计划，不准时或超时的旅游活动安排意味着旅游者在时间和经济上的损失。同时，不守时的旅游活动安排会打乱旅游者的生活规律和节奏，不但不能达到消除紧张的旅游目的，还会给旅游者造成心理紧张和压力。因此，能否严格地按照旅游活动时间表进行旅游活动是每一个旅游者都非常关注的问题，也直接影响到旅游者对旅游产品和旅游业者的知觉印象。

三、旅游者对旅游距离的知觉

影响人们做出旅游决策的另一个重要因素是居住地到旅游目的地之间的空间距离的远近。虽然往返于定居地与旅游目的地之间的这段旅行不是旅游的目的，但却是旅游活动的重要组成部分。旅游活动是在空间和时间中进行的。旅游者在知觉距离时，使用的标准有两种，即时间和空间。即旅游者计算距离可能使用空间距离的远近做尺度，也可能用时间的长短做尺度。例如，从上海到杭州，使用空间远近计算时，旅游者会说大约165公里；而使用时间长短计算时，旅游者一般要在某种交通方式的基础上进行计算，例如，乘坐旅游巴士走沪杭甬高速公路大约 1 小时 45 分。在实际的旅游决策和旅游行为中，不论旅游者使用何种标准知觉距离，都会对他们的旅游决策和旅游行为产生影响。旅游者的距离知觉对旅游行为的作用，主要表现在以下两个方面。

1. 阻止作用

任何旅游者都知道，旅游行为是一种需要付出代价的消费行为。而旅游距离是决定旅游者要付出的时间、金钱、精力、安全，甚至是情感的代价的主要因素。在旅游目的地距离遥远的情况下，这些代价往往使旅游者望而生畏。虽然，在通常情况下旅游效果与旅游距离成正比，但只有当旅游者认为，能够从旅游行为中得到的收益大于所要付出的代价时，他们才会做出相关的旅游决策，并进而把决策付诸实践。这些和距离成正比的代价，被称为旅游行为的"摩擦力"，抑制人们的旅游动机，阻止旅游行为的发生。通常，旅游距离越远，旅游者付出的代价也就越大，而代价越大，旅游者的顾虑就越多，承担的各种感知风险也就越大，阻止外出旅游的"摩擦力"也就越大。通过对第二次世界大战结束以来全世界国际旅游客流和客源发展状况的基本分析可以发现，在全世界国际旅游客流中，近距离的出国旅游，特别是前往邻国的国际旅游，一直占绝大比重。以旅游人次计算，这种近距离的出国旅游人次约占每年全世界国际旅游人次总数的80%，如图2-8所示。形成这种国际客流规律的原因之一就是远距离的国际旅游"摩擦力"大于近距离，人们在做旅游决策时不会轻易地选择远距离的旅游目的地。在这个意义上，旅游距离会对人们的旅游动机产生阻碍作用。

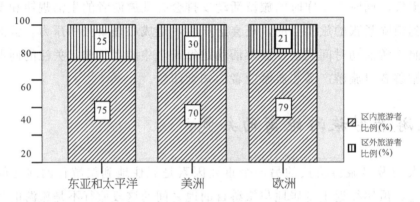

图2-8 主要国际客源市场的区内、外旅游者人数统计

(资料来源：李天元. 旅游学. 北京：高等教育出版社，2002：180)

2. 激励作用

人们外出旅游的动机之一是寻求新奇、刺激、别具一格的体验。对旅游者而言，旅行距离遥远的旅游目的地通常带有神秘感。"探新求异"是人的本能，人类的这种探索未知世界的强烈意识与愿望，使神秘和陌生反而构成了那些距离遥远的旅游地的独特吸引力。同时从审美心理学的角度，距离越远，就更容易增加信息的不确定性，给人以更广阔的想象空间，从而产生了一种"距离美"。当这种由神秘、陌生和美等因素构成的吸引力超过距离"摩擦力"的阻止作用时，就会有人舍近求远，宁愿到陌生、遥远的地方去旅游。如图2-9所示，旅游效果的无差别曲线 L_1 离原点越远，旅游效果越大，L_1 与旅游费用的预算线 P_1 的切点 Q_1(即均衡购买点)所对应的旅游时间和旅行距离的组合，就表示最经济、合理的旅游计划。在旅游时间与旅游费用一定的情况下，如果交通费用降低，则预算线从 P_1 的位置移到了 P_2，与更远的无差别旅游效果曲线 L_2 相切，Q_2 成为均衡购买点，旅游时间与旅游距离都增加了，反之亦然，旅游距离增加旅游效果或收获亦增大。从这个意义上说，旅游距离又会对人们的旅游产生激励作用。

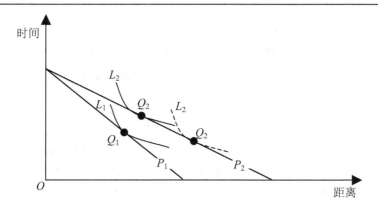

图2-9 旅游距离、旅游时间、旅游效果三者之间的关系

(资料来源：[日]盐田正志，长谷政弘．旅游学(第7版)．同文馆，1999：36，有改动)

总而言之，距离知觉对人们的旅游行为的作用具有两重性，既有阻止作用，也有激励作用。但是，哪种作用更大，其影响程度又是如何，既因旅游者的条件和旅游目的而异，又与旅游活动的客体条件，如景区景点的旅游价值、旅游设施与服务质量、旅游宣传促销的力度与技巧、旅游环境的优劣等因素有关。根据旅游距离的知觉原理，旅游企业要双管齐下，既要抓住邻近地区的客源，也要吸引远距离的旅游者。塑造良好的旅游目的地形象，强化旅游产品和服务的吸引力，使旅游者对距离知觉的激励作用最大化、阻止作用最小化，引导人们做出旅游决策。

四、旅游者对旅游交通的知觉

进行一定距离的空间位移是旅游活动得以进行的前提条件。无论是古罗马时期的马车，还是当代用于国际旅行的波音和空中客车喷气式飞机，人们外出旅游，交通工具是必不可少的。交通工具是重要的旅游条件，选择何种交通工具是旅游者极为关心的问题之一。随着社会的发展，科技的进步，可供旅游者选择的交通工具日益增多。现代旅游者经常乘坐的交通工具主要有飞机、火车、汽车、渡船和游轮等。旅游者选择什么交通工具，与他们对这些交通工具的知觉印象密切相关。

1. 旅游者对飞机的知觉

旅游者总是希望旅行时间越短越好。旅游者进行国际旅游和远距离国内旅游时，飞机是首选的交通工具。通常情况下，旅游者对各种客运班机的知觉主要与以下四个因素有关：飞机的起降时间；飞机的安全性和舒适性；机组人员的服务水平；中途停降的次数。

民航航班通常包括两种类型：定期航班和包机。对定期航班而言，不论该次航班是否满载都必须按照预先制定并公布的航班飞行时刻表运行。对旅游者而言，飞机能否按时起降直接影响到后续的旅程安排，影响到旅游计划是否会顺利地完成，因此，他们经常以飞机起降时间是否准时的知觉印象来评断航空公司的实力和服务水平。

安全是乘飞机的旅行者关注的另一个重要因素。自"9·11"恐怖事件以后，由于对飞行安全的顾虑而放弃这一便捷、快速的交通工具的旅游者的数量骤然增加。虽然飞机发生事故的几率要远远小于汽车、游轮和火车，但是一旦发生事故，其破坏性大多是致命的。因此，旅游者都非常关注并收集有关航空公司和机型的飞行事故记录，以选择安全系数最高的航空公司和机型。

旅游者关注的另一个安全因素是飞机中途着陆的次数，因为飞机起降时事故发生的几率最高。旅游者都比较喜欢直达航班，这可能是因为直达航班一般不会在途中由于乘、降旅客而耽搁时间，也不会有再次乘、降飞机带来的不便，更降低了事故发生率。

另外，舒适的乘机环境和良好的服务也是旅行者非常重视的因素。旅游者在乘飞机旅行中，除了希望得到机组人员的优质服务以外，还非常注重硬件设施的舒适性。为此各大航空公司都在致力于购买"波音 747"等大型宽体喷气式客机投入各大航线的运行，飞机制造商也在不断研制、更新飞机的类型。例如，空中客车集团耗资 100 亿英镑，正在开发新的"空中客车"系列机型。航空公司的机组人员礼貌周到、体贴入微的服务会消除旅游者的紧张感。在两大飞机制造商垄断飞机制造业的背景下，航空公司的形象不是机体的图形标识，而是服务人员的个性化服务。

2. 旅游者对火车的知觉

许多旅游者之所以喜欢乘坐火车旅游，主要原因是火车价格便宜、安全可靠、乘坐方便，而且还可以欣赏沿途的风光。例如，日本的东海道新干线、上海浦东的磁悬浮列车，都以其快速、安全、方便、舒适等特征，赢得了旅游者的喜爱。旅游者对火车的知觉印象主要取决于以下三个因素。

第一是速度。安全快速的直达列车最受欢迎。例如，上海到北京的高速列车，虽然票价较高，但还是比普通列车更受到旅游者欢迎。又如，从东京的品川出发去大阪，乘新干线要比到羽田机场乘飞机提前抵达，虽然票价贵些，但其速度快，而且可以欣赏沿途风光，使多数旅游者都选择了新干线。

第二是发车及抵达时间。与飞机相比，火车的行驶受自然条件和机械设备的影响较小，因此很少会出现因为晚点而打乱旅游者既定的旅游日程安排的事件发生。此外，人们外出旅游都希望火车的发车和抵达时间能方便自己的观光游览等旅游活动，有利于制定自己的旅游计划。例如，近些年来，我国铁路部门开通的旅客列车都尽量安排为朝发夕至、夕发朝至、朝发午至、午发夕至等。

第三是舒适程度。旅游者希望火车车型好，设备齐全，车体外观和车内装饰高雅漂亮，整洁干净。这样才能保证旅途不疲倦，到达目的地后可以精力充沛地进行旅游。此外，舒适的乘车环境和便利的设施也使火车成为休息、娱乐、社交的场所。例如，现在有一些全程卧铺的旅游列车，车上设有餐厅、酒吧等设施，这样的火车已经变成了移动的旅馆。舒适程度高的火车会增加旅行中"游"、"住"、"娱"等旅游要素，通常会受到旅游者的喜爱，给旅游者留下积极的知觉印象。

3. 旅游者对汽车和游轮的知觉

第二次世界大战以后，与铁路和航空运输工具相比，公路交通中私家车和旅游巴士等交通工具，更能满足国内度假旅游者的需要，其快速发展为欧美国家国内旅游度假蓬勃兴起奠定了基础。私家车的贡献在于，在不依赖现有交通条件的情况下，旅游者能够按照自己的意愿组织和设计适合自己的旅游线路和行为方式。旅游巴士也给旅游者留下便捷、便宜的感知印象。例如，在欧洲，大多数低收入的旅游者以花费更多旅行时间为代价选择乘坐旅游巴士的廉价旅行。旅游者对旅游巴士的知觉印象主要受下列因素的影响，即车窗和车体的宽敞程度、坐椅的舒适性、减震装置的性能、空调性能、视听系统的效果、驾驶员和导游服务等。

乘游轮旅游可以有多种方式。小型的专用船只可以满足那些到南极洲和加拉帕格斯群岛等地探险的特殊兴趣旅游者的需要；大型游轮本身就可以使旅游者流连忘返，经常被称为"浮动的休养地"、"浮动的大饭店"、"浮动的休闲娱乐场"等。水上交通工具既提供交通服务又提供住宿接待服务。旅游者对游轮的知觉对象，主要与以下要素密切相关，即游轮能够到达的港口城市或旅游景点的旅游价值和数量，航程的远近，停靠地观光娱乐项目的吸引力，游轮的舒适豪华程度，游轮上的娱乐活动是否丰富有趣等。

此外，在对旅游进行分析时，交通往往是容易被忽视的环节，它通常被划归为旅游体验中被动产生的一个因素。交通是基本的旅游服务环节之一，也是旅游的重要组成部分(例如，乘游艇巡游和火车观光旅游)。飞机、火车和游船等基础交通服务基本上属于公共服务，对这种公共服务，旅游者既看重其硬件设施，也希望得到功能性和情感性的双重服务，例如，"空中小姐"对乘客的微笑服务，既有情感服务的一面，也有"消除一般乘客对安全的轻度不安"这一功能性效果。

参考信息

知觉研究的先天论与经验论

一些哲学家和心理学家有时候会提出一些幻想的测试个案，以期最终一次解决——人们是天生就有使看到的事物产生意义的精神能力(先天论者的观点)，还是必须通过经验来学习，从而解释看到的事物(经验论者的观点)——这一焦点问题：一个天生的盲人经过手术或者其他一些干预后突然复明。在不触摸正看着的物体时，他会不会知道这个物体是个立方体而不是球体，是一条狗而不是一只老鼠呢？或者，除非他学过物体的真实含义，否则，他的知觉是不是毫无意义的呢？这样一个人的经验把持着事情的关键。

最近几个世纪以来，事实上的确出现了这样一批个例。报道得最为详尽的就是一位英国人的例子。他天生患有白底角膜，20世纪60年代他52岁时终于得见天日。英国心理学家和知觉专家里查德·L.格雷戈里称他为SB先生，并对他进行了仔细的研究。

按格雷戈里的报告，SB做了角膜移植手术后，当绷带从眼睛上取下时，他听到外科医生说话的声音，并朝他转身，心想一定能看见一张脸。他只看见一片模糊。然而，经验很快就使他的知觉清晰起来：在几天时间内，他就能够看清很多脸，不用扶着墙就可以顺着医院的走道走路了，他还知道窗外移动而过的东西是小汽车和大卡车。然而，空间知觉对他来说却困难得多。

SB很快就能够一眼辨认出他通过触摸了解的物体了。可是，对于从没有摸过的物体，除非有人告诉他那是什么东西，或者发现那是什么东西，否则，这些东西对他来说就是一些神秘的东西。格雷戈里和同事带他去伦敦，他在那里辨认出了动物园里的大部分动物，因为他曾养过猫和狗，还知道其他一些动物与这些猫狗有何不同。可在一家科学博物馆里，SB看到一架车床——他一直想要使用的工具——可是，除非他闭上眼睛用手四处摸它，否则，他无法用车床车出任何东西来。接着，睁开眼看着这东西后，他说："现在我摸过它了，因此我就可以看见它了。"

有趣的是，当格雷戈里让SB看一些错觉时，他却没有受这些错觉的误导。比如，他没有把赫林氏图形(见图2-10)错觉中的直线看成曲线，也没有把泽耳纳氏图形中的平行线(见图2-11)看成要相交的线。这些错觉明显取决于一个人已经学到的提示，因为这些提示具有视觉的含义，而通过错觉中的其他线条给定的提示对SB

却没有任何意义。

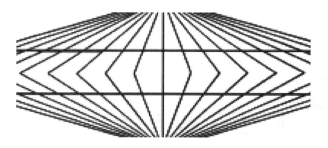

图 2-10　赫林氏图形

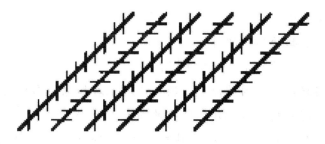

图 2-11　泽耳纳氏图形

这个例子中，人们可以得出的结论是相当令人失望和混淆的。有些证据偏向于先天论，有些又偏向于经验论。另外，这些证据是混杂的：SB 有一辈子的感觉经验和学习过程，通过这些东西，他能够解释他的第一次视知觉，而他的故事并没有显示出，思维在经验之前准备好理解视知觉的程度有多大。实验研究也没有通过婴儿回答出这个问题，因为婴儿知觉能力在任何时期的发育在多大程度上是因为成熟而造成的，或者在多大程度上是因为经验造成的，这一点目前尚不清楚。只有取消婴儿的知觉和其他感官经验这种不可能进行的实验才能分开彼此，并测量出其相对的影响。

(资料来源：莫顿·亨特. 心理学的故事. 李斯, 译. 海口：海南出版社, 1999: 574～576, 有改动)

复习与思考题

1. 什么是旅游知觉？
2. 举例说明旅游知觉的理解性。
3. 简述影响旅游知觉的主、客观因素。
4. 结合旅游实践讨论首因效应和晕轮效应对旅游知觉的影响。
5. 简述影响旅游者的旅游地知觉印象的因素。
6. 结合自己或他人的旅游经历，阐述为什么"旅途要快，游览过程要慢，旅游活动安排要准时"。
7. 简述举例知觉对旅游决策和旅游行为的影响。

第三章 旅游者的学习

【本章导读】

学习是影响人们行为变化的重要心理因素之一，学习的过程就是人们适应个体和环境变化的过程。随着旅游业的日益发达和旅游者本身经验的积累，世界上的旅游者通过学习，获得越来越丰富的间接旅游经验和直接旅游经验，变得越来越成熟。旅游消费者的任何旅游决策都有可能产生预想不到的后果，令旅游者的心理不愉快，也就是说，可能伴随着产生风险和不确定因素。由于旅游者最终获得的旅游经历和体验可能会与其预想的不一样，于是旅游者做旅游消费决策时，就可能觉察到风险。旅游行为的变化是通过学习获得的，学习旅游行为的途径包括获取经验和取得信息两个重要方面。

【关键词】

学习(learning)　学习的过程(process of learning)　记忆(memory)
成熟的旅游者(experienced tourist)　觉察风险(perceived risk)
购买后疑虑(postpurchase dissonance)　信息处理(information processing)

第一节 学习的概念

学习是影响人们行为变化的重要因素之一，学习的过程就是人们适应个体和环境变化的过程。人类的全部行为都包含着某种形式的学习。一个人的行为发生变化，通常是由于学习引起的。旅游活动中也不例外，学习对人们的旅游行为也产生很重要的影响。在旅游实践中，旅游者作为消费者会遇到各种各样的问题，例如，旅游目的地的选择、旅游方式的选择、住宿条件的选择、旅游日程的安排等，如何解决这些问题，满足自己的旅游需要，从而获得最大限度的满足和享受，都受到学习因素的制约和影响。人们对旅游产品的知觉是建立在学习的基础上的，通过不断的学习，掌握新知识和信息，积累经验，人们可以更有把握地做出旅游决策，成为更成熟的旅游者。旅游工作者通过分析旅游者的学习行为，可以有针对性地完善其旅游产品，满足旅游者的需要，适应日益激烈的旅游市场竞争。

广义的学习指人们不断获取知识、经验和技能，形成新的习惯，改变自己行为的过程，这种学习是较为持久的过程。这种学习往往是无意识的、没有专门的学习计划和安排。例如，消费者通过消费经验，通过各种媒体上的广告可以知道许多知名品牌，可以了解许多著名旅游度假地的情况。狭义的学习指人们对客观现实的认识过程，通常指人们有目的、有计划、系统地掌握知识、技能和行为规范等的活动。

学习在人们的消费过程中也是非常重要的。人们的消费行为也主要是通过学习获得的。人们的态度、价值观、鉴赏力、举止行为、偏爱、事物的象征含义和情感都是通过学习获得的，如图3-1所示。文化和社会等级观念通过社会组织、家庭和亲友，极大地影响着消费者的生活方式和他们消费的产品的类型。政府和许多生活团体、组织都在试图帮助消费者树立"正确、恰当的"态度和行为，使人们正确地认识公众关注的很多问题，例如，环境保护、健康的饮食习惯、毒品问题、酗酒问题等。市场营销人员也想尽办法让消费者了解其产品的存在和产品的特性。

学习的过程就是人们适应自身和环境变化，而改变自己原有行为，形成新的习惯的过程。旅游行为本身就是一种习惯，人们通过学习，认识到旅游活动可以减少由于长期不断的紧张工作所带来的心理紧张，通过旅游获得心理上的满足和享受，因此，人们就会继续进行旅游活动，从而成为习惯。

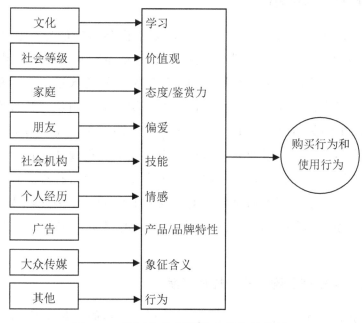

图 3-1 学习是获得消费者行为的关键

(资料来源：Neal C., Quester P., Hawkins D. *Consumer Behaviour: Implications for Marketing Strategy* (4th Ed.). North Ryde, NSW, Australia: McGraw-Hill Australia Pty Limited, 2004：265)

第二节 学习使旅游者从不成熟走向成熟

一、成熟旅游者的表现

现代旅游业在过去一百五十多年中得到了异常迅速的发展，越来越多的普通民众参与了旅游活动，成为旅游者和潜在的旅游者。和其他社会角色一样，旅游消费者也要经历一个从不成熟走向成熟的过程。随着旅游业的日益发达旅游者通过学习获得越来越丰富的间接旅游经验和直接旅游经验，变得越来越成熟。成熟的旅游者通过旅游行为，可以获得更多、更好、更高层次的满足和享受，提高自己的生活质量。

旅游界的专家通过研究，认为旅游者从不成熟走向成熟主要表现在以下六个方面。

1. 从茫然胆怯到成熟自信

不成熟的旅游者，由于缺少旅游经验，既希望到陌生的异域去旅游，又有一种茫然胆怯的感觉，不敢贸然出游。这些人通常都希望加入旅行社组织的旅游团队，以这种方式进行旅游。因为有组织的旅游团队能够给人以安全感和保障感，旅游者与旅行社签订旅行合同后，旅游行程中的一切活动都由旅行社来安排，旅游者不必为旅游活动中的具体细节操心，个人承担的风险很小。随着参加旅游活动次数的不断增加，旅游者不断积累经验、增加见识，逐渐变得成熟和自信。越来越多的旅游者已不再满足于标准化的、固定的、事先安排好的旅游行程。他们逐渐倾向于那些按个人意志和兴趣去探索的个性化的自助式旅游活动。因此，成熟的旅游者往往倾向于选择不参加旅游团队，而选择自助形式的出游，宁愿做"散客"或"背包族"。

2. 从购买标准化产品到选购个性化产品

成熟的旅游者已不满足于那些带有福特主义色彩的、标准化的、无个性的、大众化的旅游产品，如某某五日游、某某假日之旅、某某精品路线十日游、某某精彩三日游等。成熟的旅游者希望购买个性化的旅游产品，或购买整体"标准化"旅游产品中的部分片段，然后按自己的意愿进行组合，形成个性化的旅游产品。

3. 从前往众所周知的旅游胜地到自己去发现新的旅游目的地

成熟的旅游者往往不满足于因循守旧地重蹈前人的著名旅游胜地，他们更希望到一般游人很难到达的地方去进行探险和探索式旅游，以获得独特的旅游体验，并发现新的旅游目的地。

4. 从走马观花式的巡游到滞留型的细游

不成熟的旅游者通常希望在有限的时间里看到尽可能多的景点，因此，整个旅游过程匆匆忙忙，东奔西跑，以满足自己"到此一游"的欲望。成熟的旅游者更重视旅游目的地和旅游产品的内涵及深层次的内容，走马观花式的"到此一游"已不能满足其需要了。成熟的旅游者倾向于选定一个或多个旅游目的地，滞留一段时间仔细游览、充分享受和体验，细细品味其内涵，以获得更深层次的物质和精神方面的享受和满足。

5. 从旁观者到参与者

"旅游"常常被说成是"观光"，但事实上，"旅游"绝不仅仅是"观光"。成熟的旅游者已不再满足于在旅游活动中以旁观者的身份进行"观光"，他们要做参与者，要亲身进行体验。成熟的旅游者愿意购买"参与性旅游产品"或"体验性旅游产品"，旅游者能够从参与性旅游中获得更多的新鲜感和自豪感，获得更高层次的享受和满足。例如，"丰收的草莓园"，"做一天农民"，"啤酒厂开放日"等参与性的旅游产品都很受旅游者的欢迎。

6. 成熟的旅游者更重视旅游过程，更具自主性

不成熟的旅游者只重视旅游的"结果"，而成熟的旅游者既重视旅游的"结果"也重视旅游的"过程"。他们希望整个旅游过程丰富多彩，希望自己来安排和组织活动。他们不希望旅游业经营管理人员和服务人员包办一切，而希望给自己留有一定的自由度，以发挥自己的个性。因此，自助旅游受到越来越多的旅游者的青睐。

旅游者通过不断的学习变得越来越成熟，越来越精明。随着旅游者的成熟，旅游者对旅游业的要求必然会发生变化，对旅游产品的"质"和"量"的期望值和要求也会发生变化。我国的旅游业还处在初级发展阶段，旅游消费者队伍的组成也多种多样，因此我国的旅游者不可能一下子都变得成熟起来，总是会有成熟的旅游者、比较成熟的旅游者和不成熟的旅游者之分。成熟的旅游者和不成熟的旅游者对旅游产品的需求是有很大差异的，旅游业必须有针对性地分别为成熟的和不成熟的旅游者提供不同的旅游产品和服务，以满足他们的不同需要，使他们能够通过旅游活动得到最大限度的满足和享受。

二、旅游消费中风险的学习

旅游消费者的任何旅游决策都有可能产生预想不到的后果，也就是说，可能伴随着风险和不确定因素。由于旅游者最终获得的旅游经历和体验可能会与其预想的不一样，旅游者做旅游消费决策时，就可能觉察到风险。当一个人购买的是价格不菲的旅游度假产品时，如果觉察到风险就会使人坐立不安，产生紧张情绪。

1. 觉察风险的分类

觉察风险的分类方法很多，通常可以简单地将它分为两大类：功能风险和心理风险。

(1) 功能风险。功能风险涉及旅游产品的质量。当旅游消费者购买旅游产品和服务可能达不到预期的满意度时，就存在功能风险。例如，飞机出现机械故障，旅游巴士半路抛锚，某风景区因故突然不接待游客，酒店客房长途电话不通，卫生间无热水等。

(2) 心理风险。心理风险指旅游者购买的旅游产品和享受的服务能否使人产生幸福感和自尊感，是否会改善个人的自我形象。旅游产品具有象征性，旅游者购买旅游产品不仅注重自己在消费中的感受，还十分注重他人对自己所购的旅游产品的评价。旅游活动中的很多因素都具有明显的象征性，如交通工具、酒店、旅游服务项目、旅行社等。如果旅游者花钱购买了一个不符合时尚的产品或通过旅游活动没有体会到自尊和地位，就会产生心理上的不安，构成心理风险。

觉察风险的存在会影响旅游者的旅游决策，尤其是当旅游者要购买一项昂贵的度假旅游产品时，这种觉察风险会使人坐立不安，心理紧张。但觉察风险并不等于实际存在的风险。事实上，实际风险再大，如果旅游者觉察不到，也不会影响旅游决策。

此外，还可以对觉察风险进一步细化、分类，将其分为功能风险、身体风险、经济风险、社会风险和心理风险。表 3-1 是旅游消费者做选择旅游产品的决策时所面临的上述 5 种风险的具体内涵。

表 3-1 旅游消费者做购买决策时面临的风险和不确定性

风险类型	不确定性
功能风险	① 产品意味着什么 ② 产品是否合适 ③ 产品性能比其他竞争对手的产品更好吗
身体风险	① 产品在使用中安全吗 ② 产品对他人有无人身威胁 ③ 产品对环境有无危害
经济风险	① 我只有有限的资金，购买这个产品是合理的开支吗 ② 值得花这么多钱购买这个产品吗
社会风险	① 我的家庭和朋友会赞成吗 ② 我购买这个产品是否会使我信赖的人感到愉快 ③ 我所认同的群体也使用相似的产品吗
心理风险	① 购买这个产品，我会感觉很好吗 ② 这个产品会引人注目吗 ③ 值得购买这个产品吗 ④ 我做出了一个正确的决策吗

(资料来源：刘纯. 旅游心理学. 北京：高等教育出版社，2002：50，略有改动)

2．觉察到风险的原因

旅游者通常在下列情况下会觉察到风险。

(1) 购买目标不明确。如果旅游者已经做出了出游的决定，但是对到什么地方去，采取什么旅游方式等还没最后决定下来。

(2) 购买回报不确定。如果旅游者已经确定了购买目标，但还不能肯定怎样选择才是最满意的。例如，旅游者已经决定去避暑消夏，但是到哪里去才能得到最好的回报呢？是去北戴河海滨、承德避暑山庄，还是去庐山呢？

(3) 缺乏购买经验。一个从来没有过外出旅游的人，面对众多的选择时可能会感到很茫然，不知所措，自然而然地会觉察到风险。

(4) 积极和消极结果的影响。旅游者会觉察到任何旅游决策都会有积极的和消极的后果。例如，乘飞机旅行速度快，但飞机票价格昂贵，而且也不能欣赏沿途风光；乘火车旅行价格便宜，而且可以欣赏到沿途美丽的景色，但旅行速度比较慢。

(5) 相关群体和伙伴的影响。个体旅游者的购买决策与相关群体或身边的同事、亲友、朋友等的购买决策不相同时，就会感知到来自相关群体或伙伴的压力，就会觉察到风险。

3. 减少觉察风险的方法

任何旅游决策都可能使消费者觉察到风险，为了保证旅游活动更好地进行，能较少顾忌地去享受旅游带来的乐趣，旅游者逐渐学会了采取某些措施从心理上消除或减少觉察风险。旅游者通常可以从以下三个方面入手，减少觉察风险，以最大限度地从旅游度假活动中获得满足感。

(1) 降低对旅游产品和服务的期望值。期望本身就意味着快乐，人们对旅游更是如此。旅游者总是把旅游产品和服务理想化，对所购买的产品或服务充满着幻想，否则，就不会兴致勃勃地去进行旅游活动，去接受旅游服务了。然而事实上，由于种种原因，现实与期望往往是有差距的，有时甚至会有很大的差距。如果期望值过高，往往会由于现实不能如愿而使人产生一种失望感。因此，成熟的旅游者应该学会正确地对待期望，应该学会自觉地将期望值调整到一个合适的位置上，做好充分的心理准备，这样在做决策时就可以减少觉察风险了。旅游企业的促销人员也应该针对旅游者的这种心理，既要鼓励和启发旅游者的想象力，使其对旅游产品产生浓厚的兴趣，又应提醒旅游者，未来的旅游活动可能会遇到一些不可预见的后果，应该做好充分的心理准备。这样才能使旅游者不至于"乘兴而来，败兴而归"。

(2) 重复购买自己信赖的品牌产品或名牌旅游产品。旅游产品是无形产品，它不像有形产品那样可以用规范的质量标准来检验。因此，大多数与旅游相关的购买活动所包含的觉察风险也是相对比较高的。消费者为了减少觉察风险，普遍采用的一种方法是重复购买一种自己信赖的产品。例如，一个旅游者在购买某一旅行社的旅游产品后，觉得不错，那么以后他每次出游就都选择购买这个旅行社的产品。他这样做，并不意味着对这家旅行社的产品百分之百地满意，而是这样的选择至少可以期待得到和上一次同样水准的旅游服务，所以就没有必要选择其他旅行社，去冒不明内情的风险了。

认定名牌商标也是减少觉察风险的一种方法。旅游者通过学习会认识到，依据对商标的声誉和对名牌产品的认可程度来做出购买决策，可以避免觉察风险。因为名牌产品的各项指标都是过硬的，其质量是经过实践检验并得到公众认可的。所以为了减少或消除觉察风险，人们往往不倾向于购买那些自己不熟悉或从来没听说过的品牌的旅游产品。旅游企业认识到这一点是十分重要的。旅游企业应该力争向旅游者提供优质的产品和服务，努力树立自己的企业形象和品牌形象，创造真正过硬的名牌产品。这样才能在旅游消费者心目中树立一个值得信赖的、高质量的产品形象，赢得更多的旅游者。

(3) 获取更多的信息。旅游者获取的信息越多、越可靠，购买旅游产品时可能伴随的不确定因素就越少，其所觉察到的风险也就越少。旅游者在购买产品时，为了减少觉察风险，常常主动收集和整理信息。例如，一个从未到过欧洲的人，要到欧洲旅游，他所觉察到的风险是非常大的。为了减小这种风险，这个旅游者应该积极主动地搜寻有关欧洲诸国的各种信息，例如，地理、交通、气候、风俗、文化礼仪、社会等方面的信息，并加以归纳整理，力争在做决策前尽可能详细地了解欧洲。虽然旅游促销宣传广告、旅游手册等都是旅游者获取信息的重要渠道。但是旅游者通常都认为，通过人际关系可以搜集到更可靠的信息。例如，购买过该旅游产品的同事、亲友、家人等都是非常可靠的信息来源。

三、减少旅游者购买后疑虑的学习

觉察风险产生于做购买决策时，在做出购买决策之后，旅游者仍然可能存在疑虑和后悔，旅游消费者的这种心理状态被称为购买后失调或不协调，即购买后疑虑。这种购买后疑虑通常出现在旅游者消费旅游产品和服务之后或之前。

1. 产生购买后疑虑的原因

旅游消费者在心理上产生这种失调的主要原因如下。

(1) 做旅游决策时，可供选择的对象多。旅游者做决策时，呈现在面前的各种可供选择的对象不止一个，旅游者在购买产品之前必须要在多个可供选择的对象中选择一个。这对旅游者来说是很困难的，因为可供选择的对象太多，虽然努力筛选，但由于个人的经验、知识水平等所限，很难做出最佳选择。因而在做出决定之后，很可能又发现了更为理想的对象。在这种情况下，自然会产生疑虑或后悔的感觉。

(2) 旅游决策做出后，出现了意想不到的新情况。旅游者在做出旅游决策后，也可能由于意外情况的出现，心理上产生不适的感觉。例如，旅游者购买了某一旅游产品之后，自己的经济状况发生了变化，因此产生了不应该购买这么昂贵的旅游产品的感觉；旅游目的地的情况突然发生变化，不能提供预期的服务；其他信息突然闯入，显示自己原来所做出的决策不是最佳选择；朋友或熟人对自己所做的决策进行负面评论等。

2. 减少或消除购买后疑虑的方法

旅游者做出购买决策后，一旦出现心理上的不适，就会产生后悔、遗憾等疑虑现象。疑虑出现在消费行为发生之前，可能会导致旅游者改变主意或取消预定的行动计划。疑虑出现在消费行为发生之后，会使旅游者对本次旅游产生极大的失望感和后悔感，可能导致旅游者永远不再购买该旅游产品。可见，减少或消除旅游者购买后疑虑是十分必要的。减少或消除旅游者购买后疑虑的主要方法如下。

(1) 有选择地接受信息。旅游者可以有选择地接受那些支持自己的旅游产品购买决策的信息，以巩固自己的信念，达到心理上的平衡。同时还要避开或放弃对购买决策可能产生负面影响的信息，要尽量遗忘掉已放弃的对象中的优点，记住其缺点，这样就可以在心理上巩固已经做出的决策的正确性。简单地说，就是要选择有利信息，放弃不利信息。例如，如果旅游者做出了参加国内某地 7 日游的决策后，就应该忘掉去新、马、泰旅游的新奇性和刺激性，而有意识地去想到新、马、泰旅游价格很昂贵，所耗费的时间很长等证明自己决策正确的因素。

(2) 坚信自己的选择是正确的。旅游消费者如果能断定，即使做出别的旅游选择，其结果也一定与现在的选择结果大致一样，不会有太大的出入，就会减少后悔感。旅游者用这种方式为自己的旅游决策辩护，就可以减少或消除购买后疑虑，维持自己的心理平衡。

第三节　旅游者如何学习

旅游行为的变化是通过学习获得的，学习旅游行为的途径包括获取经验和取得信息两个重要方面。

一、通过经验学习旅游

旅游者从日常积累的经验(包括自己的亲身经历和所观察到的现象)中学习，需要做出旅游决策时，它将成为重要的决策依据。旅游消费者往往希望把做决策所需要的时间和精力降低到最低程度，要做到这一点就必须对经验加以概括。但概括的结论并不一定正确，有时会以偏概全，表现出片面性，因此，概括可能产生积极作用，也可能产生消极作用。但无论是积极作用还是消极作用，概括都会影响旅游消费者的后续决策和行为。例如，一个外地旅游者在大连旅游时，享受了市内几家酒店和景点的优质服务后，他头脑中可能会概括地总结出大连市的旅游服务是一流的、是信得过的。同样，一个外国游客如果在中国某入境口岸城市经历了不愉快，例如，服务水平低下、卫生状况差、管理混乱等，这位游客就会推断出，中国的旅游服务是不会令人满意的。

旅游企业应该利用旅游消费者的这种概括倾向，有针对性地引导旅游者做消费决策，采取措施将自己的各种产品和服务联系起来，或采取措施避免或割断这种联系。引导旅游者把对某些高水平的产品和服务的概括推及到其他产品和服务上去，用这种手段创造系列品牌和名牌旅游产品，以吸引更多的旅游者，扩大旅游产品的销售量。同时，设法使某些不合格产品和劣质服务与其他旅游产品和服务区分开，以免概括所产生的消极作用从中破坏其他产品和服务的声誉，影响旅游企业的形象。

二、获取信息的过程也是学习旅游的过程

旅游者接触与旅游相关的信息并对其进行归纳总结，用来解决旅游所涉及的问题时，学习旅游的过程就开始了。在某种意义上，学习产生于信息处理的过程，并且使学习者的记忆发生变化，如图 3-2 所示。在当今这个信息时代，每时每刻都会有大量的新信息出现。但是，旅游者所关心的只是与旅游相关的这一部分信息，旅游者主要从商业环境和社交环境两个渠道获取这些信息。

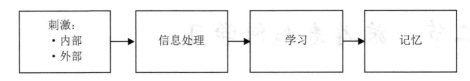

图 3-2 学习是信息处理的结果

(资料来源：Neal C., Quester P., Hawkins D.. *Consumer Behaviour: Implications for Marketing Strategy* (4th Ed.). North Ryde, NSW, Australia: McGraw-Hill Australia Pty Limited, 2004：266)

1. 商业环境

旅游商业环境通常包括旅游企业制作及在传播媒体上发布的旅游广告或宣传

品及旅游促销人员的推销行为。传播信息的手段既包括传统的图片和语言文字，也包括目前广为流行的数字多媒体。旅游信息既可以出现在传统的报纸、杂志、无线电广播、电视上，也可以出现在机场、车站、公路、街道等处的广告上，还可以出现在互联网或其他无线移动网络上。由于制作技术和手段的不断提高，旅游信息的制作越来越精美，图文、声像并茂，创意越来越新颖。丰富多彩的旅游信息可以激励和强化旅游者或潜在旅游者的旅游动机和兴趣。旅游信息的传播符合西方商业界进行市场促销的 AIDA 原则，即吸引力(Attraction)，产生兴趣(Interest)，激起购买欲望(Desire to act)，付诸购买行动(Action)，因而对旅游者产生深刻的影响。旅游企业正是利用这一原则向人们提供旅游信息，有目的、有针对性地利用旅游者或潜在旅游者兴趣能动性的特点，引导旅游者或潜在旅游者对旅游产品产生兴趣，激起购买欲望，促使其做出购买旅游产品的决策。

对缺乏旅游经验的人，旅游商业信息更具影响力。这些信息可以帮助没有经验的旅游者消除疑虑，学会如何做出重大旅游决策。但成熟的旅游者往往对旅游企业提供的商业信息持批判分析的态度。这些旅游者因为有丰富的旅游经验，能从信息中找寻没有提及的另一面，即消极的一面。在现实中，有些信息在过分强调产品的某些特色时，也不自觉地向旅游者暗示了其产品消极的一面，例如，航空公司如果过分强调飞机的安全措施，无意中就提醒人们乘飞机旅行有风险。旅游促销人员应该充分认识到商业信息的这一特点：商业信息既是消费者学习旅游的重要来源，也可能给旅游消费者带来消极的负面影响。成熟的旅游者不满足于被动地接受信息，他们往往倾向于主动搜寻信息，辨别信息内容的准确性，不盲目相信那些夸张和含糊其辞的广告宣传。旅游企业应该着力营造值得信赖的商业环境，树立良好的企业形象，实事求是地向旅游者提供真实可靠的信息，决不能用虚假的或夸大其词的信息误导或欺骗旅游消费者。

2. 社交环境

旅游消费者的社交环境主要包括家人、亲友、同事等。社交环境是旅游者获取信息的重要来源。社交环境所提供的信息不同于商业环境的信息。旅游者往往更乐于接受和相信从社交环境中获得的信息，因为亲友、同事等提供的信息通常被认为是第一手资料，是这些人的亲身经历和体验。这些信息不附带任何商业目的，没有出于商业利益考虑的掩饰和夸张。研究表明，来自社交环境的信息对旅游者和潜在旅游者的旅游动机的影响最大。例如，日本交通公社的一项调查显示，在影响旅游者决策的各种信息中，有 69%的信息来自朋友和熟人的介绍，这远远高于商业环境提供的信息比例。社交环境提供的信息还具有沟通性，信息的提供者和信息的接受者可以双向沟通，相互交流。在社交环境中，旅游者可以随意地向信息提供者提出问题，询问各种细节，这就使信息的理解过程加快、通畅，从而有助于减少风险和消除疑虑。

参考信息

旅游消费者的特征

　　旅游者对服务的售后评价是相当重要的。服务的无形性使服务的售前评价非常困难。消费者可能向他们的朋友征求建议，但他们实际上还是要用他们的亲身经历评价服务。客人的第一次接触只是试探性的，如果饭店或餐馆能够让客人满意，他们就会再次光顾。

　　一般情况下，消费者对旅游产品和服务的认识通常是以价格来作为质量高低的指标的。例如，一个公司的高级管理人员，由于日常的工作压力较大，在完成了阶段性的工作之后，可能会去度假。在短短的三天假期中，她需要有豪华的居所、上乘的食品和服务。她预计每晚要付175美元。她打电话给一家饭店，这家饭店提供85美元的特价。这是该饭店为吸引她而特意做出的折让。然而，这家饭店的价格降得太低了，对她来说已经不具有任何吸引力了。由于她以前没住过这家饭店，这样低的价格只能让她怀疑这家饭店的服务达不到她所期望的水平。同样，当一个想品尝新鲜海产品的人看到菜单上烤甲鱼的价格为7.99美元时，他会认为这条鱼是质量较差的冻鱼，因为新鲜甲鱼的成本至少应该是这个价格的两倍。用降价来刺激需求时，要特别注意不要引起消费者对产品和服务的错误预期。

　　当消费者购买旅游产品和服务时，他们会意识到交易过程存在风险。因此，当消费者请客并希望给他们的朋友和商业伙伴留下良好的印象时，会带他们到自己去过的比较好的餐馆。消费者会将自己的忠诚赋予那些曾满足过自己需要的餐馆和饭店。会议的组织者是不会轻易改变承办会议的饭店的，除非这家饭店的工作让其不满意。

　　消费者在对旅游产品不满意的时候经常会自责。一位点了挪威海蛰虾的客人可能会对这道菜比较失望，但他不会抱怨，他只会责怪自己做出了错误的决定。他喜欢自己钟情的那家餐馆的烹调方法，他本应该知道这家餐馆的这道菜是不可能烹得那么可口的。当侍者征求这个客人意见时，他会回答"很好"。侍者也当然就认为客人没有抱怨。如果侍者注意到某个客人没有享用其点的菜,应该主动询问客人是否需要另换一道菜,并且应该向这位客人推荐一些节省时间的菜品。侍者应该探求客人不满意的根源,并加以解决。

(资料来源:Philip Kotler,John Bowen,James Makens. 旅游市场营销. 谢彦君,译. 北京:旅游教育出版社,2002:220~221,略有改动)

复习与思考题

1. 什么是学习？为什么要学习？
2. 结合自己或他人的旅游实践，讨论成熟旅游者与不成熟旅游者的不同。
3. 根据成熟旅游者和不成熟旅游者的特点，讨论旅游企业应如何有针对性地开发产品和提供服务。
4. 旅游者在做决策时为什么能觉察到风险？旅游企业应采取什么对策来帮助旅游者减少觉察风险？
5. 结合自己或别人的旅游经历，讨论购买后疑虑的产生原因和减少购买后疑虑的方法。
6. 旅游者的经验对旅游决策有什么影响？
7. 旅游企业在提供信息、发布旅游促销广告时应做些什么？

第四章　旅游者的需要与动机

【本章导读】

随着社会的发展和人们生活水平的日益提高，人们对高层次的生活水准和生活方式的需要，越来越强烈，因此需要已经成为人们旅游的最基本、最核心的内在动因。研究旅游者的需要可以揭示人们从事旅游活动的内在动力，有助于深刻理解人们的旅游行为，有助于对旅游行为进行预测和有针对性地引导。人的各种需要复杂多样，相互关联，形成了一个庞大的需要体系。马斯洛把人类多种多样的需要归纳为五大类：生理的需要、安全的需要、社交的需要、尊重的需要和自我实现的需要。人的需要是一个复杂的现象，心理学的研究成果认为，人们对需要既希望保持单一性，也追求复杂多样性。人们进行旅游活动的本身就是在追求一种高层次的满足，是在追求一种高质量的生活。通过研究人们发现，亲切感、自豪感和新鲜感是人生幸福的三大要素，正是这三种满足感构成了高质量的生活。旅游动机是推动人们进行旅游的内部驱动力。在旅游需要的刺激下，旅游动机直接推动旅游者去进行旅游活动的内部动力。旅游决策往往是多种动机促成的，但通常只有一个主导性动机，而辅助性动机则可以有多个。如果条件满足，旅游主导性动机和辅助性动机可以同时实现，两者也可以在一定条件下相互转化。激发旅游动机就是针对影响旅游动机的主观和客观因素采取相应的措施，通过适当的刺激，唤起人们的旅游欲望，把旅游者已经形成的或潜在的旅游需要和旅游动机调动起来，促使潜在
旅游者积极参加旅游活动。

【关键词】

需要(need)　动机(motivation)　旅游动机(tourism motivation)　需要层次论(hierarchy of needs)　旅游倾向(tourism tendency)　表面动机(manifest motive)　隐藏动机(latent motive)

第一节　旅游者的需要

人们为什么要旅游？探讨这个问题要涉及旅游消费行为的动因。随着社会的发展和人们生活水平的日益提高，人们对高层次的生活水准和生活方式的需要越来越强烈，需要已经成为人们旅游的最基本、最核心的内在动因。研究旅游者的需要可以揭示人们从事旅游活动的内在动力，有助于深刻理解人们的旅游行为，有助于对旅游行为进行预测和有针对性的引导。

一、需要的概念

需要是个体缺乏某种东西时产生的一种主观状态，也就是个体对一定事或物的需求和追求。人的生存和发展必须依赖一定的条件，条件不足就会导致生理上或心理上的匮乏状态，就会出现不平衡。当这种不平衡达到一定程度时，就必须进行调节，这时人就会感到需要的存在，产生恢复平衡的要求。需要是人类活动的基本动力，它能激发人们朝一定方向努力，并指向某种具体对象，以求得自身的满足。人们原有的需要满足之后，还会有新的需要出现，周而复始，呈现出动态的发展过程，体现了人类永不满足、勇于进取、奋发前进、创造美好未来的精神状态。

人的各种需要复杂多样，相互关联，形成了一个庞大的需要体系。对人的各种需要，学术界有两种主要的分类方法，即按需要的起源分类和按需要对象的性质分类。

1. 按需要的起源划分

按需要的起源划分，可以分为自然需要和社会需要。

(1) 自然需要。自然需要又称为生理需要，是人类对维持生命和繁衍后代的必要条件的需要。例如，对饮食、睡眠、御寒、避暑、阳光、空气等的需要。人类获得了这些物质之后，就可以对其生理系统进行调节，从而达到生理上的平衡。

(2) 社会需要。社会需要指人类在一定的社会环境中，对劳动、知识、社会道德、审美、宗教信仰、成就、尊重等方面的需要。人类对这些因素的需要是为了达到心理上的平衡。社会需要是人们在成长过程中通过对各种经验的积累和学习获得的，可以反映出在一定社会条件下，个体对社会生活的要求。

2. 按需要的不同对象划分

按需要的不同对象划分，可以将需要分为物质需要和精神需要。

(1) 物质需要。物质需要指人们对物质和物质产品的需要。在物质需要中，既包括自然的需要(例如，饮食、空气、阳光等)，也包括社会的需要(例如，工作环境、文化娱乐用品、交通工具等)。人的物质需要是随着社会的进步和生产力的发展而不断提高和发展的。

(2) 精神需要。精神需要指人们对精神生活和精神产品的需要，例如，对知识、审美、艺术鉴赏、宗教信仰、道德、友谊、荣誉、地位、成就、自尊等方面的需要。

物质需要和精神需要既是相对的，又是密切相关、互相交叉的。例如，某人购买一套公寓住宅是为了物质上的需要，但同时他又要求住宅的外观要漂亮，房间的内装修要高雅，室内的设施要赶上潮流。也就是从整体上，要上"档次"。这就是在满足精神上的需要。某人购买了一套高级家庭影院后，他就拥有了"物"，即这套家庭影院；通过观看 DVD 影碟，他得到了精神上的享受；他在拥有这个"物"的同时，又得到了一种"购买了价格昂贵的新潮产品"的优越感，获得了另外一种精神上的满足感和心理上的炫耀感。

二、需要层次理论

人类的需要一直是心理学家们研究的对象。其中美国心理学家马斯洛的需要层次理论是比较有影响、有代表性的学说。马斯洛把人类多种多样的需要归纳为五大类：生理的需要、安全的需要、社交的需要、尊重的需要和自我实现的需要。这五种需要按照其发生的先后顺序，由低级至高级呈金字塔形依次排列，如图 4-1 所示。

马斯洛需要层次理论的提出基于 4 个假设：

(1) 所有人都先天具有和通过后天社会实践产生的一系列的需要动机。

(2) 一些需要比另外一些更具基础性、更重要。

(3) 一些基本需要得到基本满足之后，才能激发出其他需要。

(4) 基本需要得到满足之后，更高层次的需要动机才会起作用。

马斯洛认为，人永远是有所求的，一种需要得到了满足，另一种需要就会紧跟着出现。人的需要总是由低层次向高层次发展，高层次需要的出现总是以低层次需要的满足为条件的。生理需要相对得到满足之后，就会出现安全需要。在生理和安全需要得到满足之后，就会出现社交的需要(即爱与归属的需要)。跟在社交需要后面的是尊重的需要，最后才是自我实现的需要。总之，只有低层次的需要得到满足之后，高层次的需要才会出现。只有低层次的需要得到满足之后，高层次的需要才会成为激励因素，成为推动行为的动力。

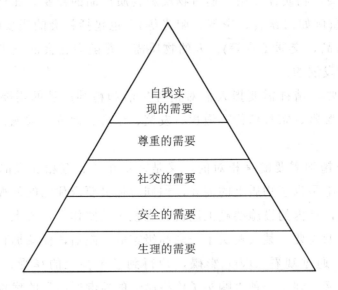

图 4-1　马斯洛的需要层次关系图

(资料来源： Maslow, A.H. (1970). *Motivation and Personality* (2nd Ed.). New York, USA: Harper and Row)

1. 生理的需要

生理需要是人的最基本需要，是维持个体生存和发展的一种基本需要，是应当最先得到满足的需要，例如，食物、睡眠、住所、御寒等需要。生活在贫困线上的人们关心的首要问题是最低层次的生理需要，只有解决了生存问题，才有可能考虑其他需要。一个连温饱都无法得到保障的人，首先想到的是解决吃饭和穿衣的问题，是决不会在意自己是否会得到别人的尊重的。

2. 安全的需要

人的基本生存条件得到保障之后，也就是生理需要基本得到满足之后，就会出现安全需要。人们之所以愿意接受熟悉的事物，不愿意接受不熟悉的事物，是因为陌生也就意味着不安全。人们都希望有一个安全、稳定、有秩序的生存环境，都希望保护自己免受来自各方面的危害。安全需要包括生命的安全、财产的安全、职业安全、社会治安、福利保障、劳动保护措施等。如果这种需要不能得到满足，人们就会产生危机和恐惧感，就谈不上社交和尊重等更高层次的需要。

3. 社交的需要

社交需要又称为爱与归属的需要，这里的爱是指广义上的爱。社交的需要包括社会交往；渴望自己有所归属，成为某一群体或阶层中的一员；希望与同伴或他人保持友谊和融洽的关系；渴望得到别人的关怀和友爱；希望家庭生活美满和谐等。这一层次的需要如果不能得到满足，人就会感到孤独和失落。在现代社会中，随着物质生活的日益富裕，人们更加重视感情生活，追求归属感，因此人们的社交需要也越来越迫切。

4. 尊重的需要

社交需要得到满足之后，人们就会产生尊重的需要。人们既希望受到别人的尊重，也希望有自尊。例如，人们都希望有稳定、体面的地位；都有对个人名誉的追求；都希望能表现出自己的能力和才华；都希望个人取得的成就和自身的价值得到社会的承认。人们尊重的需要得到满足之后就会感到自身的价值得到了实现，因此就会充满自信，对未来和社会满怀信心。如果尊重的需要不能得到满足，人就会感到自卑和无望。人们接受高层次的教育，努力开拓自己的事业，进行旅游活动等在一定程度上也是在满足自己尊重的需要。

5. 自我实现的需要

自我实现的需要是人们所追求的最高目标，是最大限度地开发自身的潜能，实现自己的理想和抱负的需要。但人的潜力各不相同，因而自我实现的需要也是因人而异的，不能期望所有人的自我实现的价值都是一样的。任何人只要实现了"自己愿意成为的人"的愿望，就意味着"自我实现"。事实上，能满足这种需要的人很少。

上述五个层次的需要还可以进一步分成两大类：缺失性需要和非缺失性需要。生理需要、安全需要、社交需要和尊重需要可以统称为缺失性需要，因为人是由于缺少了什么或失去了什么，才产生了这些需要。而自我实现的需要是性质完全不同的另一类需要，人之所以有自我实现的需要，并不是由于缺少了什么，或失去了什么，而是因为自身的潜能还没充分发挥出来，自身的价值还没有完全实现。因此，自我实现的需要又称为非缺失性需要或成长的需要。在某种意义上，缺失性需要可以通过"索取"来满足，而非缺失性需要则只能通过"奉献"来满足。只有通过创造，通过奉献，通过施爱的过程，人的潜在才智和能力才有可能充分发挥出来，人的自身价值才有可能完全得以实现。

三、需要的单一性和复杂性

人的需要是一个复杂的现象，心理学研究成果表明，人们既希望需要保持单一性，又追求复杂多样性。

1. 需要的单一性

需要的单一性又称需要的一致性。人们总是期望在生活中保持平衡、和谐和一致，希望日常生活稳定，不动荡，力求避免冲突，还希望生活中的一切都有规律性和可预见性。如果在生活中出现不一致或非单一性的事物，人就会产生心理紧张。这时，人们就会期望寻求预知的、一致的事物来抵消这种不一致造成的紧张和不安。

由于需要的单一性，人们学会了在生活中加倍小心地避免可能出现的不一致或非单一性。在旅游中，人们希望行、游、住、食、购、娱各个环节都有可预见性和稳定性，不希望出现意外或变故。所以旅游者往往希望参加由信誉可靠的旅行社组织的旅游团，走传统的旅游路线，游览著名旅游景区或景点，下榻提供标准化服务的星级酒店，到国家定点旅游购物场所购物，参加自己熟悉的或传统的娱乐活动。

2. 需要的复杂性

需要的复杂性指人们对新奇、意外、变化和不可预见的事物的追求和向往。人的生活是复杂多样的，过于单一刻板的生活并不会给人带来满足，而会使人感到厌倦，使人在心理上感到紧张和不安。因此，在生活中人们既追求需要的单一性，又渴望需要的复杂性，希望自己的生活更加丰富多彩，期望通过生活中的复杂事物给自己带来心理上的更多满足和愉悦，提高生活的质量。不同的需要所对应的旅游类型也不尽相同，表 4-1 列举了不同需要所对应的不同旅游类型。

表 4-1 旅游者的需求及相对应的旅游类型

基本需求	旅游类型
沐浴阳光，放松身心	阳光、沙滩旅游
探索异域文化的奥秘	文化旅游
从事运动	运动旅游
挑战大自然	探险旅游

(资料来源：李昕. 实用旅游心理学教程(第 2 版). 北京：中国财政经济出版社，2005：41)

对需要复杂性的追求成为人们外出旅游的基本动力之一。旅游使人们离开了单一刻板的日常生活环境，使生活增加了变化，添加了不可知因素，满足了人们对复杂多样事物追求的心理需要。同样，人的这种对复杂性的需要驱使旅游者愿意去以前从未去过的地方，选择与众不同的旅游方式，在旅游过程中尝试那些非常规、非标准化的服务，乐于去探索未知的旅游目的地。通过这些手段去感知复杂的事物，获得全新的经历，从而获得心理上的满足。

3. 需要的单一性和复杂性的平衡

需要的单一性和复杂性是相互对立的一组矛盾，但两者又存在很大的互补性。在现实生活中，人们并不仅仅需要单一性或复杂性，人们需要的是单一性和复杂性的有机结合。单一性的需要在一定程度上要用复杂性来平衡；复杂性的需要在一定程度上要用单一性来平衡。人人都离不开这种平衡，只不过侧重的程度不同而已，也就是说，平衡点的位置不同而已。一些人的平衡点可能会偏向单一性，而另一些人的平衡点则可能会偏向复杂性。如果偏离了这个平衡点，人们就会产生心理紧张和不安。如果每天都从事非常单调一致的工作，人们就会产生厌倦感，从而导致心理紧张，这些人就渴求用复杂性来保持需要的平衡。如果每天都在相当不可预见的、多样复杂的环境中工作，每天都要处理全新的问题，人们又会产生恐慌感，从而导致心理紧张，这时需要用单一性来保持需要的平衡。

旅游度假活动实际上起着"平衡剂"的作用。旅游者通过旅游活动调整日常生活中单一性与复杂性的平衡。生活太单一的人在旅游中需要用复杂性来平衡；生活太复杂的人在旅游中需要用单一性来平衡。旅游动机正是在旅游者的这种单一性和复杂性双重需要的刺激下产生的。

四、人对高质量生活的需要

在当今世界，生产力的高度发达带来了人们物质生活水平的迅速提高。经历了三十多年的经济改革，我国人民的生活水平也有了显著的提高，已经开始步入小康社会。人们在基本上解决了温饱问题之后，就有了进一步提高生活质量的需要，都希望能够过上高质量的生活。什么样的生活才算高质量呢？根据马斯洛需要层次论，人们满足了基本生存需要之后，就要去追求更高层次需要的满足。因此，毫无疑问，满足高层次的需要才是高质量的生活。高和低是相对的，对于已经得到生理需要满足的人来说，安全需要是高层次的需要；而得到了安全需要满足之后，社交需要又成为新的高层次的需要；依此类推。在物质生活上得到满足的人，会去进一步追求精神上的满足，同样，缺失性需要得到满足之后，人们追求的高层次需要则是非缺失性需要。人们进行旅游活动本身就是在追求一种高层次的满足，是在追求一种高质量的生活。

追求高质量的生活，追求人生的幸福是人类的本能。那么究竟什么构成了幸福？幸福的要素是什么？要判断一个人的生活是否幸福，除了要看其拥有的物质财富多寡之外，还要看其在生活中得到的感受。通过研究，人们发现亲切感、自豪感和新鲜感是人生幸福的三大要素，正是这三种满足感构成了高质量的生活。在同样物质条件下，一些人之所以感到生活得很幸福，是因为他们比别人拥有更多的亲切感、自豪感和新鲜感。而另外一些人之所以没有体会到幸福，也是由于他们没有得到足够的亲切感、自豪感和新鲜感。不论旅游者主观上是否意识到这一点，事实上，所有的旅游者都希望在旅游度假活动中获得更多的亲切感、自豪感和新鲜感。

1. 亲切感

亲切感的最重要来源就是人与人之间真诚的爱，这里的"爱"，是广义上的爱，指人与人之间的关心爱护，真诚相待，相互理解，宽容和尊重等。在马斯洛的需要层次中，亲切感可以归为社交需要。在五个层次中，它正好位于中间，是满足更高层次的需要的前提。在现实世界中，这种爱不是太多了，而是远远满足不了人们的需要。大多数现代人，已经从繁重的体力劳动中解放出来了，但是很多人仍然觉得"活得不容易，活得很累"，其原因就是精神负担太重了。在各种岗位上的激烈的竞争导致各种人际关系紧张，人情淡薄；生意场上的尔虞我诈，使人们普遍感到隔膜和冷淡。简而言之，就是缺少亲切感。人们外出旅游的目的之一就是要暂时摆脱这些烦恼寻找一个新鲜的舒适愉悦的环境。希望在这个新世界里能够找到亲切感，即广义上的"爱"，期望能够在这里享受到高质量的生活。因此，旅游企业的接待和服务人员应该努力为旅游者创造一种轻松和谐的气氛，为旅游者提供富有亲切感的旅游服务，以爱心对待旅游者，与旅游者建立起最佳的和谐人际关系，使旅游者通过旅游活动能够体验到人世间的纯真情感，在整个旅游过程中始终都能感受到沁人心脾的亲切氛围。

2. 自豪感

自豪感是人们对有机会表现自己、突出自己，并由于自己的外在表现而受到别人的肯定评价和赞扬的一种满足感。一个有自豪感的人，就是一个对自己感到满意的人。一个缺乏自豪感的人，无论物质生活方面得到多大的满足，也不会有幸福感。旅游活动给人们提供了一个展现自己、突出自己、增加自豪感的机会。一些在日常生活中被人呼来唤去、在生活上十分节俭的无名小卒，在旅游活动中之所以要住进星级酒店或者酒店的总统套房，就是要表明，自己是非常重要的人物，是与总统级的人物一样尊贵、一样重要的。其实这就是在满足他们内在的自豪感。旅游企业针对旅游者对自豪感的需要，不但要为旅游者提供物质和精神产品，还要想尽办法为旅游者提供一些旅游活动结束后可以用来向别人夸耀或显示的东西，让旅游者有机会通过旅游行为向别人展示：自己在旅游活动中的表现和作为是值得自豪的。

3. 新鲜感

人并不是只要衣食无忧就会感到幸福的，人的本性是要不断地寻找新的事物、新的世界。新鲜感是人们对生命力的感受，寻求到新的天地会使人感受到生命的活力，感觉到世界充满了生机，从而会对生活更加充满信心。新鲜感对所有热爱生活的人都是非常重要的。因此，可以说，不断开拓和发现能给人以新鲜感的生活才是高质量的生活，新鲜感是人生幸福的标志之一。

新鲜感也是相对的，在我们今天的信息化社会中，新事物和新技术不断涌现，社会生活领域中的各种变化层出不穷，但很多人并未觉得自己的生活充满了新鲜感。这是由于人们并不总是把属于自己的生活当作目标去追求，而是向往那些不同于自己原来生活的全新生活方式。用"围城"的理论可以形象地说明这个问题。"城里"和"城外"的人都认为对方的生活方式是新鲜的，是具有吸引力的，因此，就都竭力要"进城"或"出城"去体验对方的生活。例如，为了获取新鲜感，城里人跑到乡村、田野、草原、森林去返璞归真地享受大自然，而乡下人却赶到城里来体验以林立的高楼、浓重的商业气息和紧张快捷的生活方式为标志的现代生活。同样也是出于对新鲜感的追求，普通百姓羡慕上流政要的特权生活，而这些大人物又渴望平民百姓那种不受拘束的自由生活。在一些经济欠发达的地区，人们普遍厌倦牛车或驴车等落后的交通工具，向往那种以汽车代步、以火车和飞机为主要远途交通工具的现代生活，而来自发达地区或外国的旅游者却偏偏要在此地体验一下乘坐被人们戏称为"牛轿车"或"驴吉普"的牛车或毛驴车的滋味。在现实生活中，"城里"和"城外"的人几乎无处不在，因此人们的旅游要求也是五花八门的，但有一点是相同的，即向往和追求与自己的生活方式不相同的生活模式，寻求对新鲜感的满足。为此，旅游工作者面临的课题是，如何迎合旅游者的这种求新心理，想办法让"围城"内外的人都能够在旅游活动中找到新鲜感，从而享受到高质量的生活。

第二节　旅游者的动机

一、动机与旅游动机

　　动机是发动和维持人的活动，并使活动指向一定目标的心理倾向，动机产生于人的某种需要。当人产生某种需要时，就会出现心理上的紧张或不安，这种紧张或不安就成为一种驱动力，于是就产生了动机。有了动机之后，就要选择或寻找目标，确定了目标之后，就要产生以满足需要为目标的行为。需要和动机紧密相连，但又有差异。仅有愿望而不付诸行动的需要不能成为动机。只有当愿望被激起并维持人的活动时，这种需要才成为动机，如图4-2所示。

　　人的行为实质上是满足需要的活动，只有需要存在，才有满足需要的活动。从需要的产生到需要的满足构成了行为的过程。这在任何环境中都是一样的，旅游环境也不例外。随着社会的不断前进和发展，人们不断有新的需要，因而也就会不断产生新的动机。这个过程是永远不会停止的，是永无止境的。一个人不再产生新的动机之时，也就是其生命终止之时。

　　旅游动机是推动人们进行旅游的内部驱动力。旅游动机是在旅游需要的刺激下，直接推动旅游者去进行旅游活动的内部动力。在现代社会中，人们的身心经常处于紧张状态，造成了巨大的心理压力，在内心中就产生了不平衡，因此，人们普遍渴望能够对这种不平衡的身心状态进行调节。旅游活动是人们公认的能有效地调节人们心理状态的活动。一个人一旦产生了旅游需要，旅游动机就推动其为满足旅游需要而进行种种努力，把行为指向特定的方向：做出旅游决策；开始旅游活动；维持旅游活动的进行并达到目的；满足旅游需要；最终消除心理紧张。不管旅游动机如何复杂，其实质都是为了满足人们的多种旅游需要。

　　旅游动机的产生必须同时具备两个方面的条件：主观条件和客观条件。主观条件是个体的内在条件，即人对旅游的需要。但是人们具备了旅游动机的主观条件后，如果客观条件不允许，并不一定能够形成旅游动机，因而旅游行为最终也不一定能够发生。所谓客观条件就是外在的诱因或刺激条件。旅游动机产生的客观条件通常可以归纳为三个主要类别：时间条件、经济条件和社会条件。

1. 时间条件

　　人们外出旅游必然要占用时间，如果不能摆脱繁忙的公务或无休止的工作，没有供自己自由支配的闲暇时间，人们就难以产生旅游动机。虽然我国还没有全面实施带薪休假制度，但是已经实行了每周五天工作制，1999年还实行了世界上独一无二的三大节日长假"黄金周"制度。实践证明，这些时间条件对中国人旅游动机的产生起到了很重要的作用。据国家统计局和国家旅游局统计，2005年"十一"黄金周期间全国共接待旅游者1.11亿人次，实现旅游收入463亿元人民币。

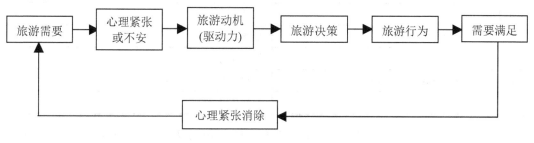

图 4-2　旅游动机的过程

(资料来源：李昕. 实用旅游心理学教程(第2版). 北京：中国财政经济出版社，2005：41)

2. 经济条件

旅游是一种消费行为，如果财力有限、经费不足，旅游行为就无法实现。旅游是人们生活水平和生活质量提高的体现和重要特征之一，人们只有在基本生活得到保障之后，才会产生旅游动机。在一个温饱尚不能满足的社会是不可能产生大量的旅游需要和动机的。一个国家或地区经济的发达程度与外出旅游的人数通常成正比。研究表明，当一国的人均GDP达到800美元至1000美元时，其居民普遍会产生国内旅游动机；当人均GDP达到4000美元至10 000美元时，居民通常会产生国际旅游动机。我国目前正处在从温饱型向小康型社会迈进的阶段。最新统计数据显示，2010年中国人均GDP已达到4400美元，居民的实际收入水平正在逐步提高，中国居民的消费结构也开始向发展型和享受型转变。我国现在的人均GDP水平正是使旅游需求开始全面释放的时期。在这个意义上，中国人也正处在普遍产生旅游动机的初始阶段。

3. 社会条件

社会条件指人们生活的社会环境和背景。旅游作为现代人的一种生活方式，不可能脱离社会环境和社会背景的影响而独立存在。在一个旅游风气浓郁的社会环境中，人们的旅游动机将会十分强烈。反之，如果旅游在社会中没有形成风气，人们对旅游的评价很低，人们的旅游动机就很难产生。

综合上述各种条件，美国旅游信息中心对美国人的旅游倾向进行了调查，其调查结果如表4-2所示。

表 4-2　美国人的旅游倾向

旅游倾向比较高	旅游倾向比较低
已婚	寡居
男性	女性
35 至 44 岁	65 岁以上
研究生学历	中学未毕业
专业人员/管理人员	蓝领
拥有自己的住房	租住房子
家庭年收入为 50 000 至 75 000 美元	年收入低于 10 000 美元
双薪家庭	无薪水人员

(资料来源：Angelo, R.M., and Vladimir, A.N. (2001). *Hospitality Today: An Introduction* (4th Ed.). Lansing, MI, USA: The Educational Institute of AH & LA, p. 39)

二、旅游动机的多源性

旅游动机建立在旅游需要的基础上，旅游需要的多样性决定了旅游动机也必然丰富多样。依据动机在旅游活动中所起的作用，旅游动机也可以分为主导性动机(或称基本动机)和辅助性动机(或称次要动机)。主导性动机在旅游活动中处于主导和支配地位，决定人们到哪里去旅游和用什么方式进行旅游，而辅助性动机则对主导性动机起补充作用。

旅游决策往往是多种动机促成的，但通常只有一个主导性动机，而辅助性动机则可以有多个。如果条件满足，旅游主导性动机和辅助性动机就可以同时实现。例如，一个人做出到海滨度假的决策，其主导性动机可能是出于健康的原因要到海滨疗养。同时他也会有一些次要的动机，如：探索海滨奥秘的动机、获取新鲜体验的动机、追赶旅游时髦浪潮或到旅游目的地探亲访友的动机等。通过旅游行为，旅游者的主导性动机和辅助性动机可以同时实现。主导性旅游动机和辅助性旅游动机也不是一成不变的，两者在一定条件下可以相互转化。当某种刺激的强度加大后，辅助性动机可以转化为主导性动机，而原来的主导性动机则会变为辅助性动机。

除了主导性动机和辅助性动机之外，还可以将动机分为另外两个类别：表面动机(或明显动机)和隐藏动机(或潜在动机)。表面动机或明显动机通常都与社会上流行的价值观保持一致，例如，旅游度假的动机、购买汽车的动机等。隐藏动机或潜在动机则是那些消费者本人没有意识到或者不愿意公开申明的动机，例如，旅游可以显示自己的社会地位；一套漂亮的服装可以显示出自己与众不同的审美鉴赏能力等。不论是表面动机，还是隐藏动机，都会对消费者的消费决策产生影响，因此旅游企业应该认真对消费者的各种动机进行研究，找出对消费决策产生重要影响的动机。图4-3简要描述了这两种动机对消费决策的影响。

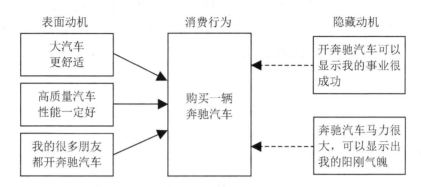

图4-3 表面动机和隐藏动机与消费行为的关系

(资料来源：Neal, C., Quester, P. and Hawkins, D. (2004). *Consumer Behaviour: Implications for Marketing Strategy* (4th Ed.). North Ryde, NSW, Australia: McGraw-Hill Australia Pty Limited, p. 308)

旅游活动是复杂并具有高度象征性的社会行为，旅游者要通过旅游活动来满足自己的各种需要，因此，人们外出旅游的动机也是丰富多样的。在现代社会中，人们的生活需要复杂多样，旅游行为与人们的生活密切相关，现代生活的许多需要都可以成为旅游动机的一部分，这就决定了旅游动机也必然是多源的。在旅游研究中，研究人员通过对现代旅游者种种旅游行为的研究，从不同的角度对旅游动机进行了分类，虽然还没有哪种划分方法得到广泛认可，但是主要的旅游动机来自6个方面：文化的；地位、身份的；个人发展的；个人的；情感的；身体的，如图4-4所示。

从旅游实践出发，为了更好地理解旅游者的活动规律，认识并预测旅游行为的方向，促进旅游业的有效开发和建设，通过对旅游活动及各种旅游动机分类模式的研究，可以将主要的旅游动机归纳为以下几个大类别。

1. 健康的动机

健康动机是人们为了使身心得到调整和休养而产生的一种外出旅游的动机。健康动机包括两个方面：生理上的健康动机和心理上的健康动机。人人都有追求健康、长寿的愿望。随着人们生活水平的不断提高，身体健康日益成为人们关注的焦点，花钱买健康已成为大家的共识，旅游度假被大家公认为是明智的健康投资方式。海水浴、矿泉浴、沙浴、太阳浴等对健康有益的休闲度假方式受到了人们的普遍欢迎，世界各地许多海滨疗养地、温泉休养地都发展成了旅游度假胜地，每年吸引了大量的旅游者前往度假休养。现代人生活节奏快，在工作中面临激烈竞争，由此造成了巨大的心理压力。人们都希望能够通过外出旅游度假，暂时摆脱平日紧张而单调的工作环境，以调节身心活动的规律，忘记平日的烦恼，消除心理上的紧张，达到心理平衡，从而可以精力充沛地返回工作岗位迎接新的挑战。在人们的诸多旅游动机中，健康动机(包括生理上的健康动机和心理上的健康动机)所占的比例是很大的。

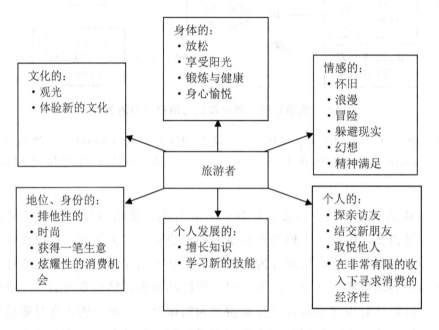

图 4-4　旅游动机的来源

(资料来源：约翰·斯沃布鲁克，等. 旅游消费者行为学. 俞慧君，等译. 北京：电子工业出版社，2004：44)

2. 探索的动机

人们对未知的事物总是充满了好奇心，有探索其奥秘的欲望。在现代社会中，信息传递手段的发展日新月异，人们足不出户就可以了解各国风情，看到五彩缤纷的外部世界。然而，这不但不能满足人们探索的需要，反而进一步激发了人们要身临其境、亲身体验的欲望。旅游为人们提供了满足探索需要的机会，通过旅游活动，人们可以在世界各地寻求不同的经历和体验，领略异域的各种独特风光和美景，了解异地的人文风情、民俗传统等。受探索动机的驱动，人们乐于参与一些有一定冒险性的活动，喜欢到人迹罕至的地方，选择一些带有刺激性的活动。因此，富有吸引力的旅游活动应该充满乐趣和神秘色彩，应该成为满足人们好奇心的舞台和乐园。

3. 追求自尊的动机

在日常生活中，由于多种原因人们的自尊需要并不能得到满足或得到充分满足，通过旅游活动，可以对人们的自尊需要起到一定的补偿作用。旅游产品是极具象征意义的产品，购买某一层次的旅游产品本身就可以赋予旅游者以声望、地位或与众不同的感受，旅游者也可以以此作为向他人炫耀的资本。任何一个旅游者都希望通过旅游活动改善自我形象，提高自我地位，从而获得更大的自尊。例如，到国外度假、在旅游过程中下榻豪华酒店等，这些行为本身就是个人取得成功和成就的象征，可以充分满足个人自尊的需要。追求自尊的动机，往往驱使旅游者去购买某种与众不同、层次略高于现实生活的旅游产品，以满足其在现实生活中未能满足的自尊需要。在现代社会中，旅游又是一种全新的时尚生活方式，是社会的潮流。人们都希望通过这种时尚活动引起他人的仰慕，以提高自己的声望和地位。人们为了赶时尚并得到尊重就要去旅游，否则就会被认为是落伍了。这种追赶潮流和时尚的行为也都是源于自尊的动机。

4. 追求乐趣和快乐的动机

愉悦快乐的感受是人人都向往的，也是驱动人们参加旅游活动的一个重要动力。旅游消费过程中的行、游、住、食、购、娱每一个环节无不能带来乐趣与愉悦。旅游已日益成为现代人的一种生活方式，成为人们体验快乐和愉悦的一种主要方式。每一次旅游活动给人们留下的美好经历和回忆又成为人们策划下一次旅游活动的动力。

5. 学习的动机

获取新知识、增长见识、丰富阅历是人们外出旅游的又一个重要动机。人们认识到，单凭书本和媒体介绍的信息来了解世界是远远不够的，旅游是一本全息百科全书，通过旅游活动人们可以学到平时学不到的直观生动的知识。随着受教育程度的提高，人们的这种为受教育而旅游的倾向也越来越强烈。

6. 社会交往的动机

社会交往是人的本性，通过旅游这一象征性的社会行为，人们可以结交新朋友、探亲访友、寻根问祖、得到团体的接纳，从而满足个体对归属感和爱的需要。在现代社会中，尽管人们的物质生活日益丰富，但高效率的工作模式带来的一个重要负面影响就是人与人之间的交往日益减少，高度信息化的网络世界使人们生活在一个虚拟的环境中，这使人们的孤独感日益加重。经过一段紧张繁重的工作之后，人们迫切需要通过人际交往寻求友爱与亲情。在一个普遍采用高新技术的社会中，到处都需要有补偿性的深厚感情。社会上的高技术越高、越多，就越需要创造有深厚感情的人际环境，也就是需要用人的柔性来平衡高科技、高技术的刚性。科学技术的高度发展造就了一种个性化十足的社会生活，这也同样带来了一种逆反性的对社会交往和人际交流的需要。这些逆反性的社会交往需要越来越多，人们由此产生的旅游动机也会更加强烈。归属需要在旅游中还表现为追宗归祖的动机，例如，每年来中国的旅游者中有相当一部分是海外的华人、华侨、在中国出生或居住过的外国人，这些人到中国旅游在很大程度上都出于怀旧或归土的心理。

7. 热爱和亲近大自然的动机

大自然是最大、最丰富的产生新鲜感的源泉，人们需要不断地从大自然中汲取生命的活力。在现代社会中，高度技术化的影响渗透到了人们社会生活的方方面面，这使得人们普遍产生一种逆反心理，对大自然产生更强烈的亲近感。当世界处于农业经济时代时，人们整天都与大自然打交道，但同时又与自然为敌，提出要改造自然，要战胜自然。而在现代社会中，高度技术化和高度城市化的生活暴露出许多"现代文明社会"的弊病，紧张而单一的工作压力和劣质的人际关系也使人们普遍感到窒息。生活在都市的那些不堪其苦的现代人对大自然的向往超过以往任何一个时代，人们都迫切需要去亲近大自然，希望能投身于大自然的原生态环境中，从大自然中寻求新鲜感和亲切感，甚至有人提出要"回归大自然"。这种热爱和亲近大自然的动机自然而然地促成了人们的旅游活动。

上述是现代旅游者的主要旅游动机，另外还存在其他各种旅游动机，例如，商务动机、宗教觐圣动机、审美动机、购物动机等。旅游动机因人而异，是多种多样的，旅游行为也并不是只受一种动机驱动的，常常会有几种旅游动机同时存在，以某种动机为主。

三、旅游动机的激发

如前文所述，旅游动机的产生是多种复杂因素互相作用的结果，它既受主观因素的影响也受客观因素的制约。激发旅游动机就是针对影响旅游动机的主观和客观因素采取相应的措施，通过适当的刺激，唤起人们的旅游欲望，把旅游者已经形成的或潜在的旅游需要和旅游动机调动起来，促使潜在旅游者积极参加旅游活动。激发人们的旅游动机可以采用以下手段或措施。

1. 倡导现代旅游观念，鼓励旅游消费

要激发旅游者和潜在旅游者的旅游动机，首先应该倡导树立全新的旅游观

念，使人们认识到旅游不是一种奢侈的消费行为，旅游不属于"吃喝玩乐"型的不健康追求，旅游更不是"游手好闲"者的无聊之举。相反，旅游是人类自然、永恒追求的一种消费活动，是现代人的一种生活要素，是现代生活中不可缺少的一个组成部分，是一种现代的生活方式。西方国家由政府出资资助低收入阶层外出旅游的社会行为，是这一观念的突出表现。在生产力快速发展、国民收入不断提高的基础上，应该鼓励人们进行必要的旅游消费，刺激其旅游动机的形成。旅游不但是提高国民的物质文化水平的一个重要消费领域，还可以起到扩大内需、拉动经济增长的作用。目前世界上很多国家实行的每周五天工作制和带薪休假制，实际上就是鼓励旅游消费的措施。

2. 加大旅游宣传的力度

想方设法为旅游者提供最新信息，帮助他们认识旅游的价值。旅游宣传可以引起人们的注意和兴趣，唤起人们的旅游欲望，促使人们做出旅游决策。在信息社会中，旅游宣传的手段多种多样，既可以利用传统的媒介，例如在报刊、杂志、书籍、小册子、广播、电视上发布旅游广告和信息，或在街道、机场、火车站竖立大型广告牌，在公共汽车等交通工具上喷涂旅游广告，还可以通过互联网即时用多媒体方式发布最新的旅游信息。这些宣传手段都可以使旅游产品在潜在旅游者心目中建立并保持经常性的良好形象，从而可以极大地激发旅游者和潜在旅游者的旅游动机。世界各国都认识到了旅游宣传的重要性，都在加大旅游宣传的力度，每年各国旅游部门都投入巨资进行旅游宣传，所获得的经济效益也是巨大的。以 1997 年为例，每投入 1 美元的旅游宣传费用，意大利可以产出 3475 美元，约旦可以产出 1990 美元，中国可以产出 1452 美元。

3. 努力开发有吸引力的旅游产品

旅游动机的激发与旅游产品是否有吸引力密切相关。风格独特、别具一格的旅游产品可以满足旅游者追求新鲜感的欲望，在旅游者心目中形成强烈的印象，诱发旅游者的想象力，使其产生外出旅游的动机。开发特色旅游产品和创新传统旅游产品是激发人们旅游动机的关键之一。具有吸引力的旅游资源或旅游产品应该具备自然性、独特性和民族性。自然性指尽可能保持旅游资源或旅游产品的原始自然风貌，满足旅游者亲近大自然的心理需要；独特性指个性是旅游产品的魅力所在，因此旅游产品的设计要突出个性、特色和独特的感染力；越是民族的就越是世界的，那些具有典型民族风格、地方特色的旅游产品对旅游者充满了吸引力。

4. 提高旅游服务质量

提高旅游服务质量可以消除旅游者在整个旅游过程中的种种不便和顾虑，能使旅游者获得亲切感和自豪感。也就是高效率、高质量地为旅游者解决在行、游、住、食、购、娱诸方面可能遇到的困难，并提供富有人情味的、体贴入微的服务，使旅游者在旅游过程中处处感到方便和满意。用全方位的高质量服务激发旅游者和潜在旅游者的旅游动机。

参考信息

在旅游中保持心理平衡

人人都需要在"单一"和"复杂"之间找到一个"平衡点"，偏离了这个"平衡点"就会产生心理紧张。有两种不同的心理紧张：一种是由厌倦而引起的心理紧张，另一种是由恐慌而引起的心理紧张。生活过于单一会使人产生由厌倦而引起的心理紧张；当生活变得过于复杂的时候，又会使人产生由恐慌而引起的心理紧张。在旅游中，产生这两种心理紧张的可能性都是存在的。

一般来说，人们都嫌日常生活中熟悉的东西太多，新奇的东西太少，因此人们都希望在旅游中多接触一些新奇的东西，来消除日常生活中的厌倦心理。如果旅游中的所见所闻平淡无奇，让人觉得厌倦，那必然要使旅游者大为扫兴、大所失望。但是旅游环境如果过于新奇，要参加的活动又过于复杂，旅游者就会产生一种近似于恐慌的心理紧张，使本应该是"花钱买享受"的旅游变成"花钱买罪受"。

旅游者常常要通过熟悉与新奇、简单与复杂的"搭配"来保持旅游中的心理平衡。例如，许多旅游者在进入一个陌生的"大环境"时，都希望自己的身边有一个由熟人组成的"小环境"。只身一人来到在地理上和文化上都与自己居住的地方有很大差距的异国他乡，难免感到恐慌；如果有几个熟人结伴而行，心理就踏实多了。有经验的导游都知道，不仅自己想与客人搞好关系，客人一般也都愿意与自己搞好关系。因为他们都知道，在一个"人生地不熟"、"两眼一抹黑"的地方，不同朝夕相处的导游员把关系搞好，是不会有什么好处的。

美国夏威夷大学旅游学院院长朱卓任教授在天津讲学时曾提出："中国要发展旅游，要搞长期旅游，就必须提供西餐"。他主张，"在旅游者的旅行期间，每两顿饭中应有一顿西餐。三餐中至少要有一餐是西餐。早餐一定要是西餐"。朱教授认为，这是"非常重要"的，因为"当一个人出去旅游的时候，周围的一切都是陌生的。他不了解当地的文化传统、生活习惯，于是他就想寻找一些对他来说是比较熟悉的东西，而食品就是其中之一。食品是一直伴随着人成长的，看到了熟悉的食品就使人觉得好像回到了自己的家中，从心理上带来了安全感"。

几乎所有的宾馆、饭店都提出一个同样的口号："宾至如归"。请读者朋友想一想，这是为什么呢？

《休闲旅游心理学》一书针对"单一性"和"复杂性"的平衡，为美国的旅游经营商出谋划策：

到海外旅游的美国人需要在复杂性和单一性之间寻求平衡，通过美国旅游组织的广告就可以迎合这种需要。一个理想的广告，将通过语言和图画告诉到国外旅游的美国人，他们的旅游将会使他们晕头转向(即很复杂)。接着广告可以建议，为了使旅游不至于过分复杂，他们最好住在该旅行社在海外的分社，那里可以提供许多他们所熟悉的、舒适的"美国式"服务：整洁、宽敞的房间，单独使用的卫生间，游泳池，汉堡包，还有讲英语的工作人员。换句话说，旅馆企业可以许诺，用美国人在国内所习惯的许多物质享受所体现的单一性，来抵消海外旅游的复杂性。

在复杂性和单一性之间寻求平衡的需要也告诉我们：标准化的连锁旅馆应该使所属的每一家旅馆都具有一些特色。气氛应该有特色，所表现的主题应该能反映出当地历史的某些方面，饭菜也应该有几种能代表当地风味的佳肴……旅游胜地应当组织各种各样的活动，例如徒步旅行和乘筏子在河上游览。航空公司可以用途中供应有特色的食品和提供文化娱乐，来抵消航空旅行在许多游客心中留下的一切都是老一套的、令人厌倦的印象。

(资料来源：吴正平. 旅游心理学教程. 北京：旅游教育出版社，1999：70～71，略有改动)

复习与思考题

1. 什么是需要？如何对需要进行分类？
2. 阐述马斯洛的需要层次理论并用其解释旅游需要。
3. 举例说明旅游者在旅游活动中如何维持单一性需要与复杂性需要的平衡。
4. 人生幸福的三大要素如何在旅游行为中体现？
5. 旅游工作人员应该采取什么措施来满足旅游者对高质量生活的需要？
6. 结合自己或他人度假旅游的经历，分析旅游动机的多源性。
7. 结合自己或他人的消费行为，讨论表面动机和隐藏动机对购买决策的影响。
8. 你认为旅游部门和企业应该采取什么措施来激发人们的旅游动机？为什么？

第五章 旅游者的态度

【本章导读】

　　旅游态度属于态度的一种,是旅游行为、旅游消费的重要影响因素。态度是外界刺激与个体反应之间的中介因素,个体对外界刺激做出的反应受到自己态度的调控。旅游态度由三个主要因素构成:情感因素、认知因素和行为因素。态度还具有社会性、内隐性、稳定性和可变性、价值性。随着社会环境的不断变化,个体也会不断调整和转变自己已有的态度,形成新的态度,以适应新的人生观与社会价值观。旅游态度是通过旅游认知活动,受到自己的主观经验和外部环境的影响而形成的。旅游者的旅游偏好与其旅游决策、旅游行为之间存在着密切的关系,它们都受到旅游态度的影响。旅游者进行旅游决策需要经历一个复杂的心理过程,一般需要经过认知旅游对象阶段、设计旅游方案阶段、评价旅游方案阶段和旅游决策阶段。旅游企业应该随时注意调控旅游者对本企业及其旅游产品的态度,促使旅游者持有的否定态度向肯定的态度转变,肯定的态度向极端肯定的态度转变,已经形成的极端稳定的态度保持动态稳定。

【关键词】

　　态度(attitude)　情感(emotion)　认知(cognition)　行为(behavior)　旅游偏好(tourism preference)　旅游决策(tourism decision)

第一节　旅游态度概述

态度是一种复杂的心理现象，是个人人格的重要组成部分。某种态度一旦形成，就会对人的行为产生极大的影响。旅游态度属于态度的一种，是影响旅游行为、旅游消费的重要因素。

一、态度的概念

1. 态度与旅游态度

对于态度，几乎每个人都有一种直觉性的理解。人们问："你有什么看法？""你觉得怎么样？"这一类问题，实际上就是试图探求"态度"。"态度"一词最早是指个人身体姿势或身体位置，是一个人对客观事物的物理准备状态。但是，在被引入心理学后，态度演变成了一个专指心理状态的术语。早在19世纪末，丹麦心理学家朗格(Lange)通过对反应时间的实验研究得出：态度是一个人对外界对象反应的准备状态，影响一个人将看到什么、听到什么、想些什么和做些什么。现在，态度已经是社会心理学中一个定义最多的概念。它是个体对外界对象一贯的、稳定的心理准备状态或一定的行为倾向，它的对象包括人、事物、思想和观念等。

旅游态度是态度概念的一种具体化。由于旅游活动这一社会现象的特殊性，可以认为旅游态度是旅游者对旅游活动较为稳定的看法与评价。虽然人类从事旅行和旅游活动的历史由来已久，但是只有实现了旅游的大众化，旅游活动成为一种普遍的社会现象以后，旅游者的旅游态度才会对人类的旅游行为产生影响。

2. 态度的构成

克雷奇、弗里德曼等人认为，态度是个体对外界某一特定对象稳固的由认知、情感和行为三个方面的因素组成的心理倾向。态度是外界刺激与个体反应的中介因素，个体对外界刺激做出的反应受到自己态度的调控。1960年，心理学家卡茨(Katz)提出了态度的三个构成因素：情感因素、认知因素和行为因素。基于卡茨的学说，可以用图5-1解释刺激、态度和反应之间的关系，描述旅游态度的构成特征。

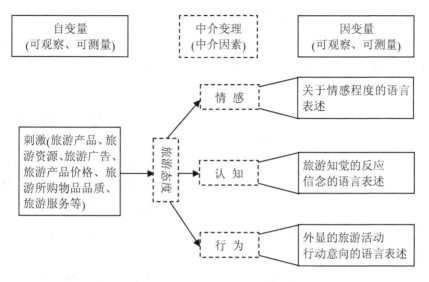

图 5-1 旅游态度的构成

(资料来源：[日]马场房子．消费者心理学(第 3 版)．白桃书房，1981：110；孙喜林，荣晓华．旅游心理学．大连：东北财经大学出版社，1999：89；邱扶东．旅游心理学．北京：立信会计出版社，2003：97)

(1) 情感因素。情感因素是个体对态度对象的情绪性或情感性体验，是对态度对象所做出的情感判断，反映出个人对态度对象的好恶情感。例如，有的旅游者喜欢海滨度假而不喜欢文化观光；有的旅游者喜欢个人自助旅游而不喜欢团体包价旅游；有的旅游者喜欢乘火车旅行而不选择乘飞机等。这些喜欢或厌恶的内心体验，就构成了旅游态度的情感因素。

情感因素能够长久地影响态度，有时还可能非常强烈，是态度的核心因素。态度并不总是以事实为依据，其评价的尺度主要以个人对某种对象的情感程度为中心。例如，喜欢海滨度假的旅游者之所以获得这种情感上的评估，其理由也许相当不合情理。他可能出生或生活在海边，也许他在海滨沙滩上有一段难忘的经历，这些因素使其对海滨和沙滩持有特别的感情。他可能并不那么喜欢度假旅游，但是让他表示对海滨度假旅游的态度时，情感的作用就会使他做出积极肯定的评价。而另一位旅游者的情况可能正好相反，在 2004 年印度洋海啸中他的一位在泰国普吉岛度假的至亲不幸遇难。正由于这样一个突发事件，使他认为海滨不安全，因而全面反对海滨度假旅游。由此可见，旅游者的态度也不全是以事实为依据的，情感方面的因素起核心作用。

(2) 认知因素。态度的认知因素是个体对态度对象的认识和评价，是人的思想、信念及知识的总和。这个对象可以是具体的事物也可以是抽象的概念。态度的形成建立在对特定对象认知的基础上，没有认知因素就没有态度的形成。旅游态度的认知因素为旅游者提供了对旅游目的地和旅游产品的印象。由认知因素形成的旅游者对旅游刺激物的知觉印象及观点，是旅游者了解和判断旅游活动的依据。同时旅游者所形成的旅游动机和旅游体验也都建立在对旅游活动和旅游对象了解和判断的基础上。

人们对某一事物的态度，取决于这一事物的价值。旅游态度来自旅游活动和旅游对象对旅游者的价值，即对旅游者的意义和用途。旅游价值越大，旅游者的态度反应就越强烈。但旅游态度又不直接等同于旅游价值，而只是旅游者对旅游价值的认识。例如，我们可能相信海南三亚的亚龙湾是我国条件最好的通年型海滨旅游度假区，也会认为有大型国际饭店集团入驻的亚龙湾的旅游接待设施完善，服务水平高。这里面的每一种信念和评价，实际上都反映了我们对亚龙湾的印象和看法，是我们对亚龙湾海滨旅游度假区所持有的态度的认知因素。

(3) 行为因素。行为因素是个体对态度对象的反应倾向，它反映个人对态度对象的行动意向，是行为的直接准备状态。在旅游活动中，旅游态度的行为因素通常表现为旅游者想怎么样、希望怎么样、计划怎么样等。例如，有些旅游者想去香港迪斯尼乐园游玩，而有些旅游者想去日本大阪体验环球影城的紧张与刺激；有些旅游者想去埃及卢克索的帝王谷探究图腾卡门法老王的诅咒，而有些旅游者很想在法国尼斯的海滩上享受浪漫的地中海风情等。意向只是一种行为的可能性或倾向性，既可能表现为实际的行为，也可能永远不会成为现实。也就是说，必须具备旅游活动产生的主客体条件，旅游意向才能表现为实际的旅游活动。

这三个构成因素都有各自的特点，认知因素是态度的基础，其他两种因素是在对态度对象的了解和判断的基础上发展起来的；情感因素对态度起调节和支持作用，是态度的核心与关键；行为因素则制约着行为的方向性。这三个因素在一般情况下是相互依赖、协调一致的。例如，当一个人认为法国戛纳是海滨度假的好去处时，他对戛纳这一海滨度假城市的认知持肯定的态度，他在情感上一般也是喜欢戛纳的，至少不讨厌去戛纳。在态度的认知成分和情感成分一致的情况下，如果满足了外出旅游的其他主客观条件，他就很有可能会去戛纳度假。但是三者之间也会发生矛盾。当三者发生矛盾时，情感因素起主导作用。例如，一个旅游者可能认为新疆的罗布泊是进行探险旅游的理想目的地。但他是自我中心型的旅游者，其个性特征表现为谨小慎微、多忧多虑、不爱冒险等特点，因此在情感上无法摆脱可能出事、有危险的担忧，所以他不会有去罗布泊探险的行为意向，当然也就不会发生去罗布泊探险旅游的行为。

二、态度的特性

在讨论旅游态度的概念时,已经涉及了态度的两个特性,即对象性和情感性。此外,态度还具有社会性、内隐性、稳定性和可变性、价值性。

1. 社会性

态度的社会性又被称为习得性。态度不是生而就有的,是个体在长期生活中,通过与社会、与他人的相互作用,受社会和周围环境的影响,通过后天学习而逐渐形成的。例如,1872年建立的美国黄石国家公园是世界上最早的国家公园,许多旅游者都认为它是生态旅游的理想目的地。这种对黄石国家公园生态旅游的态度不是旅游者的遗传基因带有的,而是来自他们的社会生活实践。家人、朋友、同事、大众传媒或者旅游者自己的旅游实践,这些实践都可以成为旅游者习得旅游态度的途径。

态度既具有客观性也具有主观能动性。态度一旦形成就会反过来指导人们对外界事物和他人的反应。不论是态度的形成还是态度形成以后对社会和他人的反作用都离不开社会环境。例如,现在大多数旅游者对生态旅游都持有肯定的态度,但是,在1983年以前,这种态度不可能存在。因为生态旅游的概念直到1983年才由世界自然保护联盟的特别顾问雷斯克瑞恩(Lascurain)首次提出。在没有生态旅游的概念之前,旅游者当然无从习得对生态旅游的态度。自1989年以来,作为替代大众旅游的一种新型旅游形态,生态旅游被广泛地提及并得到重视,一定规模地开展起来。只有具备了生态旅游产品等旅游客体条件,生态旅游活动才有可能进行,才能唤起社会公众对环境保护的意识。

2. 内隐性

态度本身是无法直接测定的,它存在于人的内心,必须从个人的行为或者与行为有关的语言行为表现中间接地推断出来。一个人的态度会对其行为产生动力性和指导性的作用。态度依赖行为来表现,而行为往往又融于态度之中。例如,如果一个旅游者收集的旅游宣传品都与海滨旅游度假地有关,就可以推断他对海滨度假旅游持积极的态度。如果一个旅游者经常出现在温泉度假区、滑雪度假区和海滨度假区,那么他无疑向人们传递了一个清楚的信息,即他对度假旅游持有肯定的态度。

3. 稳定性和可变性

态度的稳定性是指具体的态度一旦形成，可能在相当长的时间内保持着相对稳定，不容易改变，并成为人格的一部分，在行为反应上也表现出一定的规律性。例如，因为唐纳德·希尔顿对现代酒店业的巨大贡献，美国人对这位希尔顿酒店集团的创始人非常敬重，他们也认为，希尔顿酒店是美式酒店的代表，"提供的是最好的住宿和服务"。这种态度对美国旅游者的旅游决策影响很大，我们会发现美国人到海外旅行时，大都倾向于入住希尔顿酒店。又如，自东京迪斯尼世界和海世界相继开园以来，接待的旅游者人数超过了日本国民总人数。正是由于有大量忠实的"回头客"，才维持着迪斯尼乐园的兴盛。而旅游目的地的"回头客"也是旅游态度稳定性的一个例子。此外，态度的稳定性与态度本身的结构、客观事物的因果关系、他人的态度以及态度的强弱具有密切的关系。

旅游态度的稳定也不是绝对的。在哲学意义上，世界处于不断的变化中，当导致态度形成的主客观因素发生变化时，态度也会随之发生改变。例如，印度尼西亚巴厘岛被誉为"人类最后的乐园"，自1932年巴厘岛居民在巴黎殖民地博览会上表演歌舞以后，其令人神往的文化和独特的自然景色，使其成为海滨度假旅游者梦想的天堂和异族风情旅游者的乐土。在以后的70余年中，欧美旅游者对巴厘岛旅游的这种态度是相当稳定的，但是大量旅游者的涌入，使巴厘岛的文化发生了"变容"，使文化商品化。这也使异族风情旅游者的旅游态度发生了变化，即由积极转变为消极。因为旅游者接触到的不是基于当时生活的真实的文化，而是一种单纯为吸引旅游者而存在的"表演文化"。而2002年和2005年的两次恐怖事件也使许多海滨度假旅游者对巴厘岛的知觉印象由"天堂"变为"地狱"，态度发生了巨大的转变。

4. 价值性

态度的价值性是指个体所知觉的态度对象对自己的价值和意义的大小。如果态度的对象对旅游者的价值很大，那么对旅游者的影响就会很深刻，因而一旦形成某种态度后，就很难改变。反之，如果态度的对象对旅游者的价值很小，那么旅游者的态度就不容易受其影响而改变。例如，到巴黎旅游的游客，出行前他们都认为巴黎是"浪漫之都"、"流行时尚之都"、"文化之都"。但是新婚度蜜月的旅游者与购物旅游者对他们的巴黎之旅的期望值是不一样的。同样是旅途中的一个不愉快的小插曲，度蜜月的旅游者比购物旅游者更易形成对巴黎旅游的否定态度，转变自己的态度。

尽管态度具有多种特性，但是态度的价值性是核心。人们是否愿意把时间和金钱花在旅游消费上，完全是由旅游态度的价值性决定的。信念与价值观是态度的基础，与价值观不同的是，尽管态度具有不稳定性，但是不稳定的范围不会超越价值的疆界。也就是说，态度在不违反价值观的前提下发生变化。在态度与价值发生冲突时，态度服从价值。但也有个别情况例外，即，一个人在特定情境的压力下，会表现出他的态度与内在价值取向不一致。但对这个人来说这是比较痛苦的。因此可以说，态度是由价值定向的。例如，如果人们把旅游看成是对生活很有价值的活动，那么当人们在本身的经济状态发生变化(收入减少)时，通常也不会完全取消旅游，而是在一定的支付许可范围之内改变旅游方式或者调整旅行距离和旅游时间，采取比较经济的方式，进行适当规模的旅游。

三、影响旅游态度形成的因素

态度的社会性说明态度不是生来就有的，它是在一定的社会环境中，通过长期的学习而得到的。随着社会环境的不断变化，个体也会不断调整和转变自己已有的态度，形成新的态度，以适应新的人生观与社会价值观。

1. 旅游态度形成的过程

针对一个具体事物的态度，美国心理学家凯尔曼(Kelman)于1958年提出态度形成的三阶段说，即服从、同化和内化阶段。

(1) 服从阶段。服从指人们为了获得物质与精神的报酬和避免惩罚而采取的表面服从行为。这种行为或是出于个体的意愿，或是受到群体规范的压力，而产生的服从行为。但是这种服从行为只是权宜之计，不是个人心甘情愿的行为。如果奖励和惩罚的可能性消失，那么服从行为会立即终止。隐含在服从行为中的个人态度，它的存在与否，也是取决于个人能否获得报酬或避免惩罚。在旅游活动中，旅游者表现出来的服从行为和态度相当普遍。从20世纪70年代开始，以"小心谨慎平台"为基础的旅游观使人们认识到了大众旅游对环境、文化等方面的负面影响。许多国家通过多种形式，甚至是立法来规范旅游企业和旅游者的行为。例如，我国的《森林法》、《文物保护法》、《环境保护法》等，在颁布之初，多数旅游企业和旅游者都没有充分认识到"旅游消耗的是环境和自然"，旅游活动对环境的负面影响应当最小化。由于这些法律规定限制了旅游产品设计和旅游活动的内容，因此各方面往往都不愿意遵守。但是不遵守，就会受到处罚，比如缴纳罚金等。这种虽然不愿意遵守环境保护法规，但又不得不遵守的行为就是服从行为，对新的环境保护法规的态度，就是服从阶段的态度。

(2) 同化阶段。在这个阶段，个体自愿地接受心目中榜样人物的观点、信念，使自己的态度与他们一致。与服从阶段不同，同化阶段的个人态度的形成与转变不是因为外界的压力，而是自愿地接受他人的观点、信念、行为或新的信息。他人或群体对个体吸引力的强弱是同化能否顺利实现的关键。这一阶段已经与所要形成的态度相接近，但没有同自己的全部态度体系相融合。因为这种态度带有较多的情绪、情感成分，可能缺乏对态度对象的深刻认识。以《环境保护法》和《森林法》为例，新法规问世一段时间以后，由于它的权威性和实效性，唤起了社会对环境保护的重视，规范了旅游者和旅游企业的行为，保护了旅游资源和环境，因此大多数人能够自觉地遵守这些法规。个别旅游者如果不与大多数人保持一致遵守法规，就会自责、焦虑、缺少归属感等。这种行为与态度，就是同化阶段的行为与态度。

(3) 内化阶段。内化是态度形成中最重要的阶段。它是指个体内心发生了质的变化，即新观点、新思想已经纳入了自己的价值体系，成为自己态度体系中的一部分。到了这一阶段，态度才是稳定的，才真正成了个人的内在心理特征。例如，旅游者在旅游过程中，遵守环境保护法规，规范自己的旅游行为，并同导游等旅游从业人员和同团旅游者一道，积极地投入到环境保护活动中。久而久之，就切身体验到了这些法规以及旅游者的环保意识对旅游资源和环境保护的重要性，从而形成了对保护环境的旅游行为持积极、肯定的态度。

2. 影响旅游态度形成的因素

影响旅游态度形成的因素，既包括社会环境方面的因素，也有个人主观方面的因素。旅游态度是通过旅游认知活动，受到自己的主观经验和外部环境的影响而形成的。这些因素主要包括以下五个方面。

(1) 个人旅游消费需要的满足程度。态度是在满足个人社会性需要的基础上产生的。当某一事物能够满足个人的欲望、需要，并能够排除由需要引起的心理紧张，人们便会对其形成满意的态度，产生好感。反之，当某一事物不能缓和而是增加人的紧张状态，则会形成对该事物不满意的态度，产生厌恶感。旅游产品能给旅游者带来一定的报酬。这种报酬既有物质方面的，也有精神方面的，能使旅游者获得满足感，感到愉悦与充实，或者使人避免恐惧感。这种态度一旦形成就会使旅游者的选择具有很明显的倾向性。例如，大多数国际旅游者都倾向于入住那些著名国际饭店集团的连锁饭店，对其持有满意和赞许的态度。这不仅是因为这些饭店的设施齐全，能够为旅游者提供种类繁多的服务，可以满足旅游者的生理和心理需要，还因为这些酒店集团的品牌效应、标准化的设施和服务、稳定的商品品质，在很大程度上减少了旅游者的不方便，缓和了由于环境的改变而引起的紧张心理，消除了不安感。

(2) 知识和经验对旅游态度的影响。在旅游活动中，旅游者对旅游对象的态度的形成，与所获得的有关这些对象的知识及其本人的文化水平有直接关系。旅游者的知识层次越高，对旅游目的地了解得越多，旅游态度受其文化知识水平的影响也就越大。例如，一个人如果不知道周口店北京人遗址是世界文化遗产，不了解20世纪20年代在此出土的较为完整的北京猿人头盖骨化石是我国古人类研究史上的里程碑，那么，他对去周口店北京人遗址旅游也一定是持否定态度的。而一个对人类迁移进化史和考古学等有所了解的旅游者很可能会不远万里，来到这里亲眼看一看，甚至会把龙骨山上的每一块山石都当作瑰宝。

态度的习得性决定个体的直接或间接经验影响着态度的形成。一个人的旅游态度的形成是经验的积累和分化，但是旅游者的直接经验是形成或影响其旅游态度的重要因素。例如，某人第一次到某地旅游时，受当地酒店的促销广告宣传或者朋友的介绍等间接经验的影响，形成了对某一酒店的积极态度，而入住该家酒店。他在这家酒店下榻的直接经验，将左右他对该酒店的态度。也就是说，如果该酒店体贴入微的服务给他带来了愉快的经历，他就易于形成对该酒店的肯定态度。反之，糟糕的服务会给他带来不愉快的体验，从而导致他形成对该酒店的否定态度。当他第二次到该地旅游时，是否入住该酒店，取决于他原来在该酒店入住时，基于其亲身体验而形成的对该酒店的态度。又如，人们常常听到一些旅游者对某些旅游目的地的经典性的评价"去了后悔一次，不去后悔一辈子"，这也反映了经验对态度产生的影响。

(3) 旅游者个体的差异。这主要指气质类型和性格的差异，其他因素还包括兴趣、爱好、理想、信念、世界观等。例如，从气质类型上看，胆汁质容易形成对人热情、直率、急躁的态度，粘液质容易形成对人温和忍让的态度，抑郁质易远离他人，不喜过多交往；从性格上看，独立型不易接受劝告，不易放弃原有态度，而顺从型则与独立型相反。具有不同个性的个体对于旅游目的地、旅游方式与旅游规模的选择都不尽相同。例如，有些人喜欢充满活力、阳性的海滨度假环境，有些人则喜欢充满柔情、阴性的温泉度假环境，因此，旅游者个体的差异所反映出的旅游态度也就会有所不同。

(4) 极端深刻的事例。态度是个人实际生活经验的结晶，是在多次接触同类事物的过程中反复强化形成的，是从各个零散的经验中形成相同类型的特殊反应的积累与整合。极端深刻的事例与经历也会对个体态度的形成产生影响。例如，剧烈的外伤经验，即使仅仅只有一次，也可能形成永久性的态度，俗话"一朝被蛇咬，十年怕井绳"就是这个道理。旅游者在旅途中会遇到很多事情，什么事件会被认为是极端深刻的事例,因人而异。可能是对长河落日、大漠孤烟的自然山水的体验;也可能是对秦砖汉瓦、唐风宋韵的人文建筑的感悟;还可能是人与人之间的萍水相逢、倾盖如故。任何事件,只要能够使旅游者感受到日常生活中无法感受的心理波动,就可能是极端深刻的事例,从而形成针对特定对象的"曾经沧海难为水,除却巫山不是云"的特定态度。

(5) 旅游者所属团体的影响。任何人都生活在一定的社会群体之中,因此个人的心理和行为必然要受到所属群体的规范和习惯的影响。例如,我们常说的"近朱者赤,近墨者黑";"入国问禁,入乡随俗"。个体的态度如果与社会群体的态度一致,就会得到群体的认同,得到有力的支持,否则就会感受到来自社会群体或所属团体的压力。在旅游者团队中,各个成员的态度相互影响,行为相互模仿的现象尤其明显。在一条旅游线路上,有些景点很有名气,是旅游的"热点";有些景观的旅游价值较小,是线路上的"冷点";但是如果团队中多数人选择去游览一下不著名的景观时,那些不想去的旅游者也可能会随之而去。

同一个旅游团中的旅游者,为了使自己对旅游产品的主观评价行为正当化,得到团队其他成员的认同,使自己的态度与团队的态度一致,在"从众心理"的作用下,在一定的范围内会发生同化作用,使团队对旅游产品的"客观评价"向自己的期待水准靠拢,即主观地缩小自己的期待与"客观评价"之间的差距,如图 5-2 所示。

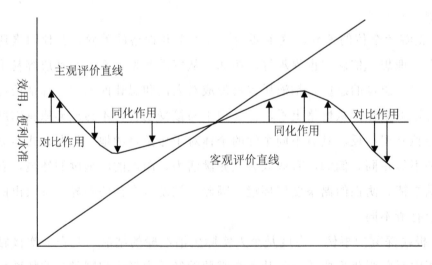

图 5-2 旅游态度的同化与对比

(资料来源:[日]盐田正志,长谷政弘. 旅游学(第 7 版). 同文馆,1999:45,有改动)

如果超越了一定的范围,就会发生对比作用,即个人的期待与团队的"客观评价"差别较大时,个人的主观评价与团队的"客观评价"的差别会更大。对于旅游目的地或者旅游企业而言,在同化作用发生效力的范围内,通过广告宣传等手段提高旅游者对旅游产品的期待值,使个人的主观评价超过团体的"客观评价",从而可以产生对旅游产品的满意态度。如果降低产品价格,就有可能导致旅游者的期待水准下降,就会出现个人的主观评价低于团体的"客观评价",容易导致旅游者产生对旅游产品不满意的态度。

第二节 旅游态度与旅游行为

态度与行为的关系是心理学领域争论最多的问题之一。态度的概念从一开始就是用来说明社会行为的,由于态度本身具有复杂性,而且影响人们的行为的因素又是多种多样的,所以,两者的关系也是非常复杂的。在旅游活动中,旅游者的旅游决策,一方面受到旅游者的需要、动机以及社会环境等多种主客观因素的影响,另一方面也取决于他们的旅游态度。旅游者的旅游偏好与其旅游决策、旅游行为之间存在着密切的关系,它们都受到旅游态度的影响。

一、旅游偏好与旅游态度

1. 旅游偏好的定义

旅游偏好就是人们趋向于某一旅游目标的心理倾向。旅游偏好是建立在旅游者极端肯定态度基础上的。作为一种内在的心理结构,旅游偏好难以直接观察到,必须通过旅游者的行为,才能间接地推断偏好是否存在或者偏好的强烈程度。旅游偏好可能表现为对特定旅游产品的优先选择,即在同样条件下,旅游者会首先选择他们偏爱的旅游产品。旅游偏好也可能表现为对特定旅游产品的选择频率。例如,就海滨旅游度假地而言,有些旅游者喜欢夏威夷而不喜欢地中海沿岸或加勒比海岛屿,即使他们曾经去过夏威夷多次,当他们下次再选择海滨度假的去处时,他们可能还会坚持选择夏威夷。

2. 旅游偏好的影响因素

(1) 旅游态度的强度。态度的强度即态度的力量,指个体对态度对象赞同或反对的程度。随着态度强度的增大,态度也越趋向稳定,越不易改变。旅游态度的强度与态度对象的突出属性和旅游者的需要相关。旅游者通过旅游活动来满足自己的旅游需要，而旅游需要能否得到充分满足，取决于那些成为态度对象的旅游产品的性质。通常，旅游态度对象的属性越鲜明、越独特，旅游者就越会认为它们有可能满足自己的旅游需要，所形成的态度强度就越高，对态度对象的心理倾向性就越大，从而形成对其极端肯定的态度，产生了对这一对象的偏好。所以，每一个旅游目的地都试图以自己鲜明、独特的旅游资源和人文环境，塑造与众不同的旅游形象，如巴黎的"浪漫"、纽约的"自由"、悉尼的"前卫"等，来博得旅游者的偏爱，占据稳定的旅游客源市场。

(2) 旅游者掌握的信息种类和数量。旅游者获得旅游信息的过程，是一个主动地寻求与接收信息的心理与行动过程。在旅游信息全球化的今天，旅游者是否寻求与接受某旅游产品的相关信息，取决于他对该旅游产品感兴趣与否。所以，旅游者对某旅游产品所掌握的信息种类和数量的多少，通常能够比较充分地反映他们的心理和行为倾向。通常，旅游者对态度对象所掌握的信息越多、越复杂，所形成的态度就越复杂，就越容易导致他们旅游偏好的形成。例如，如果旅游者拥有日本北海道温泉度假旅游的详细信息，通过这些信息，可以深入细致地了解该旅游产品所涉及的各个方面的优质服务。例如，可以体验独特的日式温泉洗浴文化，"泡"不同泉质的温泉以解除疲劳和治疗疾患；可以乘坐新干线，游览日本的自然风光，观赏日本的庭院；可以入住风格独特的日本旅馆；可以品尝自成体系的日本料理；可以购买只有在当地才可以购买到的"白色恋人"巧克力；可以欣赏原住民的"熊舞"和传统的艺伎表演等。这样就会使旅游者形成比较复杂的肯定态度。一般说来，复杂的态度比简单的态度更难以改变。要改变旅游者对北海道温泉度假旅游的肯定态度，必须改变整个态度中的许多成分。因此，复杂的肯定态度比较持久和稳定，容易使旅游者对该旅游产品产生旅游偏好。

3. 旅游偏好的形成

旅游者通过对态度对象性质的认知评价，认为该对象能够带来最大的旅游收获，充分满足自己的旅游需要，就会对该旅游对象产生偏好。旅游偏好的形成过程，可以概括为图5-3所示的概念模型。

旅游者在进行旅游决策时，会考虑旅游产品能够使他获得哪些收益，即评估该旅游产品所提供的旅游体验能够满足其旅游需要的程度。旅游产品吸引力的大小决定着旅游者能否对该旅游产品形成偏好。例如，"水城"威尼斯的许多建筑是东方拜占庭艺术、古罗马艺术、中世纪哥德式艺术和文艺复兴艺术多种艺术形式的结合体,威尼斯在多数旅游者心目中是观光、休闲、娱乐和学习的好去处。也就是说,威尼斯具有为旅游者提供上述旅游需求的能力。如果上述旅游需求不足以形成某个旅游者的旅游动机,或许他根本对此毫无兴趣(因为他是一个热爱冰雪运动的旅游者),那么,威尼斯对他的吸引力就不大,他也就不会对威尼斯观光旅游产生偏好。所以,如果旅游者对某项旅游产品提供各项旅游收益的能力和每项收益对自己的相对重要性的评估结果都好,那么他就会形成对该旅游产品的综合肯定态度,进而产生相应的旅游偏好。

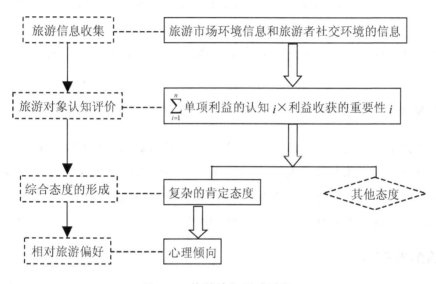

图 5-3 旅游偏好形成过程

(资料来源:孙喜林,荣晓华. 旅游心理学. 大连:东北财经大学出版社,1999:98;邱扶东. 旅游心理学. 北京:立信会计出版社,2003:116)

二、旅游决策与旅游态度

同一般消费者一样,旅游者在购买旅游产品时,通常也要面临选择与决策。旅游决策就是通过对消费者的主观需要和客观条件的衡量,提出并选定解决某个具体的旅游问题的方案或者计划,并加以执行的过程。旅游者进行旅游决策需要经历一个复杂的心理过程,一般需要经过以下几个阶段。

1. 认知旅游对象阶段

旅游日益成为人们生活中的惯常行为,人们经常接受来自不同渠道的旅游信息,对多种旅游产品及其旅游客体条件都有一定程度的了解,形成了对旅游产品的认知。旅游者获得信息的渠道是多方面、多角度的,包括社交环境中的口碑相传,旅游市场环境中的促销宣传材料，旅游企业人员的推销。这些信息渠道都为旅游者的旅游决策提供了信息支持。

2. 设计旅游方案阶段

根据收集到的旅游信息和由此形成的对旅游产品的认识和评价，旅游者需要设计旅游方案，以备选择。例如，一个香港旅游者想利用自己的两周带薪假期到某地度假，放松一下身心。经过信息收集，他认为瑞士最大的温泉疗养旅游胜地洛伊克巴德，是享受阿尔卑斯温泉、体验高山滑雪乐趣、进行冬季度假的理想去处；而澳大利亚的黄金海岸，有明媚的阳光、连绵的白色沙滩、湛蓝透明的海水，是由数十个美丽沙滩组成的海滨度假胜地。所以，他会把这两处度假地作为此次度假旅游的备选地。

3. 评价旅游方案阶段

旅游者会依据自己的能力、性格、需要、动机以及经济条件、旅游产品的性质等评价因子，来权衡和评价备选方案。上例的香港旅游者如果对旅游产品的价格比较敏感，他就会很在意往来于两地间的交通费用；如果重视旅游体验的非日常性以及多样性，他就会看重旅游景观的地域组合等因素。

4. 旅游决策阶段

在这一阶段，旅游者确定最满意的方案，并付诸实施。上例的旅游者权衡了假期的长短、旅游费用和旅游效果等因素后，认为去洛伊克巴德虽然旅行费用会高一些，但瑞士与其周边国家的旅游景观地域组合比较好，除了可以享受温泉洗浴、高山滑雪的度假乐趣之外，还可以借机到周边国家进行文化观光和购物等活动，这更能满足他的旅游需求。由此，他决定选择洛伊克巴德的温泉、滑雪度假旅游产品，并进入旅游活动的下一个阶段，即准备阶段。

通过上述分析可见，如果把旅游决策放在态度与行为关系的框架中进行分析，就会得到图5-4所示的概念模型。旅游者通过各种渠道获得多方面的信息，初步形成由情感、认知、行动三个因素构成的具体旅游态度。态度形成以后，会导致旅游者产生对某种旅游行为的偏好。而态度和偏好又会受到诸多主客观因素的影响。旅游者在权衡各方面因素后做出旅游决策，再根据已做出的决策实施具体的旅游行为。在旅游活动中，旅游者将自己的亲身体验以信息的形式反馈回来，巩固旅游者原有的态度或者更新原有的态度形成新的态度。

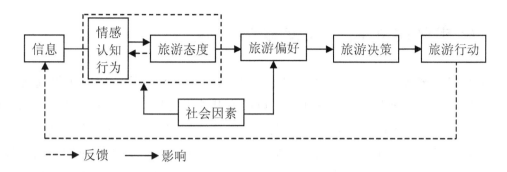

图 5-4 旅游态度与旅游决策的关系

(资料来源：[日]马场房子. 消费者心理学. 第 3 版. 白桃书房，1981：115；孙喜林，荣晓华. 旅游心理学. 大连：东北财经大学出版社，1999：95；邱扶东. 旅游心理学. 北京：立信会计出版社，2003：113；李昕. 实用旅游心理学教程. 第 2 版. 北京：中国财政经济出版社，2005：57)

第三节　旅游态度的改变

旅游者的态度是影响其旅游行为的重要因素，肯定的旅游态度，尤其是极端肯定的旅游态度，往往预示着旅游行为的发生。由于态度对象的复杂性和旅游者自己主客观条件的差异，任何旅游产品都不可能使所有的旅游者都对其持有肯定的态度。旅游企业要实现一定的经济效益，就必须占有一定规模的客源市场。为此，旅游企业应该随时注意调控旅游者对本企业及其旅游产品的态度，使旅游者持有的否定态度向肯定的态度转变，肯定的态度向极端肯定的态度转变，已经形成的极端稳定的态度保持动态稳定。

如上所述，处于服从阶段的旅游态度是在压力的推动下、而不是心甘情愿产生的行为倾向；处于同化阶段的旅游态度，已从被迫接受转入自觉接受，但还没有同自己全部的态度体系相融合；内化阶段的旅游态度，已经被纳入自己的价值体系之内，成为自己态度体系的有机组成部分。进入内化阶段的旅游态度，比较稳固，不容易发生改变。因此，旅游企业或者旅游从业人员应该在旅游态度的未固定化、不稳定的服从和同化阶段，使用各种方法来改变旅游者的态度。具体来说，可以从以下方面入手来改变旅游者的态度。

一、改变旅游产品，改变旅游态度

旅游态度来源于对态度对象，即旅游产品的认识和评价，因此可以通过改变旅游产品，来改变旅游者的知觉印象，以改变其旅游态度。认知因素是旅游态度的基础，旅游产品形象的好坏直接影响人们对它的认识和评价，在一定意义上，改变旅游产品的形象是改变旅游者态度的最基本方法。只有不断地更新旅游产品，提高旅游服务质量，增强旅游产品的吸引力，才能够得到旅游者的肯定态度，长期占据稳定的市场份额，保持源源不断的客源。

1. 国际旅游者对我国旅游产品的态度

旅游产品指旅游目的地为满足来访旅游者的需要而提供的各种旅游活动条件和相关服务的总和。目前，不论从全国还是从个别的旅游目的地来看，我国旅游产品的数量、质量、类型、结构等方面与20世纪80年代相比都有了长足的进步。这些旅游产品奠定了我国旅游业持续发展的基础，也成就了我国成为世界第五大旅游目的地国的旅游大国地位(我国于2005年已经成为世界第五大旅游目的地国，据世界旅游组织预测，到2020年我国将成为世界第一大旅游目的地国和第四大旅游客源国)。

我国已成为世界旅游大国，但还不能说我国就是旅游强国。就旅游产品而言，其结构还有不尽合理的地方，类型还不够多样，质量还有待提高。比如，我国的旅游产品多以观光旅游为主，而度假旅游产品相对较少，且质量相对较低。我们虽然能够吸引数以万计的国际旅游者来我国观光旅游，但他们的旅游消费明显低于在法国和西班牙等旅游强国的度假旅游消费。而我国的观光旅游产品又以文化观光旅游为主，对于同属儒教、佛教文化圈的东亚与太平洋地区的旅游者而言，这些旅游产品的旅游价值非常高，但对这个地区以外的旅游者而言，由于文化的差异较大，此类旅游产品的吸引力不是很大。以至于给许多欧美旅游者留下了"白天看庙，晚上观戏"的知觉印象。同时，支撑旅游产品的多种旅游业资源的质量还不能完全达到主要国际客源市场旅游者的要求，例如，交通、水电、消耗品处理等旅游基础设施还不完善。由此，一部分国际旅游者对我国的旅游产品的评价是，紧张感多于解放感，即能增长见闻，留下深刻印象，但消遣娱乐、放松身心的因素不足；"快乐"的成分多于"安乐"的成分，即激起旅游者兴奋状态的旅游刺激较多，但缺乏能使旅游者心态平和、心情安逸的旅游对象和环境。所以，国际旅游者对我国旅游产品很难形成极端积极、肯定的态度，这尤其体现在欧美的青年旅游者身上。

旅游产品是一个整体概念，是"软件"与"硬件"的有机结合。所谓的"软件"就是旅游服务。而"硬件"则是旅游业借以提供旅游服务的载体，是旅游者在旅游活动中涉及的、由旅游目的地提供的一切有形物质产品。例如，酒店客房中的床是提供住宿服务的载体，食物是提供餐饮服务的载体，火车和飞机是提供旅游交通服务的载体等。前文已经就旅游产品的"硬件"，讨论了国际旅游者对我国旅游产品的态度。旅游产品的核心是旅游服务，因此旅游者对旅游产品中服务环节的态度，将最终决定其对该旅游产品的态度。

与旅游产品的"硬件"水平相比较，我国旅游业的整体"软件"水平，即服务水平，还有待于提高。旅游服务的无形性、生产和消费的同时性，决定了服务的提供者和接受者双方同时参与旅游服务产品的生产，所以对旅游服务的评价不能像对待一般消耗品那样，简单地用"好"与"不好"进行表述。严格地说，旅游服务的质量没有一个统一的客观标准，因为旅游服务产品的生产者，即旅游服务人员与旅游者的情况千差万别。在一定意义上，可以认为不存在两个完全相同的旅游服务产品。旅游服务质量评价的高低，完全取决于每位旅游者的感知印象(对旅游服务质量和旅游者满意度的论述，请见第八章和第九章)。

旅游服务产品的特点决定了旅游服务没有批量生产，必须是个性鲜明。20世纪50年代始于欧美的大众旅游，其主要特征是度假旅游的普及和团体包价旅游成为主要的旅游形式。但进入20世纪90年代以来，欧美等旅游强国不断调整旅游产品的结构，寻求替代大众旅游的新旅游形式，以适应旅游者个性化旅游的要求。我国虽然也做了很多尝试，但是传统的大众旅游产品始终占绝对优势地位，旅游服务依旧缺乏个性化。

此外，旅游从业人员的素质不高，也导致对国外先进的管理理念和服务思想不能融会贯通、灵活运用，因此出现了教条的管理和机械的服务。不结合我国实际情况，不建立在本地文化基础上的服务是没有吸引力的。比如，一位世界著名服装设计大师在回答"为什么至今中国还没有产生一个享誉世界的西服品牌"时说："西服和晚礼服在欧美社会普及已经有三百余年的历史，已经植根于社会生活和文化之中。西服成为中国人生活中的日常服装才是几十年前的事情，一味地模仿和跟从是很难缩短这个差距的，也很难达到欧美设计大师的水平。只有当西式的服饰文化融入中国文化中，通过创新思维，提升设计理念，在形成特色时，才是中国服装设计走向世界之日。"旅游服务也是如此，一味地模仿欧美的服务模式，也很难使欧美旅游者产生积极、肯定的态度。

2. 改变我国旅游产品形象的方法

在我国旅游产品的这种现实条件下，要改变国际旅游者的消极态度，应该从旅游产品的"硬件"和"软件"两个方面入手，改变我国旅游产品的形象。

在"硬件"方面，既要注重进一步改善旅游景区景点、娱乐场所、交通工具、公共基础设施、酒店设施等的外观形象，使之更具有吸引力；还要注重更新这些"硬件"设施的内在功能，使之永远保持舒适性和优良性，为旅游服务提供良好的载体。要调整旅游产品发展的总体战略，在观光旅游和度假旅游并重思维的引导下，丰富会展旅游、疗养旅游、生态旅游、绿色旅游、产业遗产旅游、探险旅游等多种旅游形式，优化旅游产品体系结构，合理安排消遣旅游与非消遣旅游产品的比例。

在"软件"方面，应该加强旅游企业的内部管理机制，通过企业的"内部营销"，吸引众多优秀的人才不断加入，使整个旅游业呈现出一个良性的人才流动。做好企业的人力资源管理，对从业人员进行专业理论教育和业务培训，使其具有良好的服务态度和高超的服务技能，为旅游者提供个性化服务。在提供功能性服务的同时，更应该树立服务的义利观，倡导情感服务。使旅游者感觉到享受的是地域文化特色鲜明的、品位高的、全方位的周到服务，从而获得极大的愉悦感和满足感，获得最大限度的物质和精神享受。

只有不断改变旅游产品的"硬件"和"软件"，不断改变旅游产品的性质，树立新的产品形象，才能使旅游者不断地获得新的感知印象，形成新的旅游态度，引导旅游决策，产生购买和消费旅游产品的行为。

二、进行旅游宣传，改变旅游态度

认知因素是旅游态度的基础，旅游者对旅游产品的信息掌控情况影响到旅游态度的形成。旅游态度具有稳定性，态度一旦形成后，人们通常不愿意接受与目前态度结构不一致的旅游信息。全球经济一体化，催生了全球化的旅游市场，卖方市场已经全面转向买方市场。随着旅游市场竞争的日趋激烈，旅游宣传促销在市场竞争中的地位也越来越重要。许多旅游企业不惜巨资发动旅游广告与促销战，力图塑造良好形象，通过强大的旅游宣传促销攻势逐渐削弱人们的知觉防御，使之接受新的信息，形成新的认识和评价，逐渐改变以往的态度，以占领广阔的旅游市场和拓展后续发展空间。但是，旅游宣传促销是否能够实现预期的目标，不仅与投入的资金有关,还与旅游者的心理机制、宣传者的诉求方式、采用的宣传策略等因素有关。

1. 旅游宣传的诉求方式与说服途径

旅游宣传的诉求方式主要有两种:一种是情感诉求。情感诉求的目的是建立旅游产品与旅游者之间的关系,即"联络"的战略。在宣传中可以强调,旅游者消费某种旅游产品就可以获得宣传者提供的类似于参照群体或个体的理想的自我形象。例如,在香港和台湾的旅游宣传广告中,用成龙和金城武做旅游形象大使,激起了许多日本旅游者前往两地旅游的欲望。另一种是理性诉求,其目的是准确传递旅游产品的性能、质量、价格、旅游者可能获得的实际利益以及可能承受的知觉风险等信息,劝说旅游者做出双赢的旅游决策。

旅游活动是旅游者离开惯常生活圈到异地进行审美活动和愉悦体验。旅游活动的异地性会影响旅游者的旅游知觉,异地的文化传统、民俗民风、生活习俗、生疏环境等会给旅游者带来一定的陌生感、不安全感和奇异感。这就要求在宣传和推广旅游产品时,要把激发旅游者的旅游欲望和消除旅游者对异地环境的不安和戒备心理作为宣传诉求的重点。旅游宣传的诉求必须结合情感号召与理性介绍。一方面要利用人们求新探异的心理,制作能诱发旅游者旅游欲望的情感宣传;另一方面,要多渠道、多途径地向旅游者提供理性的旅游产品的相关信息,帮助旅游者消除出游的疑虑和担忧,以应对旅游过程中会遇到的一些问题。要以丰富、全面的信息进行旅游宣传,从而更有效地推广旅游产品和旅游地形象。

旅游者如何加工理解接受的信息,关系到旅游宣传是否能够达到理想效果和预期目标。关于这个问题,1983 年美国学者佩蒂(Petty)和卡西奥波(Cacioppo)针对消费者的信息加工过程,提出了"精细加工可能性模型(the Elaboration Likelihood Model,简称:ELM)"。此模型有助于说明不同的旅游宣传在旅游者态度改变过程中的作用。这一理论模型把旅游者态度的改变归纳为两个基本路径:中枢的和边缘的。中枢路径把旅游态度的改变看成是旅游者认真考虑和综合信息的结果,即旅游者进行精细的信息加工,综合多方面的信息,分析、判断旅游产品的性能与证据。边缘路径认为旅游态度的改变不考虑旅游产品本身的性能及证据,不进行逻辑推理,而是根据旅游宣传中的一些线索,例如,专家推荐、宣传诉求点的多少、信息源的可信度、宣传媒体的威望、宣传是否给人美好的联想和体验等直接对旅游宣传做出反应。

旅游宣传的信息内容和策略与潜在旅游者的路径选择密切相关。处理认知性信息时，中枢路径被激活，处理情绪性信息时，激活的是边缘路径。但是，路径的选择除了和宣传内容有关以外，还和旅游者自身的条件有关系。麦金尼斯(MacInnis)和加沃斯基(Jawerski)认为，消费者是否通过中枢路径对广告进行精细的加工取决于其 MAO 水平(M 表示动机(Motivation)，指消费者必须处于高卷入状态下；A 表示能力(Ability)，指消费者必须具有必要的知识和信息加工技能；O 表示机会(Opportunity)，指消费者接触宣传信息时的条件是促进还是妨碍信息加工的程度)，例如，令人分散精力的刺激或时间限制不利于信息加工，适当的重复则有利于信息加工。只有同时满足了这三个条件，精细的信息加工才成为可能。因此，当旅游者具有较高的 MAO 水平时，中枢路径在旅游态度的形成过程中起主要作用，若接受的是具有强有力的诉求点的认知性信息时，旅游者就容易被说服，改变其旅游态度，这时若接受的是缺少认知信息的情感宣传，旅游者就会认为此旅游宣传只是在制造一种气氛，并没有实质性内容；反之，当消费者的 MAO 水平较低时，边缘路径起主要作用，理性宣传会因为旅游者缺乏相应的信息处理的动机或能力而显得枯燥，而情感宣传则容易引起旅游者的共鸣。

2. 旅游宣传的心理战略

(1) 突出信息的个性化。旅游消费的性质决定旅游宣传信息要有鲜明的个性。旅游消费是一种体验型的消费，由于受到旅游者、旅游从业人员以及目的地居民之间的互动关系的影响，旅游者的态度受情感因素影响较强。旅游者的消费行为与旅游体验的个性化，决定了旅游宣传的诉求具有较强的个性化。旅游企业必须针对不同的目标市场，不同的宣传受众，采取相应的宣传策略和形式，充分体现旅游产品自身的、与众不同的特色，以更好地吸引旅游者。随着新媒体技术的应用，旅游宣传信息的碎片化、个性化和针对性将更加鲜明，旅游宣传品制作与发布也将更加向"个性定制"方向发展。

(2) 利用旅游知觉的选择性。对旅游产品的认识和评价是形成旅游态度的基础，旅游宣传应该从知觉过程入手，激发旅游者的旅游欲求。依据知觉的选择性，只有那些特征鲜明、与人的需求密切相关的旅游刺激，才能成为知觉对象，获得清晰深刻的感知印象。人感知信息的通道主要是视觉和听觉。因此，旅游宣传首先应该尽可能地利用各种视觉因素，如色彩、线条、明暗色调、画面结构、对象与背景的对比、有吸引力的典型形象等；其次必须有效利用各种听觉因素，如音乐、语言、天然声响、音色、响度等，以影响旅游者的感知。此外，也不能漠视触觉、味觉、嗅觉等感知通道的作用。根据旅游者的心理特征,充分利用感知因素的最佳组合,吸引旅游者的注意,使旅游宣传信息突出于其他信息成为旅游者的感知对象,以影响旅游者的态度。

(3) 提供满足需要的方式。现代人的旅游需要大致可以分为以下几类：第一类是社会性需要,包括模仿和寻找自己在群体中的位置、转移责任、自我实现或探新求异等需要；第二类是家庭或族群性需要,包括寻找生活中已经消失或禁止的某种生活样式、调整家庭结构再树家庭权威、离开束缚人的家庭、参与正在形成的生活等需要；第三类是个体性需要,包括重新接触大自然,摆脱群体、职业、家庭、宗教及社会的压力,增长见闻,娱乐自己或取悦他人,摆脱日常角色以实现梦想,做日常生活中不能做的事情,重建心理平衡,完全休息,寻求浪漫体验和逃避责任等需要。这些需要既是旅游宣传的基础,又是它的目标。旅游宣传通过传播旅游产品的信息,诱导旅游者认知自己的旅游需要与相应的旅游产品之间的关系,确定满足自己需要的最佳旅游产品。

(4) 造成适度的恐惧。心理学研究认为,唤起恐惧是改变他人态度的普遍适用的方式。美国学者戴伯斯(Dabbs)用20多年时间调查了8 000个个例,在研究性别对个人的社会行动、性格、沟通能力的影响过程中,发现唤起恐惧不仅可以改变态度,而且对相关行为也有较大作用。美国学者罗杰斯(Rogers)认为,恐惧唤起是否能有效改变态度,取决于三个因素的相互作用：事件的有害性；事件发生的可能性；提倡的行为方式的有效性。旅游宣传在运用恐惧唤起手段时,应充分注意上述三个因素的内容及相互关系,暗示或明确描述不选择某种旅游产品的有害性,强化提倡的旅游行为方式。但是,恐惧唤起应以中等程度为佳。因为恐惧程度低,没有压力,不需要改变态度；恐惧风险高,会引发旅游者的逆反心理或心理防御机制。旅游宣传要抓住旅游者的联想,使他们感觉到,不消费某种旅游产品,将会导致不愿意承担的生理、心理和社会风险。

此外,通过使用有吸引力的旅游产品形象、寓意深刻的宣传语言、别具匠心的画面设计、巧妙的暗示等手法使旅游者展开积极的联想,从而对旅游产品获得更多的感知印象,增加态度中的情感成分；通过旅游宣传塑造旅游产品的典型消费者形象,形成一定的社会标准,并利用人们的从众心理,造成个人的心理压力,改变旅游者的态度,诱导旅游者的购买行为；通过旅游宣传引导旅游动机方向,使旅游者相信旅游宣传所提供的选择就是实现目标的最佳途径等,都是在旅游宣传中改变旅游态度、引导旅游决策、诱导旅游行为的有效方法。

参考信息

旅游目的地居民对外来旅游者的态度变化

对旅游目的地而言,旅游的社会文化代价会随着旅游发展规模的扩大而变得更加强烈。这种代价也可以反映在旅游目的地居民对外来旅游者的态度方面。多克西(Doxey)通过对巴巴多斯和西印度群岛等地的调查和研究,提出了旅游目的地居民的"激怒指数(irridex)"模式,将旅游目的地居民对旅游活动和旅游者态度的变化过程分成五个典型阶段。这个"激怒指数"框架模式显示,随着旅游的发展,旅游的各种影响会逐渐转变成目的地居民的不满情绪和抵触情绪,如图5-5所示。

图5-5 多克西的"激怒指数"模式

在"激怒指数"模式的第一阶段,目的地刚刚开发,旅游活动处于初始阶段,只有少数游客到达。由于目的地的居民不但从旅游者身上体验到新奇和友谊,还可以直接从旅游活动中受益,因此他们对旅游的态度,不论从心理上,还是经济上,都是很"欣快"和愉悦的。他们欢迎旅游者和投资者的到来,对其不做任何形式的控制。

在第二阶段,随着旅游目的地的进一步开发和发展、旅游者客流的不断增加,目的地居民开始认为旅游活动是理所当然的事情,并被作为一种收入的来源,因此与外来旅游者的交往变得越来越正式化,旅游活动商品化的现象也日益变得明显。这时,目的地居民的态度变得"冷漠"起来。

进入第三阶段,旅游目的地的社会、文化和环境承载力已经接近或达到饱和状态。目的地没有增加新的接待设施,不能再接待大量的旅游者,旅游活动变成影响环境和居民日常生活的主要因素。目的地居民对旅游活动和旅游者产生了不满情绪和受到"烦扰"的心理感觉,因而可能被迫做出某些改变,以适应旅游的发展和旅游者数量的增加。

第四阶段是"对抗"阶段,在这个阶段,旅游目的地居民的"激怒"情绪发展到了顶点。他们公开表达对旅游的不满,认为旅游者是影响他们日常生活和导致环境恶化的罪魁祸首,并将旅游者当作他们盘剥和"宰客"的对象。

在最后的第五阶段,目的地居民认识到,旅游是不可逆转的潮流。他们没有别的选择,只能面对现实采取措施,以适应旅游的快速发展。其出路是"顺从"于旅游潮流的发展,自我适应旅游活动对目的地社区所造成的巨大影响。与此同时,旅游目的地的那些真正吸引旅游者的具有特色的吸引物,在旅游发展的洪流中(尤其是在商品化作用的冲击下)已经发生了改变和异化,因此,旅游者的兴趣也将转向新的目的地。

(资料来源:李昕. 旅游管理学. 北京:中国旅游出版社,2006:137)

复习与思考题

1. 什么是旅游态度？旅游态度的特征有哪些？
2. 简述旅游态度形成的过程。
3. 举例说明影响态度形成的诸多因素。
4. 通过具体事例说明旅游偏好是如何形成的。
5. 简述旅游态度与旅游决策的态度。
6. 结合我国旅游业现状，论述如何改变旅游产品的形象，以获得外国旅游者对我国旅游产品的积极、肯定态度。
7. 简述旅游宣传的诉求方式与说服途径。
8. 通过具体事例，讨论旅游宣传的心理策略。

第六章 旅游者的个性

【本章导读】

我国旅游心理学界的很多学者都倾向于把个性界定为：个人在先天素质的基础上，在一定的社会环境中，通过一定的社会实践活动，形成和发展起来的比较稳定的心理特征的综合。个性的形成主要受先天遗传因素、社会因素和社会实践三个方面的交互作用和影响。在旅游领域，旅游者和潜在旅游者的个性特征与其旅游行为之间存在着十分复杂又非常密切的联系。旅游者的个性倾向、生活方式、气质等方面的个性特征都对旅游行为产生影响。人的个性由三个部分组成，人的个性中的三种自我状态相互独立、相互制约、共同参与决策。这就为分析旅游者的各种旅游决策提供了富有启发性的依据。

【关键词】

个性(personality)　心理中心型(psychocentrics)　他人中心型(allocentrics)　中间型(midcentrics)　生活方式(life style)　自我状态(ego state)　儿童自我(child ego state)　家长自我(parent ego state)　成人自我(adult ego state)

第一节 个性概述

一、个性的概念

个性又称为人格,在心理学领域里用个性表示个体的差异。个性是每个人所特有的心理、生理特征的有机结合,包括遗传因素和后天获得的成分。个性使一个人区别于他人,并可以通过一个人与环境和社会群体的关系表现出来。当代学者对个性的研究并不追求一个普遍适用的人格学说,而是折中地利用各种学说来收集各种资料,然后再从中寻求存在的模式。因此,心理学界对个性的概念目前还没有一个公认的比较完满的定义,我国旅游心理学界的很多学者都倾向于把个性界定为:个人在先天素质的基础上,在一定的社会环境中,通过一定的社会实践活动,形成和发展起来的比较稳定的心理特征的综合。

个性具有外显行为,在一个人身上表现于外,给人以印象的特点;个性也具有内隐的特征,表现于内,具有可以间接推测得到和验证得到的特点。个性是人与人之间相互区别的典型的心理特征和行为特征。人与人之间既有共性,也有差异,但个性的概念强调差异。每个人都有自己独特的个性心理特征和个性心理倾向:个性心理特征主要包括气质、能力和性格;个性心理倾向指个人对客观事物的意识倾向性,主要包括兴趣、爱好、需要、动机、信念、理想、世界观等。个性心理特征和个性心理倾向这两个因素彼此联系、错综复杂地交织为一体,从而构成了人与人之间千差万别的个性。总之,个性代表了全面整体的人,是持久统一的自我,是有特色的个人,是社会化的客体。个性是对人的总的、本质的描述,它既能表现这个人,又能解释和说明这个人。

在旅游领域中,研究个性的目的主要是了解旅游者行为的差异,从而可以预测旅游者的行为,并采取有相应的措施,有的放矢地调节旅游者的行为。通过对个性理论的研究还可以帮助旅游企业根据旅游者的不同个性特征制定有针对性的营销策略。

二、影响个性形成和发展的因素

如上所述,个性(人格)的形成主要受先天遗传因素、社会因素和社会实践三个方面的交互作用和影响。

1. 先天遗传因素是个性形成和发展的基础

人们的遗传基因总是各不相同的，婴儿一出生就已从父母那里继承了一些遗传特征。这些先天遗传的特征，例如，个体的神经活动类型、感官特点、血型、智力潜能、身体状况、体貌特征等，都对个性的形成产生基础性的作用，直接影响人们形成不同的个性。遗传因素是个性形成和发展的前提条件，但对个性的形成并不起独立作用，也不能起决定性作用。现代心理学的研究成果认为，社会文化因素和社会实践活动在个性的形成过程中更具重要性。

2. 社会因素是个性形成和发展的重要条件

人是具有社会性的高级动物，每个人都是社会的人。一定的社会条件所形成的文化对个体个性的形成产生重大的影响。在诸多影响个性形成的社会因素中，家庭、学校和社会文化是最直接的、最重要的影响因素。

1) 家庭环境对个性的影响

家庭是儿童生活的主要场所，在人们个性形成的关键时期——儿童期和青少年时期，家庭生活的时间约占全部生活时间的三分之二。家庭成员中的成年人，尤其是父母的生活经验、价值观念、行为方式等都可以通过言传身教或其他潜移默化的方式影响儿童个性的形成。父母是儿童模仿的榜样，因此父母本身的个性特征也能通过言传身教直接影响子女的个性。子女的个性与父母相似，不仅仅是由于遗传的原因，家庭环境和家庭教育因素的深刻影响也起着非常重要的作用。

2) 学校教育对个性的影响

学校是人们接受系统教育的场所。学校教育通过教学活动，有目的、有计划地对未来的社会成员施加规范性的影响。学校不仅仅传授文化知识，还向学生传授社会规范和道德标准，促使学生的个性向适应社会规范和价值观念的方向发展。

3) 社会文化对个性的影响

社会文化时时刻刻都在约束着个体的言行，塑造着适应社会文化要求的个体个性。为了更好地在社会中生存，个体在成长过程中都以各自的方式对社会的要求做出反应，这就导致了个体个性与社会文化的高度一致性。

3. 社会实践是个性形成和发展的主要途径

个体的个性也是在不断地认识客观世界的社会实践中形成的。在社会实践中，个体扮演着不同的社会角色，对社会承担着相应的责任，这就促使个体在社会实践中逐渐形成符合社会要求的态度体系、行为方式等个性特征。家庭教育、学校教育和社会文化对个体的影响，为个性的形成和发展指出了方向，奠定了基础，但个体最终能形成什么样的个性，还要经历各自的社会实践过程。个体在社会实践中获得的各种经验都在塑造着个体的人格。

第二节 个性特征与旅游行为

当代学者对个性的研究并不追求一个普遍适用的个性学说，因此，在学术界也没有被普遍接受的个性特征定义。但个性作为人的复杂心理现象，对人的行为产生着极其深刻的影响。在旅游领域，旅游者和潜在旅游者的个性特征也同样与其旅游行为之间存在着十分复杂又非常密切的联系。下面从实际应用的角度，借鉴国内外心理学者的研究成果，从个性倾向、生活方式、气质等几个方面讨论各种个性特征与旅游行为之间的关系。

一、个性倾向与旅游行为

瑞士心理学家卡尔·容格主张，按照态度类型将人分成外倾型和内倾型两类。内倾型者感到自身具有绝对价值，在正常情况下重视自己和自己的主观世界，看待事物通常以自己的观点为准则，不善于适应社会环境和表达情绪。内倾者特征倾向于白日梦和自我思考，喜欢独处、沉静、畏缩、多疑，对他人存有戒心，所以这种人通常要经过反复斟酌才会对事物下结论；他们不愿意发表自己的意见，愿意服从领导和他人的安排，在压力下常常会退缩。外倾型者与内倾型者相反，其性格外向，感到身外具有绝对价值，主要指向他人和外在的客观世界。其特征为注意力及兴趣外向，用客观标准评价事物，易于对外界刺激做出反应。这种人善于交际，愿意发表自己的意见，适应能力强，喜欢活动，乐观开朗，易于冲动。在实际生活中，内倾和外倾是一个连续体，不是各自独立的两个极端。大多数人介于卡尔·容格所描述的外倾型和内倾型中间，即这个连续体中的某一个位置，兼有内倾型和外倾型的特征，只不过有的人偏向内倾，有的人偏向外倾而已，几乎没有一个人是完全的内倾型或完全的外倾型。内、外倾理论只是为人们提供了观察个性的一种方法和视角。

美国心理学家普洛格将个性心理特征分为心理中心型(也称为"自我中心型"或"保守型")与他人中心型(也称为"多中心型"或"开放型")。普洛格的研究发现，旅游者的心理特征类型模式可以用一个正态曲线表示，处于曲线两端的旅游者是完全相反的两个类型的旅游者，如图 6-1 所示。

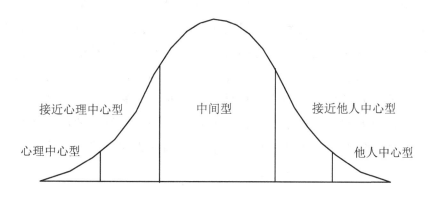

图 6-1 普洛格的旅游者心理类型

(资料来源：李昕．旅游管理学．北京：中国旅游出版社，2006：83)

心理中心型的旅游者不太具有冒险精神，不喜欢不熟悉的旅游环境，性格内向。这些人愿意前往大多数人常去的知名旅游目的地。他人中心型旅游者性格外向，喜欢冒险，在旅游度假时愿意从事那些具有冒险性、猎奇性和刺激性的活动。这些人愿意选择那些新奇的旅游目的地，并喜欢进行个人旅游。介于心理中心型和他人中心型之间的是中间型旅游者。这类旅游者有一定程度的冒险精神，但是同时又追求家一般的舒适和温馨。中间型旅游者占旅游者的大多数，还可以将其进一步划分为不同的群体，例如近心理中心型和近他人中心型。中间型旅游者的行为特征表现在某种程度上是两个极端类型的综合，如表 6-1 所示。

表 6-1 普洛格的旅游者心理特征

类　型	特　点
心理中心型	对旅行怀有不确定感和不安全感；喜欢选择与其居住环境相似的旅游目的地；喜欢旧地重游；愿意参加包价旅游团
中间型	占人口的大多数；喜欢去知名旅游目的地；并非参加探险和冒险；可能选择他人中心型旅游者发现的或偏爱的旅游目的地
他人中心型	喜欢单独旅行；进行文化探索；希望在旅游度假中寻求冒险的经历；喜欢陌生新奇的目的地；度假时希望有更多的自主活动

(资料来源：李昕．旅游管理学．北京：中国旅游出版社，2006：84)

基于普洛格的旅游者心理类型划分理论，人们发现，旅游目的地的目标市场随着时间的推移，也会发生变化。旅游度假目的地被发现后，首先光顾的是他人中心型旅游者，随着度假地知名度的提高，会吸引越来越多的旅游者。但是这个旅游度假目的地的市场发展一定会沿着"他人中心型旅游者"→"中间型旅游者"→"心理中心型旅游者"这样的轨迹发展。因此，可以做出这样的推断：外倾型或他人中心型的旅游者往往会成为新旅游目的地的第一批拓荒者和宣传者；而内倾型或心理中心型的旅游者往往是前者的追随者，成为新旅游目的地的后续游客。

从表6-1还可以看出，他人中心型旅游者的行为特征与成熟旅游者的特征很相似。学习可以使旅游者从不成熟走向成熟，通过长期不断的旅游活动，可以磨炼人的意志，也可以对人的个性产生影响，使心理中心型或内倾型的旅游者增强信心和胆略，使其个性向他人中心型或外倾型发展，逐渐成为比较成熟的旅游者。这也是社会实践对个性产生影响的一个方面。

二、生活方式与旅游行为

生活方式的主要方面包括一个人的兴趣、爱好、生活习惯、价值取向、行为规范、社会态度等因素。人们的生活方式的特点能反映出其个性特征，同时生活方式作为一种综合性的个性特征，也与人的日常生活中的各种行为密切相关，旅游行为也不例外。具有不同生活方式的人在进行旅游决策时的表现是不相同的，例如，在决定是否出游、到什么地方去旅游、采取什么旅游方式等方面的表现是不相同的。分析生活方式的特点，有助于理解和解释持有不同生活方式的旅游者的不同旅游方式和旅游行为。美国运通公司对其客源市场的分类具有很典型的效果，根据旅游者的生活方式和对其旅游产品的反应，美国运通公司将旅游者划分成以下五种基本类型。

1) 享乐型旅行者

这类旅行者富裕并且自信，愿意花钱买舒适。他们愿意放纵。这些人喜欢乘游轮航游和入住设有健康水疗设施的度假饭店。

2) 梦想型旅行者

这类旅行者经常阅读和谈论旅游，但他们对自己的旅游技巧缺少信心。他们愿意到旅游指南推荐的地方旅游，愿意购买经过实践检验的包价旅游项目。

3) 经济型旅行者

这类旅行者把旅游当作释放压力的渠道和放松的机会。即使能够支付得起，他们在服务和环境设施上的花销也会精打细算。经济型旅行者注意价格和价值。

4) 探险型旅行者

这类旅行者年轻、自信、有独立性。他们愿意体验新事物，接触文化和人。他们愿意到南太平洋和东方旅行。44%的探险型旅行者为18~34岁的年轻人。

5) 担心型旅行者

这类旅行者害怕坐飞机，旅途中做决策缺少信心。50%的这类旅行者超过50岁。他们需要那些经常旅行、有丰富经验的旅行代理帮助他们选择旅游目的地，并告诉他们如何到达那里。

百慕大政府通过对潜在的旅游度假者进行抽样调查，根据对这些潜在旅游度假者的生活方式和价值取向的调查发现了三个典型群体，具体表现如下。

1) 价格和数量群体

这个群体中的人感兴趣的是，花最少的钱看尽可能多的东西。他们希望以很便宜的价格用九天的时间去十个国家。他们认为，最好的游轮线路应该价格最便宜，并且访问的港口最多；好的旅馆应该提供廉价的住宿，游客从旅馆可以步行到希望看的每一个地方。

2) 阳光和冲浪群体

这个群体中的人到海滨度假，他们可以躺在那里晒太阳。价钱很重要，但更重要的是要找到一个旅游目的地，那里有宜人的气候、有充足的阳光和美丽的沙滩，在这里他们可以在阳光中沐浴，在碧水中畅游。

3) 质量至上群体

度假经历的质量对这个群体至关重要。这个群体的成员认为，他们辛辛苦苦地工作才换取了这个假期，现在是他们放松和被别人照顾的时候了。这个群体要求旅游目的地和住宿条件应该是一流的或者是豪华的。他们认为服务的质量非常重要，他们希望得到大量过分奢侈的照顾，并情愿为此支付公平的价钱。他们还希望品尝到美食家的饭菜，观看到精彩绝伦的演出。

根据不同旅游者在生活方式方面表现出的开放程度，还可以将生活方式划分为：封闭型、开放型和半开放半封闭型。

1. 封闭型生活方式与旅游行为

这类人重视家庭，维护传统，渴望井然有序、舒适安宁的生活，非常注意自己的身体健康。他们不愿意参与那些带有任何风险的活动，喜欢清新的空气、宁静的原生态自然山水，不喜欢喧闹、拥挤、紧张的城市生活。这类人通常不愿意外出远游，如果进行旅游的话，他们通常全家一起出游。这类人愿意比较多地呆在个人或家庭的小天地里，即使在旅游过程中他们也不愿意与家庭成员以外的其他人有过多的交往。这类人喜欢安全、不受打扰的环境，因此他们选择的旅游目的地通常是环境宜人幽静的湖滨、山庄等旅游度假地，以野营、垂钓、散步或其他户外休闲活动的方式在"静"中享受度假的乐趣。

针对这类人的旅游促销宣传应该突出旅游目的地的清洁与宁静，体现大自然的原始性，强调具有身心健康性和放松性，尤其要强调有利于孩子的教育和身心成长，提供可供全家一起度假的机会和场所。

2. 开放型生活方式与旅游行为

这类人活跃、开放、自信、外向、追新猎奇。他们乐于主动接受和尝试新鲜事物，追求时髦和潮流；希望能以各种方式更多更深入地介入社会生活中的各个层面；热衷于社交活动，渴望能够结交更多的新朋友，联络老朋友，扩大人际交往的范围；富于冒险精神，愿意到遥远陌生的旅游目的地去体验全新的生活方式和经历；他们最感兴趣的不是旅游工作者推荐他们去的地方，而是旅游工作者不让他们去的地方；他们乐于寻求具有刺激性的旅游项目，希望在"动"中获得享受，得到满足。

针对这类人的旅游促销宣传应该突出新奇和刺激，体现神秘性和独创性，强调经历和体验，显示时髦和新潮。

3. 半开放半封闭型生活方式与旅游行为

这类人兼有封闭型和开放型生活方式的特征，只不过有些人偏向封闭型，有些人则偏向开放型。这类人中的大部分希望生活安定有序，但又不满足于年复一年、周而复始的单调生活，他们既要休养生息，又想丰富自己的见闻和阅历，他们既希望能够在新鲜感方面得到满足，又希望能够在安宁和幽静中获得休闲的乐趣，得到身心的放松。因此这类人也都希望在一定时期内能够获得机会外出旅游一次，以期得到放松和休整，并开阔眼界，增长见识。这些人追求的是"动"与"静"的有机结合，希望能够在"动""静"间得到平衡。

在现代社会中，随着生活水准的不断提高，人们的生活方式也在逐渐发生变化，其趋势是从封闭型向开放型转化。同时日常生活节奏的加快使人们普遍感到身心紧张，这就使人们在旅游中又倾向于求"静"，期望以"静"来平衡日常生活中过多的"动"。另外，随着个人经济实力的增长和社会整体物质条件的改善，人们的旅游观念也在发生变化，人们变得更活跃、更自信，对未来更加充满信心，加之信用卡、电子商务等现代化的支付手段日见时尚化，这些生活方式的变化必然影响人们的旅游决策和行为。旅游企业和旅游工作者一定要充分地认识到生活方式的变化对旅游行为的影响，做好准备、有的放矢地开发新的旅游产品，制定旅游促销和旅游策划策略。

第三节 个性结构与旅游决策

加拿大心理学家埃里克·伯恩提出，人的个性由三个部分组成，即"儿童自我"状态、"家长自我"状态和"成人自我"状态。人的行为是由人的这三个"自我状态"的组成体或其中的一部分支配和控制的。

一、自我状态的三副不同"面孔"

1. 感情用事的"儿童自我"

"儿童自我"状态是一个人最初形成的自我状态，它用感情来支配人的行为，因此又称为"感情自我"。"儿童自我"状态由自发的情感、思维和行为构成，缺乏约束，想怎么干就怎么干。人的"儿童自我"状态是人的内在特质的自然流露，也是感情受挫折后的不知所措的无助表现。"儿童自我"就好像是人们内心世界中的一个永远都长不大的孩子。在"儿童自我"的支配下，人总是感情用事。"儿童自我"不懂得什么叫"合理"，什么叫"应该"，它只懂得什么能让我高兴。作为"行为决策者"，"儿童自我"只有一条"原则"，即"高兴就干，不高兴就不干"，所以我们说他是一位感情用事的行为决策者。

随着年龄的增长，人会变得越来越"懂事"，但是人的"儿童自我"却像一个永远长不大的孩子，永远是那样感情用事。一个人不管年龄有多大，当他表现出他的"儿童自我"时，他就仿佛又回到了他的童年时期，或者说他又变成了那个"童年时期的他"，那个"童年时期的他"并没有消失。他的"儿童自我"就是仍然活在他的心中，而又永远都长不大的那个"童年时期的他"。

2. 自以为是的"家长自我"

"家长自我"状态是人们通过模仿自己的父母或其他相当父母的人的态度和行为所形成的一种状态。这不是用感情，而是用权威来支配人的行为，通常以居高临下的方式表现出来，因此又称为"家长自我"或"权威自我"。"家长自我"状态为一个人提供与社会道德规范相关的信息。"家长自我"是一个人的偏见、"这么办"、是与非等方面信息的主要来源。对"儿童自我"来说，"家长自我"就好像是一位起管教和约束作用的家长。作为内心世界的另一位行为决策者，"家长自我"的特点是"照章办事"，而这个"章"就是被记录在头脑里的那些权威人士（首先是家长）的言教和身教。"家长自我"总是以"权威"自居，总是觉得自己"什么都对"，所以我们也可以说他是一位自以为是的行为决策者。

3. 面对现实的"成人自我"

"成人自我"状态不是用感情和权威，而是用理智来支配人的行为，是个性中支配理性思维和信息客观处理的部分，因此"成人自我"又称为"理智自我"。客观和理智是"成人自我"状态的主要标志。当一个人的"成人自我"状态起主导作用时，其行为表现为理智，待人接物比较冷静，处事谨慎，尊重别人，说话办事逻辑性强。"成人自我"不像"儿童自我"那样是一个永远都长不大的孩子，也不像"家长自我"那样是这个孩子的"长辈"，它是一个已经长大了的孩子，是一个已经"懂事"的成年人。

"成人自我"是一个能够用理智来支配人的行为的"自我"，而且能够用理智来支配自己的行为，这正是成年人与未成年人的不同之处。"成人自我"不像"儿童自我"和"家长自我"那样只有"记录"和"重播"的功能，它最重要的功能是能够从现实生活中搜集资料和进行独立思考。"成人自我"并不是只有成年人才有的，它的形成和发展是一个过程，而且这个过程从人的童年时期就开始了。独立思考的开始就是"成人自我"形成和发展的起点。

与"儿童自我"和"家长自我"不同，"成人自我"是一位面对现实、认真思考的行为决策者。一事当前，是感情用事还是照章办事，是面对现实、认真思考还是自以为是，这要看是哪一个"自我"在个人的行为决策中起主导作用。在处理生活中的各种问题和与人交往时，能够让"成人自我"在自己的行为决策中起主导作用是心理成熟的一个重要标志。

二、自我状态与旅游决策

人的个性中的三种自我状态相互独立、相互制约、共同参与决策。这三个"自我"分别用感情、权威和理智来支配人的行为，它们是人们内心世界中的三个不同的"行为决策者"，这为分析旅游者的各种旅游决策提供了富有启发性的依据。一个人去不去旅游、选择什么样的旅游目的地、采取什么样的旅游方式，其内心中的三个"自我"都会有不同的观点。如果这三种自我状态的观点不一致，旅游决策就不能形成。由于这三个"自我"在旅游决策中所占的优势不同，所以即便是同一个人，对同一件事也完全有可能做出不同的反应。不同的"自我"占上风，就会导致不同的旅游决策结果。

人们内心中的"儿童自我"用感情支配行为，因此，在通常情况下，许多主要的旅游动机比较明显地存在于"儿童自我"状态之中。"儿童"富有好奇心，"儿童自我"最易于受到旅游的吸引。不管一个人的年龄有多大，往往只要一想到阳光、沙滩、森林、公园、风景区等，心情就会激动不已，内心中的"儿童自我"就会对旅游跃跃欲试，自然而然地流露出旅游动机。

然而"家长自我"则往往采取保留态度，因为它按规矩行事，记录了许多道德规范和行为准则，因此做任何旅游决策之前，首先都要比照这些标准进行衡量。"家长自我"对"儿童自我"那种本能地受到旅游乐趣吸引的状态，通常持批评和保留态度。"家长自我"指责"儿童自我"的旅游要求，批评旅游是贪图享乐、浪费时间和金钱的行为。因此，人们内心中的"儿童自我"和"家长自我"往往处于相互对峙的冲突状态。

"成人自我"用理智来支配人的行为，它在"儿童自我"和"家长自我"之间进行调节和仲裁。它面对现实，理智地看待问题，在"儿童自我"和"家长自我"之间摆事实、讲道理，力争做出合理、公正、客观的旅游决策。当一个人的"儿童自我"和"家长自我"为是否外出旅游而争论不休、僵持不下时，"成人自我"扮演着仲裁者和调节者的角色，发挥着关键性的调和作用，并努力设法使旅游的决策合理化。"成人自我"一方面说服"家长自我"同意"儿童自我"的旅游要求，另一方面则说服"儿童自我"听从"家长自我"的劝告和建议。

旅游工作者了解个性结构中的三个"自我"是十分必要的。从旅游促销的角度讲，旅游促销广告宣传表面上是针对旅游者或潜在旅游者个人，但实际上应该针对人的三种自我状态同时做工作。要想让人们去旅游，就要使旅游者或潜在旅游者内心中的"儿童自我"动心，"家长自我"放心，"成人自我"省心。

让"儿童自我"动心，就是设法让儿童自我动心。用形象生动的广告宣传，展示旅游目的地的迷人风采，可以激发人们的旅游动机。"儿童自我"动了心之后，旅游者并不一定能立即下决心做出旅游决策，因为照章办事的"家长自我"常常对新鲜事物、新奇事物抱有怀疑的态度。这就要求旅游促销广告或人员有针对性地设法理性地说服旅游者的"家长自我"，使其明白该项旅游的实际意义和从中可以获得的益处，进而劝说其放弃自己的固有偏见，使其同意"儿童自我"的旅游要求。如果"家长自我"接受了旅游促销广告或人员的观点，它就会放心了，就不会去阻拦"儿童自我"的旅游欲望和要求了。"儿童自我"和"家长自我"都表示同意做出旅游决策之后，作为仲裁者的"成人自我"要面对现实，要了解涉及行、游、住、食、购、娱等方面的种种具体问题，因此需要收集和处理与旅游决策相关的各种信息和资料，这是一件很费时劳神的工作。如果旅游促销广告和人员能够有针对性地向"成人自我"传输有关旅游产品的各种具体细节，使其在收集信息方面不至于太费时劳神，"成人自我"就会觉得省心，就可以理智地做出相应的旅游决策。旅游者内心中的三个"自我"都投了赞成票之后，旅游者就可以信心十足地下决心购买该旅游产品，从而使旅游成为现实。

参考信息

"价值观+生活方式"与消费行为

美国斯坦福研究院(Standford Research Institute, SRI)在进行了大量的调查和研究的基础上，于1978年开发出了VALS市场细分系统。VALS是"价值和生活方式(Values and Lifestyles)"的英文缩写。VALS系统也是进行旅游市场细分的有效工具。后来，斯坦福研究院又对VALS系统的一些指标进行了修正和改进，开发出了第二代VALS系统(VALS2)，如图6-2所示。

VALS2可以用一个网状结构来表示，纵向为资源差异，横向为个人导向。纵向维度衡量的指标包括收入、教育、自信力、健康、购买欲望等；在横向维度上，将消费者分为三类：原则导向者遵循自己固有的生活准则；地位导向者易受身份地位的影响；行动导向者喜欢体育活动，追求变化和冒险。用VALS2可以将美国的消费者细分成8个群体，如表6-2所示。

表6-2 VALS2系统细分出的8种美国大众生活方式

生活方式		具体表现
自我实现者(Actualizer)		收入最高、自尊心强、拥有丰富的资源；消费选择指向"生活中最好的东西"
原则导向	履行者(Fulfilled)	成熟、负责任、受过良好教育的专业人员；乐于接受新观念；收入高、讲究实际、价值导向的消费者
	信仰者(Believer)	生活围绕着家庭、教堂、社区和国家；是保守和可预测的消费者，喜欢美国产品和名牌产品

续表

	生活方式	具体表现
地位导向	成就者(Achiever)	成功、工作导向、从工作和家庭中获得满足；喜欢名牌产品
	奋斗者(Striver)	价值观和成就者相同，但是缺少资源；竭力模仿其心目中的偶像，因此时髦和式样是非常重要的
行动导向	体验者(Experiencer)	最年轻的细分市场，平均年龄 25 岁；追求多样性和刺激；欲望强烈；把钱花在服装、快餐、音乐和其他年轻人喜爱的东西上
	生产者(Maker)	讲究实际、重视自给自足；集中于熟悉的东西
	挣扎者(Struggler)	收入最低；生活受到限制；在经济条件允许的情况下，忠诚于品牌

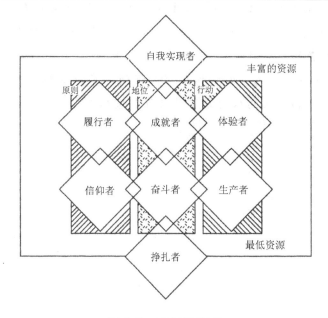

图 6-2　VALS2 系统

(资料来源：李昕. 旅游管理学. 北京：中国旅游出版社，2006：86～87)

复习与思考题

1. 什么是个性？
2. 举例说明影响个性形成和发展的各个因素。
3. 结合成熟旅游者的特征分析心理中心型与他人中心型旅游者的行为特点。
4. 结合自己或他人的旅游经历解释生活方式和旅游行为的关系。
5. 根据旅游者对旅游产品的反应，可以将旅游者分为哪些典型的类别？举例说明各个类别旅游者的主要特征。
6. 选择一个旅游目的地，假定你是旅游促销人员，你应该如何运用三个"自我"的理论向旅游者和潜在的旅游者做旅游促销宣传？

第七章 社会因素与旅游行为

【本章导读】

在社会生活中的不同场合，人们总是在自觉或不自觉地扮演着不同类别的社会角色。人们在生活中逐渐学会在不同群体中扮演不同的角色，并在所属的群体中按角色规范行事，行为表现符合社会行为的标准。在旅游活动中，旅游者所扮演的角色，往往完全不同于他们在日常生活时所扮演的角色。旅游是日常生活之外的生活，在旅游情境中，人们为了追求愉快而进入了一个幻想世界。旅游者在这个幻想世界中，会把束缚其行为的日常义务与责任完全忘掉，其行为标准会明显不同于日常生活中的行为标准。旅游作为一种休闲消费行为，也必然在很大程度上受到家庭因素的影响。这些影响主要表现在家庭结构、家庭生命周期和家庭旅游决策等方面。旅游消费行为不但与其经济收入相关，而且与其所在的社会阶层有着更直接的关系。从研究消费者行为的角度，文化被认为可以用来调节某一特定社会的消费行为、价值观念和生活习惯。对旅游目的地而言，外来文化的影响会随着来访旅游者数量的不断增加而逐渐加大。但是当地居民对这些外来文化的感知程度却和外来文化对当地文化的影响程度成反比。消费行为的基本特征及亚文化也毫不例外地受到社会文化的影响。

【关键词】

社会角色(social role)　家庭生命周期(family life cycle)　社会阶层(social class)
休闲矛盾结构(leisure Paradox)　家庭旅游决策(family tourism decision)
社会文化(social culture)　社会文化影响(social cultural effect)

第一节　社会角色

　　心理学中通常把个体在特定的社会文化环境中所形成与之相适应的个性特征，以及掌握该社会公认的行为方式的过程称为社会化。个体在社会化过程中，按照个性的发展与社会的要求，其位置逐步稳定，权责逐步清晰，观念逐步形成，行为逐步规范，个体的身份逐步得到所属群体的认可，这种个体社会化后所形成的定位，称之为社会角色。简而言之，社会角色是指人们在社会的各种组织和群体中的"身份"。在社会生活中的不同场合，人们总是在自觉或不自觉地扮演着不同类别的社会角色。人一生中所扮演的角色也是多种多样的，而且往往同时担任多个社会角色。例如，某一个人在单位是旅行社的部门经理，在政界是市政协委员，在家里是父亲、是丈夫，在学术界是某大学旅游学院的客座教授，在业余生活中是摄影爱好者和集邮爱好者。

一、角色规范

　　人是有个性的，但社会角色是"非个性"的。也就是说，各种各样具有"个性"的人，在扮演同一种社会角色时基本上按照同样的要求去行事，不应该过分强调或者突出自己的"个性"。所谓角色规范，就是指个体在取得其角色的身份和位置后，必须按照社会的要求，实施其角色行为，而角色行为有既定的社会标准(包括法律、伦理、道德、习惯等)，这种符合角色身份和社会要求的行为模式被称为角色规范。

　　人们在生活中逐渐学会在不同群体中扮演不同的角色，并在所属的群体中按角色规范行事，行为表现符合社会行为的标准，这种现象称为"从众"。从众对群体和社会是有利的，它将使团体和社会行为协调一致，减少行为冲突，使传统习俗得以继承，流行风尚得以形成。

　　社会生活中的许多规章都是针对某一特定的社会角色制定的，并不是针对扮演这一角色的具体的某一个人。例如，"导游员行为规范"就不是针对某一个导游员制定的，而是为导游员这种社会角色制定的。因此，不论是哪一个人，只要你做导游员，就要受这个行为规范的约束和限制，就要遵守这个行为规范。而在导游员的业余生活中，由于其社会角色改变了，其行为就不必受这个行为规范约束和限制了，但是要受所扮演的其他社会角色的角色规范的约束和限制。

二、角色期待

社会或团体对其成员按照既定的角色规范履行权利和义务的心理倾向，称为角色期待。角色期待反映了社会对个体的期望。教师、父母、学生、公务员、酒店服务员、导游员等，都是不同的社会角色，各自都有着明确的角色规范，社会对他们也都有明确的角色期待。个体一旦成为某一社会角色，就应该努力学习，尽快掌握好角色特征，扮演好既定的社会角色。因为一个人以某一个特定的社会角色去与他人交往时，其行为就要受其所扮演的这种社会角色的制约并要接受社会的监督，这个人的所作所为就必须与其扮演的角色一致，就理所当然地应该满足别人对他的角色期待。也就是说，在社会这个大舞台上，"演什么就应该像什么"。例如，作为一名教师，就要为人师表，教书育人。社会和学生对教师角色的期待通常为：能够将尽可能多的知识，用最好的方法传授给学生，关心学生的全面成长，平易近人，富于爱心，举止得体等。如果一个教师不能满足人们对他的角色期待，他就不是一个合格的教师，也就是说，他没有扮演好教师这个角色。

三、角色冲突

角色冲突指个体在角色扮演时所遭遇的心理困境。角色冲突通常可以分为以下三种类型。

1. 个体内不同角色之间的冲突

个体内不同角色之间的冲突指个体由于同时扮演数种角色而不能周全兼顾时所受到的心理困扰。例如，某女士是独生女，在家里备受父母的呵护和宠爱，而在工作的酒店里则是为"上帝"服务的餐厅服务员。她经常为自己所从事的服务性工作而苦恼，尤其是遇到过分挑剔的客人时，常常按捺不住心中的怨气，与客人发生冲突。这就是一种角色冲突，是作为女儿的家庭角色与作为餐厅服务员的职业角色之间的冲突。其原因是，这位女士在工作中没能真正进入餐厅服务员的角色，或者说，没能真正退出作为掌上明珠的女儿的角色。同样，旅游者在旅游活动中如果不能及时退出在现实工作中的角色，还念念不忘工作中的种种烦心琐事，就不会过得愉快，无法得到真正的放松和休闲。

2. 个体外不同角色之间的冲突

个体外不同角色之间的冲突指个体与个体之间，由于所扮演的角色不同所产生的心理困扰。人与人之间应该是平等的，但是当人们扮演着不同社会角色进行交往时，却常常是不能平起平坐的，因为不同的角色规定了各自不同的权利和义务，人们一旦进入某一个角色就要各行其职，一些角色与另一些角色之间常常是不"平等"的，是会有冲突的。例如：客人在享受服务时，服务人员与客人是不可能平起平坐的，因为服务人员是要为客人服务的，平起平坐就体现不出谁是服务者，谁是服务对象了。导游员和旅游者、酒店服务员和客人、管理者和员工、产品的生产者和产品的使用者之间的角色矛盾，都属于不同角色之间的冲突。

3. 角色内冲突

角色内冲突指个体在扮演某一角色时，由于不能妥善处理所面临的种种矛盾而引起的心理困扰。例如：旅游消费者既要求旅游产品质量好，又希望价格低廉；激烈的市场竞争使生产经营者陷入求质量和求价廉的两难困境等，都是角色内的冲突。

四、旅游角色

在旅游活动中，旅游者所扮演的角色，往往完全不同于他们在日常生活中所扮演的角色。旅游是日常生活之外的生活，在旅游情境中，人们为了追求愉快而进入了一个幻想世界。旅游者在这个幻想世界中，常常把束缚其行为的日常义务与责任完全忘掉，其行为标准会明显不同于日常生活中的行为标准。旅游者所扮演的角色因为不受日常生活中的行为准则的限制，所以有很大的灵活性和伸缩性，有更多的选择余地，个体的个性更容易充分地表现出来。这种角色的错位对旅游者也是一种挑战或刺激，因此在一定程度上，这可能也是旅游的魅力所在。

人们在旅游环境中所选择的旅游角色有很大的灵活性和游戏性，在某种程度上，可以认为旅游角色是游戏角色。旅游者外出旅游时，其行为既可以不同于当地人的行为，也可以不同于其在家时的行为。旅游者可以毫无顾忌地喝酒、唱歌、跳舞、打牌、钓鱼、骑马；可以充分体验与亲朋好友在一起的亲密无间的人际关系；可以体验与陌生人交往的独特人际关系；可以以在日常生活中不能做到的方式袒露和表白自己的内心世界。旅游者的行为可能同其在日常生活中的行为截然不同，旅游者在旅游这个脱离了常规生活的舞台上，常常有较大的冲动性、随意性和知觉范围的广泛性，常常会表现出一些"放纵"的、甚至有悖常理的行为。在旅游这个"游戏世界"中，有些旅游者甚至可能会做出一些有悖于伦理道德的事情(例如，赌博、酗酒、参与色情活动等)。因为在旅游这个游戏舞台上既没有导演的指导，也没有表演规则，甚至还缺少外在的监督，因此，旅游角色常常具有脱离常理的倾向。为此，旅游企业和旅游工作者既要尽可能地满足旅游者的需要，为旅游者提供他们所喜欢的东西和服务，又要抵制某些旅游者的不健康的、违法的或有悖社会道德习俗的不当要求和行为。

第二节 家庭与旅游行为

家庭作为社会生活的基本自然单位，是与人们的消费心理状态密切相关的群体，同时家庭也是重要的闲暇群体。据调查，在美国人参加的文化闲暇活动中有近40%是属于家庭性质的。旅游作为一种休闲消费行为，也必然在很大程度上受到家庭因素的影响。这些影响因素主要是家庭结构、家庭生命周期和家庭旅游决策等。

一、家庭结构

家庭结构状态，影响着消费需求的重点、消费动机的类型、消费能力的大小等。在研究消费心理和行为时，通常将现代家庭划分为三种典型结构形态。

1. 配偶家庭

配偶家庭指仅有夫妻双方而没有子女的家庭。这类家庭有两种情况：一是未生育子女的家庭；二是空巢家庭，即子女都已经长大成人，脱离父母自立门户的家庭。这类家庭在正常情况下，有比较高的收入，消费不受子女或其他负担的拖累，旅游消费的欲望比较强烈，消费能力也比较高，个性化消费的倾向也比较大。

2. 核心家庭

核心家庭，又称为基本家庭，由夫妻与他们的子女共同组成。核心家庭是现代社会的主流家庭模式。西方社会的典型核心家庭通常由父母和一对子女组成，而我国的绝大多数核心家庭则由三个人构成，即父母和一个孩子。这类家庭的消费，除了维持家庭的正常开支之外，重点会放在孩子的成长和教育上。父母的角色强化在工作过程中，而在消费中的主体地位却被淡化，孩子通常成为家庭的消费重点。

3. 复合家庭

复合家庭由三代或三代以上的家庭成员构成，其基本结构特征是"上有老，下有小"。这类家庭由于家庭人口多，劳动力少，人均收入水平通常相对比较低，因此整个家庭的消费能力通常处于维持基本生活的低水平状态，追赶潮流的个性化消费的倾向很小。

二、家庭生命周期

家庭生命周期就是家庭的发展过程，指一个家庭从诞生开始经历不同的发展阶段，直至最后消亡的整个过程。心理学的研究成果认为，在家庭生命周期的整个变化过程中，家庭的规模在不断变化，家庭成员由于阅历的逐渐丰富而变得日渐成熟，这就导致了家庭成员在价值取向、态度、兴趣、需要等方面也必然会发生变化。家庭生命周期的变化实质上是家庭成员年龄的变化，一个人的年龄对其从事旅游活动的行为和特点具有重要的影响，青年人、中年人和老年人所预期的旅游经历和旅游行为是截然不同的。消费者的行为在一定程度上是受其家庭生命周期所处的阶段影响的。通常，人们用于旅游休闲活动中的可自由支配的金钱和时间是随着家庭生命周期的不同阶段而变化的。例如，人们随着年龄的成熟(结婚的中青年人)，事业也会步入高峰，这时可自由支配的用于旅游休闲活动的金钱会很多，但是人们在这个阶段由于需要为事业而奋斗，反而可能会没有太多的可自由支配的时间。这种矛盾的变化被称为"休闲矛盾结构"(Leisure Paradox)，如图7-1所示。

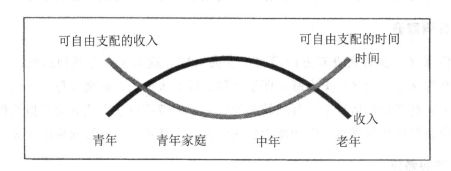

图 7-1 休闲矛盾结构

(资料来源：Swarbrooke J.. *The Development and Management of Visitor Attractions* (2nd Ed.). Singapore: Elsevier Science, 2002, 东北财经大学出版社影印出版, 2005: 83)

家庭生命周期的划分方法很多，最简单的方法是依据夫妻双方的年龄将其划分为三个阶段：青年阶段、中年阶段、老年阶段。受收入、年龄、家庭角色、家庭需要等因素的影响，家庭生命周期的各阶段表现出不同的旅游消费心理和行为。

1. 青年阶段

在传统家庭的青年阶段，夫妻双方的年龄在 35 岁以下，这一阶段还可以进一步分为两种类型：已婚无子女和已婚有子女。

已婚无子女时期又称为"蜜月期"，这段时期比较短，一般不超过两年。但是在现代社会中，随着人们观念的转变或者由于事业和经济上的因素，很多青年人并不想过早生儿育女，他们希望更长时间地享受"两个人的世界"，因此这段"蜜月期"很可能会延续好多年。在这段时间里，夫妻除了要花费一定的财力构建家庭基础外，度假旅游是一项重要的消费活动。青年夫妻一般都会意识到有了孩子后，自由支配的时间、金钱和精力将会减少，外出旅游将会受到限制。基于这一认识，"蜜月期"的青年夫妻常常是旅游消费领域中的活跃群体。

除非选择终身不育或离婚，传统家庭在婚后的几年里将有孩子出世，这时家庭生命周期进入了青年时期的已婚有子女阶段。青年夫妻一旦有了孩子，家庭生活方式就会发生很大变化。由于孩子年龄小，加上时间、经济及精力等方面的原因，人们外出旅游的可能性一般不会太大，偶尔出游，也要视孩子的兴趣和教育等的需要而决策。

2. 中年阶段

在一家之主的年龄达到 35 岁以后，家庭生命周期就进入了中年期。除了已婚无子女或离婚家庭，家庭生命周期在这一阶段可以分为满巢期和空巢期。

满巢期指有子女家庭的家庭成员完整时期。大多数传统家庭的中年阶段都包括青少年子女，这些孩子的年龄大致在 6~18 岁之间。这类家庭的生活方式或多或少地是以子女为中心，具有实用主义的消费心理倾向。这类家庭能否外出旅游，在很大程度上取决于家庭的经济状况和父母对旅游的态度。如果家庭的经济状况良好，同时父母重视对子女的教育，父母把旅游当作开阔子女眼界、增加子女知识的机会，就会经常组织全家外出旅游。通过旅游满足子女长知识、受教育和全家共享天伦之乐的需要。

空巢期指子女成年后独立，仅剩下年长的父母的家庭时期。子女长大成人，各自离开之后，不再需要父母抚养，因此父母的经济负担就大大地减轻了，在经济上就有了比较大的自由度，具备了充分享受较高水平消费的条件。同时，由于子女的离开，夫妻也开始考虑新的生活方式，旅游的欲望也会变得更加强烈，更加迫切。如果经济上允许，他们可能会到更遥远的旅游目的地去休闲度假。

那些已婚无子女的夫妻，在这个家庭生命周期阶段中，应该是无忧无虑的，因为绝大部分中年人事业上都取得了一定成就，由于没有子女的拖累，大多数人的经济状况也比较优越。这些人大都舍得把大笔钱花在旅游度假上。

3. 老年阶段

一家之主退休标志着家庭生命周期的老年阶段开始。退休意味着生活方式和经济状况要发生变化，他们能否外出旅游主要取决于经济状况和身体条件。那些退休金丰厚或有大量积蓄，且身体健康状况良好的老年夫妻大都希望享受积极的退休生活，使自己的心理得到调理，因此外出旅游就是一种主要的生活方式。在现实生活中，我们在世界各地的主要旅游目的地地区、旅游景区、景点和风景区、旅游度假区常年都可以看到很多成双成对的老年夫妻游客。很多旅行社和旅游部门也都把"银发旅游"作为一种推销策略来吸引老年旅游者。

另外，从传统家庭或标准家庭的角度(不考虑单亲家庭、丁克家庭等因素)，还可以将家庭生命周期进一步划分为八个阶段：单身青年、青年夫妻(无子女)、满巢Ⅰ期(学龄前子女)、满巢Ⅱ期(学龄子女)、满巢Ⅲ期(大龄子女)、空巢Ⅰ期(工作、无子女)、空巢Ⅱ期(退休)、老年独居(退休)，如图7-2所示。

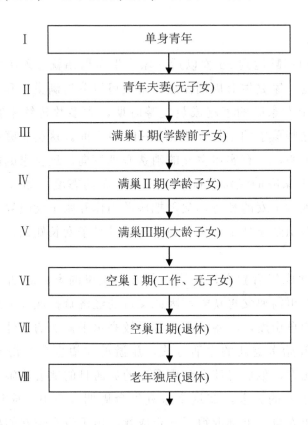

图7-2 传统家庭生命周期

(资料来源：Weaver D., Oppermann M. *Tourism Management*. Milton, Australia: John Wiley & Sons Australia, Ltd, 2000：189)

值得指出的是，在传统社会中，把家庭生命周期作为研究旅游者行为或者旅游市场细分的一个重要变量是合理的，也是可行的。但是随着社会的发展和变化，尤其是人类社会进入 21 世纪以来，家庭的结构发生了很大的变化：离婚率上升，单亲和单身家庭数量增加，放弃生育的丁克家庭增多等。据统计，1990～2000 年间，美国的单身和单亲家庭的增长率超过了已婚双亲家庭。因此，把传统的家庭生命周期作为分析和研究旅游者行为的一个变量和旅游市场细分的一个标准在某种程度上显现出了一定的非合理性。旅游经营者、旅游管理者、旅游工作者和旅游研究者应该清楚地认识到这一点，在分析和研究旅游者行为时应辨证地使用家庭生命周期这个变量。

三、家庭旅游决策

在现代社会中，家庭的规模已趋小型化，其中核心家庭最具代表性。下面以核心家庭为例分析家庭旅游决策。在核心家庭中，丈夫、妻子和子女在家庭中的地位和作用不尽相同，因此，对家庭旅游决策产生的影响也不一样。随着社会的进步，家庭的经济状况会发生变化，家庭中夫妻双方的地位也会发生变化，这种变化也必然会影响到家庭旅游决策的方式。总体上讲，现代家庭成员的地位日趋平等，决策方式日趋民主，家庭中的很多决策往往都是通过共同协商的方式做出的。我国旅游心理学研究者借鉴国外的研究成果，通常将家庭旅游决策的方式归纳为四种主要类型：丈夫主导型；妻子主导型；共同影响，一方决策型；共同影响，共同决策型。

美国学者詹金斯对美国家庭中各个成员在度假旅游决策过程中，在一些方面所起的不同作用进行了分析和研究；戴维斯对夫妻双方在购买某些商品方面做决策的影响力做了比较全面的分析和对比。综合这两个学者的研究成果，对照家庭旅游决策方式的四种主要类型，可以发现家庭旅游决策类型与决策内容之间存在如下一些比较明显的关系或者倾向，如表 7-1 所示。

表 7-1　家庭旅游决策类型与决策内容的关系

家庭旅游决策内容	家庭旅游决策类型
旅游度假目的地	丈夫主导
旅游食宿条件	丈夫主导
食品及厨房用品	妻子主导
妻子和子女的服装	妻子主导
是否带孩子一起旅游	共同影响，一方决策

续表

家庭旅游决策内容	家庭旅游决策类型
旅游度假时间的长短	共同影响，一方决策
旅游度假的日期	共同影响，一方决策
旅游交通工具的选择	共同影响，一方决策
旅游度假活动的内容	共同影响，一方决策
是否外出旅游度假	共同影响，共同决策
旅游度假的花费	共同影响，共同决策

(资料来源：刘纯．旅游心理学．北京：高等教育出版社，2002：134，略有改动)

从表 7-1 可以看出，在诸多旅游决策过程中，旅游度假目的地和旅游食宿条件的决策权明显掌握在丈夫手中，而妻子控制的领域主要包括食品和服装等生活用品。这可能是社会角色期待的结果，男孩从小就被认为应该勇敢、富于冒险，长大成人以后由于工作的需要也可能会经常外出，因而见多识广，这就使丈夫在选择旅游度假地点、食宿条件等方面具有优势，有发言权；而妻子则由于性别角色的缘故，理所当然地在采购食品、服装等日常生活用品方面具有发言权。很多方面的决策，例如，是否带孩子一起旅游、旅游度假时间的长短、旅游度假的日期、旅游交通工具的选择、旅游度假活动的内容，虽然是一方做出的，但是在决策过程中夫妻双方都在互相施加影响。在是否外出旅游度假和旅游度假的花费两个方面的决策中，夫妻双方中的任何一方都没有表现出明显的主导支配作用。对这些旅游决策，夫妻双方都会主动参与，发表自己的见解，相互施加影响，最后达成双方比较满意的协议，共同做出决策。

在家庭旅游决策中，由于儿童的见识有限，很少参加信息收集和信息评价，所以儿童本身在家庭旅游决策过程中并不起主导作用，只起间接的影响作用。但是父母都非常重视对子女的教育，让子女受教育也是一种比较重要的旅游动机。在以一个孩子为主体的中国家庭中，这种重视子女教育的倾向表现得尤为明显。因此，虽然孩子本身通常并不直接参与家庭旅游决策，但是孩子对家庭旅游决策的影响是很大的。为了使孩子能够得到受教育的机会，父母往往乐于做出旅游决策。在具体的旅游决策中，孩子的学习休息时间对决定家庭旅游的时间起着重要的作用。另外，孩子的兴趣和需要也往往影响着家庭对旅游目的地、旅游活动的内容、旅游交通工具、食宿条件、旅游食品等方面的选择。

第三节 社会阶层与旅游行为

社会是由从事不同职业、扮演不同角色的各种人组成的。并不是所有的人都拥有相同的权力、相同的财产或相同的价值；不是所有的职业都具有相同的名望；在社会等级方面，有些人的地位比较高，有些人的地位则比较低。我们把具有相同职业地位和角色地位的人划归为一个相同的社会阶层。通过对消费者心理的研究，人们发现个人的消费结构不但与其经济收入相关，而且与其所在的社会阶层有着更直接的关系。尤其是当收入水平达到维持温饱水平以上时，个人的消费模式与社会阶层的联动关系表现得更为明显。旅游消费行为也同样表现出与社会阶层的联动关系。

一、社会阶层的划分

社会阶层的划分，通常是以收入、教育水平、职业状态和心理感受等项指标为依据，但是中外社会阶层的划分标准和方法并不完全相同。

1. 中国社会阶层的划分方式

根据中国社科院于2001年12月发表的《当代中国社会结构变迁研究报告》，依据各个社会阶层对组织资源(政治资源)、经济资源、文化资源的占有情况，即对这三种资源的拥有量和所拥有的资源的重要程度，当代中国社会可以划分为十个社会阶层，它们分属五种社会地位等级：上层、中上层、中中层、中下层、底层，如图7-3所示。这十个社会阶层如下。

(1) 国家与社会管理者阶层，指在党政、事业和社会团体机关单位中行使实际的行政管理职权的领导干部。中国的社会政治体制决定了这一阶层居于最高或者较高的社会地位等级，是整个社会阶层结构中的主导性阶层。这一阶层在整个社会阶层结构中所占的比例约为2.1%。

(2) 经理人员阶层，指大中型企业中非业主身份的中高层管理人员，包括三种人：从原国有和集体企业行政干部队伍中脱离出来的职业经理人、较大规模的私营企业或高新科技产业领域中的民营企业的经理、"三资"企业的中高层管理人员。他们在当前的社会阶层结构中是主导阶层之一。这一阶层在整个社会阶层结构中所占的比例约为1.5%。

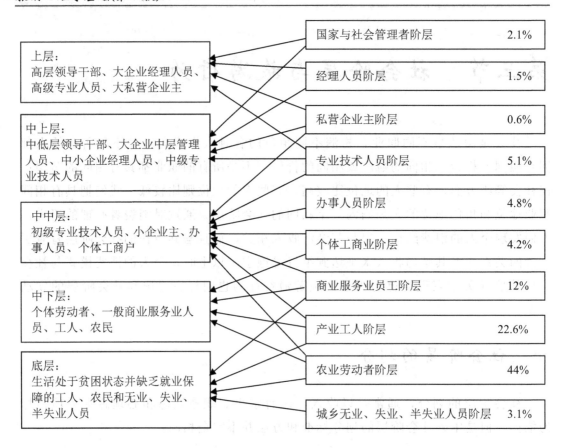

图 7-3 中国社会五大社会等级与十大社会阶层

(资料来源：徐汎. 中国旅游市场概论. 北京：中国旅游出版社，2004：211)

(3) 私营企业主阶层，指拥有一定数量的私人资本或固定资产并进行投资以获取利润的人，按照现行的政策规定，包括所有雇用八个员工以上的私营企业的业主。由于传统意识形态的阻碍，私营企业主阶层的政治地位一直无法与其经济地位相匹配，他们对社会政治生活的参与受到很大局限。这一阶层在整个社会阶层结构中所占的比例约为 0.6%。

(4) 专业技术人员阶层，指在各种经济成分的机构(包括国家机关、党群组织、全民企事业单位、集体企事业单位和非公有制经济企业)中专门从事各种专业性工作和科学技术工作的人员。他们的学历比较高，并且具有适应现代化、社会化大生产的专业分工的要求的专业知识及专门技术。这一阶层在整个社会阶层结构中所占的比例约为 5.1%。

(5) 办事人员阶层，指协助部门负责人处理日常行政事务的专职办公人员，主要由党政机关的中低层公务员、各种所有制企事业单位中的基层管理人员和非专业性办事人员等组成。这一阶层是社会阶层流动链中的重要一环，其成员是国家与社会管理者、经理人员和专业技术人员的后备军。同时，工人和农民也可以通过这一阶层实现上升流动。这一阶层在整个社会阶层结构中所占的比例约为4.8%。

(6) 个体工商业阶层，指拥有少量私人资本(包括不动产)并投入生产、流通、服务业等经营活动或金融债券市场，而且以此为生的人。例如，小业主或个体工商户、自我雇佣者或个体劳动者以及小股民、小股东、出租少量房屋者等。这一阶层在整个社会阶层结构中所占的比例约为4.2%。

(7) 商业服务业员工阶层，指在商业和服务行业中从事非专业性、非体力和体力劳动的工作人员。由于中国目前的商业服务业还不发达，而且产业层次比较低，商业服务业员工阶层在整个社会阶层结构中所占的比例还不够大，这一阶层的绝大多数成员的社会经济状况与产业工人阶层较为类似。这一阶层在整个社会阶层结构中所占的比例约为12%。

(8) 产业工人阶层，指在第二产业中从事体力、半体力劳动的生产工人、建筑业工人以及相关人员。在社会转型时期，这一阶层人员的社会、经济地位明显下降。这一阶层在整个社会阶层结构中所占的比例约为22.6%。

(9) 农业劳动者阶层，指承包集体所有的耕地，以农(林、牧、渔)业为唯一或主要的职业，并以农(林、牧、渔)业为唯一收入来源或主要收入来源的人员。这一阶层的人员在整个社会阶层结构中的地位比较低。1999年，这一阶层在整个社会阶层结构中所占的比例约为44%。

(10) 城乡无业、失业、半失业者阶层，指无固定职业的劳动年龄人群(在校学生除外)。这一阶层的许多成员处于贫困状态。这一阶层在整个社会阶层结构中所占的比例约为3.1%。

2. 国外社会阶层的划分方式

美国学者沃尔特斯和保罗为了研究人们的消费行为，把美国社会划分为六个不同的阶层(见表7-2)，这种划分方式在像美国那样的西方发达社会中比较具有代表性。

表7-2 美国社会阶层划分

社会阶层	成 员	占人口比例
上上层	连续三、四代富户，地方名门望族、贵族、商人、金融家或高级专业人员、财富继承者	1.5%
上下层	新显身于上等阶层者、"暴发户"、高级官员、大型企业创建人、医生、律师	1.5%
中上层	中等成就的专业人员、中型企业主、中级行政人员	10%

续表

社会阶层	成　员	占人口比例
中下层	普通人社会中的上层、非管理者身份的职员、小型企业主、蓝领家庭	33%
下上层	普通劳动阶层、半熟练工人、收入水平与中上层和中下层相同的人	38%
下下层	非熟练工人、失业者、少数民族及未入籍的外国移民	16%

(资料来源：沈祖祥．旅游心理学．福州：福建人民出版社，1998：145，略有改动)

二、社会阶层与旅游行为

社会阶层对消费行为产生直接的影响，旅游消费行为也不例外。社会阶层对旅游消费行为的影响主要表现在以下两个方面。

1. 同一社会阶层的旅游消费行为具有相似性

同一社会阶层的人在价值观、行为准则、消费观念、需求动机等方面都具有一致性，因此在旅游消费行为上也表现出很明显的相似性。中国社会阶层中的中下层和底层人员几乎用收入的绝大部分或全部来维持基本生活，其消费行为是被生理需要牵着走的，因此，求廉、求实是这些人的主导性消费动机。经济实力决定了这一阶层的家庭不会有太明显的旅游动机，偶尔出游，也只是光顾本城市内的某些廉价或免费项目，其消费行为的特点是立即获得感和立即满足感。中国社会阶层中的中中层人员的家庭在维持生理需要的前提下，收入略有节余，因此，他们有可能开始谨慎地扩展消费项目，由于经济并不宽裕而具有强烈的忧患意识，所以又不敢贸然扩大消费范围。在旅游方面，这些人往往认为，到某个遥远的地方去旅游是轻率的、不现实的，因此毫无兴趣。他们理想的旅游方式是到本城市内或附近的旅游目的地，以观光为主，很难进行真正意义上的度假旅游。中国社会阶层中的中上层人员的家庭由于经济不再拮据，个性消费开始形成，他们开始按照自己的心理倾向扩展消费领域，增加消费项目。这些人大都是事业上的成功者，他们的消费活动指向是社会接受性。因此，他们在对旅游活动的选择和实际活动中常常表现出自信、开明、体面。他们更爱冒险，更看重新的经历。随着中国现代化进程的加快，中国社会中的中间阶层在整个社会阶层中的比例会越来越大，因此可以将他们称为旅游队伍中的生力军。上层阶层的家庭已经完全具备良好的生活条件，因而追求个性化消费已经成为明确的消费主题，享受型服务性消费在其消费结构中所占的比例很大。他们外出旅游时注重成熟感和成就感，消费要符合自己的身份。根据国外的经验，这个阶层的家庭消费行为往往被较低阶层的成员视为楷模，较低阶层的家庭通常都渴望上升到较高阶层，因此他们会竭力效仿较高阶层家庭的消费行为。上层家庭已经失去了物质消费的激情，不再有普通人那种消费的冲动和满足感。高档消费在他们的生活中已经变得常规化，因此在旅游消费中，他们表现出明显的张扬性、摆阔气性和挥霍性。

2. 不同社会阶层的旅游消费行为具有明显的差异性

不同社会阶层由于具有某种程度上的不同价值观念和行为准则，因而在旅游消费行为和倾向上表现出明显的差异性，其主要差异概括如下。

(1) 不同社会阶层的消费观念不同。维持生理需要与发展动机，求实、求廉与求新、求美、求名的动机，眼前动机与长远动机等均属于不同社会阶层的旅游消费者。例如，美国中产阶级的支配性消费观念是"进取的、发展的"，而下层阶层的消费观念主要倾向于"生存"和"维持"。

(2) 不同社会阶层的消费内容不同。维持资料、发展资料和享受资料在不同社会阶层的消费结构中所占的比例不同。例如，享受资料在上层社会阶层中所占的比例一定比下层社会阶层高得多。又如，低阶层的成员外出旅游乘飞机的比率肯定比高阶层的成员低。

(3) 不同社会阶层获取和传播消费信息的渠道不同。低阶层消费者习惯于口碑式人际传播或者从大众性传播媒体中获取信息，因此，旅游工作者都知道面向普通民众阶层的旅游广告应该登在大众性的晚报或晨报之类的媒体上。而高阶层消费者则倾向于从专业性、高品位的刊物上获取消费信息，因此，专业性、高品位的杂志或者在飞机上发行的航空杂志常常刊载高档次、豪华型的旅游项目的促销广告，以吸引高阶层的旅游者。

第四节　社会文化与旅游行为

一、文化概述

1. 文化的定义

文化的内涵十分广阔，从广义上可以把文化定义为：人类群体所特有的，能够与非我群体相区别的活动方式，以及这种特有活动所创造和凭借的物质财富与精神财富。文化是人类在社会历史发展过程中，不断继承、总结、改造、创新，逐渐积累起来的物质和精神财富的总和。物质财富可以视为文化的结晶,构成了文化的表层和有形部分,也称为物质文化;而活动方式既是物质财富的谋求规范,又是精神财富的具体体现;精神财富是文化的精髓,是文化的实质和核心层面。从某种意义上看,文化是一个社会的"个性",因此,生活在某一社会中的人们不可避免地要受到某种特定文化的影响。从研究消费者行为的角度,文化被认为可以用来调节某一特定社会的消费行为、价值观念和生活习惯。

2. 文化的特征

虽然不同的国家、不同的地区、不同的民族都拥有不同的文化,但是各种文化都具有某些基本特征,下面简要介绍其中的几个主要特征。

(1) 无形性和广泛性。作为精神财富,文化是无形的。人们在日常生活中通常难以清楚地感知到文化的存在,只有与其他文化接触时,在不同风俗、不同社会价值观念的影响和对照下,人们才会意识到文化差异的存在,才会意识到某种文化对自己的影响。文化虽然是无形的,但是这种"无形的"文化对人类的影响却是根深蒂固的、广泛的。社会文化无处不在,无处不有。每个人都离不开文化,文化为全体社会成员共有,是整个社会的共同财富。

(2) 习得性。文化不同于人的生理特征,人类并非生来就带有某种文化意识,文化是后天习得的。人们从出生开始就生活在社会环境中,不断通过直接和间接的方式获得构成社会的一系列观念、价值和习惯,并在心中留下了深深的烙印。因此,文化实际上是社会实际经验的一部分。

(3) 稳定性与动态性。文化一经形成,便以风俗习惯、价值观念、行为方式等形式表现出来,并且以特有的稳定方式保持下来,代代传递下去。但是文化同时又具有动态性,随着社会的发展和进步,文化也在不断变化和发展。我国人民旅游消费观念的变化就体现了文化的动态性。20世纪60年代,人们以俭朴为荣,一切都是为了工作,为数不多的闲暇时间往往也成为工作时间的延伸,花费时间和金钱外出旅游度假简直是不可思议的事情。从20世纪90年代开始,人们的价值观念和消费观念发生了巨大变化,人们普遍认为旅游休闲活动是生活质量的体现,赚钱是为了获取旅游休闲活动的经济基础,努力工作的目的是为了更好地休闲,更好地享受人生。因此,人们更加重视精神生活,更加重视闲暇时间和休闲,"花钱买享受"已被普遍认为是对工作的补偿和奖赏,旅游变成了主要的休闲度假项目,旅游逐渐成为一种被人们普遍接受的社会时尚和基本生活方式。

3. 旅游对文化的影响

一个地区,随着旅游资源和设施的开发逐步成为旅游目的地,旅游一定会对当地的文化产生一定程度的影响，当地居民也一定会感知到旅游者带来的异邦或异地文化的影响。对旅游目的地而言，外来文化的影响会随着来访旅游者数量的不断增加而逐渐加大，当外来文化的影响达到一定程度后，外来文化会在某种程度上潜移默化地改变着当地固有的传统社会文化。但是当地居民对这些外来文化的感知程度却和外来文化对当地文化的影响程度成反比，即随着旅游目的地的发展，外来文化对旅游目的地的影响会越来越大，但是当地居民对外来文化影响的感知程度却越来越弱。在旅游目的地开发的初期，虽然来访的旅游者的数量不多，但是当地居民却能强烈地感知到这些旅游者带来的异样文化，对这些新奇的异样文化充满了好奇心和神秘感。随着旅游目的地的进一步开发，越来越多的旅游者进入该地区，当地居民逐渐熟悉了外来旅游者带来的异样文化的特征，对外来文化的侵润表现得越来越麻木，表现出一种见怪不怪、习以为常的态度，随着时间的推移，人们甚至会适应这些文化的影响并接受这些文化。这种关系可以用重叠在一起的一个正三角形和一个倒三角形来表示，如图 7-4 所示。

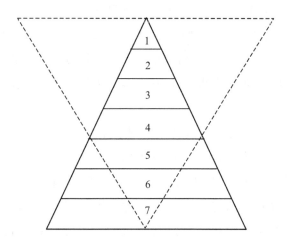

图 7-4　旅游者带来的外部文化与当地居民对外来文化的影响的知觉

(资料来源：李昕. 旅游管理学. 北京：中国旅游出版社，2006：127)

图 7-4 表示外来旅游者对目的地社会文化的影响程度与当地居民对外来文化的感知程度之间的关系，其中实线的正三角形表示外来旅游者对旅游目的地社会文化影响的程度逐渐加大。随着旅游目的地的开发和发展，来访游客的数量越来越多，他们带来的外部文化对当地社会文化的影响也会越来越大。虚线的倒三角形表示旅游目的地居民对外来社会文化影响的感知程度逐渐降低。随着外来大众旅游者数量的不断增加，当地居民对外来文化的神秘感变得越来越淡薄，对外来文化影响的感知程度也变得越来越弱，随着时间的推移，目的地居民甚至会对外来文化的侵润显得麻木，视而不见，达到几近被同化的地步。

二、社会文化对旅游行为的影响

社会文化影响着人们的行为，消费行为也毫不例外地受到社会文化的影响。下面通过分析消费文化的基本特征及亚文化对消费行为的影响，来探讨社会文化对旅游行为的影响。

1. 中国消费文化的主要特征

中国传统文化博大精深，有很多独特之处，很难对其做出十分准确的描述，这里只能就其与众不同之处作些探索性的分析。在中国传统文化中，以下几个方面的内涵与西方文化有着明显的差异，并对中国人的消费行为产生着深刻的影响。

(1) 循例从众。循例就是以传统和先例为评价原则，从众则是放弃独立思考，观念上随波逐流。这种认知方式导致消费者在消费上的盲从，在做消费决策时往往不进行理性的独立思考，很容易受朋友、同事等的消费导向及社会潮流的影响和左右。中国市场曾经出现和正在出现的种种消费热潮，例如，"黄金首饰热"、"购汽车热"、"炒股票热"、"购房热"等，都与这种认知模式有关。从2000年开始的"旅游黄金周"期间出现的全国旅游"大塞车"现象，在某种意义上也与这种认知模式相关。

(2) 重义轻利。重义轻利是中国传统文化的根基之一。义是道德规范，利是个人利益，重义轻利就是道德因素重于利益实惠。这一传统评价方式也反映在中国古代的探险活动中，无论是徐福东渡日本，还是郑和下西洋，其目的都是要发展文化、传播文明、加强与外界的交流。而在西方，不论是哥伦布发现新大陆，还是麦哲伦远航，都是出于扩大版图和掠夺财富的目的。重义轻利评价方式下的消费行为具有"舍利取义"的特点，在消费结构中表现为应酬性消费所占的比例比较大。在应酬性消费中，为了显示自己的"重义"倾向，人们所表现出的消费水平往往高于自己的实际支付能力。

(3) 克己节欲。中国传统的文化造就了人们克己节欲的心态。节制个人欲望被视为美德，而放纵个人欲望则被视为腐败和道德败坏。这种文化影响反映在消费观念上，其表现是重视积累，重视储蓄，但轻视消费。克己节欲的文化传统还造就了中国人的内敛的性格倾向，使人们对旅游有一种内在的抵制和反对倾向。"父母在，不远游"，"在家千日好，出门一日难"，"看景不如听景"等传统说法都或多或少地反映了这种抵制旅游的倾向。

2. 亚文化与消费行为

文化还可以划分为主文化和亚文化。主文化也称主导性文化，是指全体社会成员共有，并对其心理与行为起主导作用的文化。亚文化也称次文化，是社会中某一群体特有的，居从属地位的辅助性文化。亚文化群体的成员都典型地遵从自己生活中的主文化群体的大部分价值观，但也恪守他们所属的亚文化群体的独特价值观、习俗和生活方式等。民族、地理位置、宗教、社会阶层、年龄等因素都可以形成特定的亚文化群体。不同的亚文化价值观念也会对亚文化群体成员的消费行为产生很大的影响，这种影响也必然会反映在旅游消费行为中，表现如下。

(1) 民族文化的影响。我国是一个多民族的国家，在中华主导文化的基础上，各个不同民族都有其各自的亚文化，因此，各民族在价值观念、风俗习惯、生活方式等方面都具有鲜明的特色。这些亚文化特征必然会影响该亚文化群体成员的消费观念和消费行为。例如，经济水平相对滞后和封闭的亚文化群体的需求必然狭窄，消费动机必然单一，因此，在消费上会具有明显的排他性，不愿意接受自己不熟悉的商品，对旅游活动的态度也一定不会积极。

(2) 地域文化的影响。由于地理条件和区域性质不同，文化特征也会在地域的基础上形成差异。即使是同一民族，由于地域的不同，文化特征也会出现差别。比如，我国现实社会中的沿海文化、内地文化、城市文化、农村文化、南方文化、北方文化等都各具特色。同是汉族同胞，由于生活在不同的地区，就会表现出不同的亚文化特征，例如，价值观、方言、习俗和行为方式等。这些具有不同地域特色的亚文化对人们的行为也产生着很大的影响。例如，北方人豪放粗犷，在饮食行为上表现出乐于豪饮，喜欢吃粗粮；而江南地区的人简约细腻，在饮食上讲究美味，喜欢吃精细食品。如，赵本山等表演的小品，就是典型的带有中国东北地区特色的亚文化。

(3) 宗教信仰的影响。宗教信仰是一种意识形态，各种宗教的信仰者都相信，现实世界之外还存在着超自然的神秘力量在主宰人间和超人间的事物。世界上的宗教种类繁多，主要有基督教、佛教、伊斯兰教等。具有不同宗教信仰的人，其思想观念、行为方式等都会受到宗教的强烈约束和影响，作为旅游者其消费行为也自然会受到宗教信仰的影响。例如，信奉伊斯兰教的人食用清真食品，不饮酒；信仰基督教的人受《圣经》的影响，忌讳数字"13"，如果"13"与星期五重合就更是忌讳之至。旅游经营者和旅游工作者在提供旅游服务时一定要考虑到旅游者的宗教信仰，尊重旅游者的宗教习惯。

参考信息

外国人眼中的中国文化价值

莫克(Mok)和德佛朗哥(DeFranco)注意到占世界人口五分之一的中国有着潜在的巨大旅游消费市场,并预测随着旅行限制的放松和可自由支配收入的增加,中国的出境旅游市场将迅速成长,并在详细分析各种文献的基础上得出了中国旅游者的主要文化价值的概念范围:

- 中国旅游者在旅行中更喜欢购物活动。
- 中国消费者与西方消费者相比较,更易于受到集体中意见主导者的影响。
- 中国消费者对关系营销技术更加敏感。
- 中国消费者的品牌意识超过西方人。
- 中国的个人旅游服务消费决策很可能是集体决策的结果。
- 中国消费者对广告不太敏感。
- 中国消费者对产品或服务中的数字更加敏感(例如,"8"字与幸运和发财相联系,而"4"则有不祥的含义)。

随着中国经济的发展,对产品和服务的需求也在增长。然而,如果旅游公司想进入这个市场,第一步就必须了解中国的文化价值以及中国旅游者如何决定他们的旅游选择和期望。

(资料来源:史蒂芬·佩吉,等. 现代旅游管理导论. 刘劼莉,等译. 北京:电子工业出版社,2004:191~192,略有改动)

复习与思考题

1. 什么是社会角色？研究角色规范、角色期待和角色冲突对旅游活动和行为有什么意义？
2. 研究家庭生命周期对旅游产品的开发和销售有什么意义？
3. 社会阶层对人们的旅游消费行为产生怎样的影响？
4. 通过实例论述我国传统消费文化的特征对我国人民旅游消费行为的影响。
5. 举例说明旅游者带来的外部文化的影响和当地居民对外来文化影响的感知程度之间的关系。
6. 试从文化的基本含义出发，总结大学生群体的亚文化特征。

第八章 旅游服务与服务质量

【本章导读】

服务就是要按照顾客的要求和期望去满足他们的需要。旅游服务企业如果要提供"最佳服务",就意味着要超越旅游消费者的期望值。由于提供的产品的性质不一样,因此旅游服务行业在提供产品方面与产生有形产品的企业存在很多不同。在旅游服务行业中,质量并不是一个简单的事实,质量实际上是消费者心中的一种感觉。旅游服务质量除了受服务对象的体验的直接影响外,还受旅游服务过程中各个不同环节的影响。顾客对服务质量的感知就是其期望值与实际服务水平之间的差距,即"感知"="期望"-"质量"。 质量不是目的地,质量是一个旅程,质量是一个运动的目标,因为顾客的期望值是不断发生变化的。戴明、朱兰和克罗斯比分别从不同的角度阐述了质量管理和质量控制的准则。

【关键词】

服务(service)　服务质量(service quality)　期望值(expectation)　质量拼图(quality jigsaw)　质量管理(quality management)

第一节 服务的概念

一、服务的定义

在现代社会中，繁忙的现代生活方式使人们的生活压力越来越大，"你死我活的激烈竞争"已经不再是委婉的词语，而是活生生的现实。要缓解这些压力，其中很好的一个解决办法就是购买一些服务，使人们不必每件事都事必躬亲。用这种购买服务的方式不但可以缓解人们日常生活中的一些压力，而且还可以从中体会到一种被呵护、被照料的感觉，会感觉到自己的确"很重要"，会油然产生一种强烈的自尊感，因为有人在侍候自己：为自己下厨房、端菜送饭、整理床铺、洗熨衣物或提供娱乐等。

在广义上，通常可以将"服务"的概念定义为："为他人工作"或"为他人干活"。但是在现实生活中，人们发现，从这个角度定义"服务"并不全面，具有一定的局限性。例如，如果一个顾客在一个餐馆就餐时，点了一道红烧排骨，等了15分钟之后，服务员却端上来了一只香酥鸡。人们很难将此称之为"服务"，尽管这也符合"为他人工作"或"为他人干活"的定义。

由此可见，仅仅从服务的提供者(服务者)的角度来考虑"为他人工作"或者"为他人干活"这个单一的因素是不能确切地定义"服务"的。要完整、全面地给"服务"下定义，需要考虑的重要因素应该是服务的接受者(服务对象)的感受和期望值，也就是顾客或消费者的感受和期望值。因此，从服务的接受者(服务对象)的角度，"服务"的准确定义应为服务就是要按照顾客的要求和期望去满足他们的需要。对任何一个旅游服务企业(包括饭店或餐馆等)而言，每个顾客光顾时，都会对其产品和服务抱有一定的期望值，也会对自己与这个企业打交道时的经历寄予一定的期望。如果一个顾客得到的服务的水平超过了他的期望值，他就会感知到较高的服务质量。如果他得到的服务的水平没有达到他的期望值，他就会感知到较低的服务质量。事实上，在每个顾客的头脑中都有一个天平，每个顾客都会将自己得到的服务与自己的期望值进行比较。在这个意义上，旅游服务企业如果要提供"最佳服务"，就意味着要超越旅游消费者的期望值。

二、旅游服务行业的特性

我们在第一章中已经讨论了旅游产品不同于有形的物质产品的一些基本特性。同样,生产无形产品的旅游服务企业也与生产有形产品的企业在很多方面都存在着不同。旅游服务行业担负着生产无形产品的任务,例如,舒适、享受和愉悦的经历和体验,而服务又与顾客的情感幸福和期望值相关。人们都知道,在旅游的过程中,旅游者在餐馆里点一碗手擀海鲜面的感觉一定完全不同于在超级市场里购买一包快餐面的感觉。为什么会产生这种不同的感觉?其原因是,手擀海鲜面和快餐面里面蕴涵的"服务"程度不一样。由于提供的产品的性质不一样,因此旅游服务行业在提供产品方面与生产有形产品的制造业存在很多不同。下面是旅游服务行业在提供产品方面所具有的一些基本特性。

1. 产品的性质不同

制造业提供的是有形的产品,而服务行业提供的是无形的服务产品。人们可以把有形的产品拿在手里,感觉一下、摇一摇、闻一闻,对有些产品甚至还可以品尝一下(如食品)、试一下(如服装、鞋帽等)或测试一下(如计算机、电视机、汽车等)。因此,消费者购买有形产品之前,可以用多种方式对产品进行评价。旅游服务行业提供的无形产品却无法让消费者在购买之前用上述方法进行评价。顾客要了解无形产品的质量,就必须亲自体验。由于消费者在购买之前无法对服务产品进行评估和测试,因此只能依靠其他人的经验,这就是所谓的"口碑"。旅游企业为了解决这个问题,经常向消费者或潜在消费者提供旅游度假产品或旅游度假地的多媒体音像资料,使这种"虚拟"的旅游经历具有一定的"真实性"。旅游者在选择饭店时,可能会考虑如下因素:地理位置、服务设施(如温泉设施、康体设施、商务中心等)以及他们预期的服务内容,但是具体住在哪个房间要等旅游者抵达之后才能知道。客人抵达后才开始使用饭店的设施,在饭店就餐和娱乐,但是这并不是其购买的全部内容。客人可能会购买饭店提供的其他服务,例如,送餐服务、行李服务、洗衣服务等,所有这些服务也都是无形的。从营销的角度,饭店必须设法说服潜在的客人购买其提供的各种服务,而这些服务是很难用图片展示的,有时甚至也是无法用语言充分描述的。

2. 顾客在生产中的作用不同

在制造业中,顾客不参与产品的生产。快餐汤是在工厂中生产和包装的,顾客购买快餐汤要到超级市场或者便利店。生产快餐汤的工人看不到喝汤的消费者,想喝汤的消费者也不必到工厂去。因此，生产和消费这两类活动不论在时间上还是地点上都是完全分开的。但是在服务行业中，则是另外一种情形。餐馆或酒店在某种意义上其实是一个工厂。这个"工厂"为来到这里的消费者生产服务产品，顾客在这里通常能够亲眼看到服务人员把各种"服务"组合在一起，有时候顾客甚至可以直接参与生产"服务"的过程，例如，顾客吃自助火锅时自己动手选择菜品配料和按照自己的口味烹制火锅，他们本身就成为食品生产过程和服务过程的一部分。同样，就旅游活动而言，旅游活动的全过程既是旅游者对旅游产品的消费过程，也是旅游产品的生产过程。当然，某些服务可能会比另外一些服务更需要服务人员和服务对象的相互作用。由于顾客要参与服务产品的生产过程，因此旅游服务企业需要对员工和顾客的相互作用进行管理，这是制造业从未遇到过的问题。

3. 人是产品的一部分

在旅游服务行业(包括饭店、餐馆及旅游景区和景点)中，消费者不但与员工接触，而且还与其他消费者接触，因此，其他消费者或顾客就成为服务产品的一部分。在这个意义上，不但企业员工的服务态度在提供"服务产品"(例如，"友好"和"美好的经历")的过程中起重要作用，而且其他顾客的行为表现也是旅游消费者的整个消费体验中的一个重要部分，这些顾客的行为表现通常也会影响服务的质量。例如，你看电影或演出时，如果你身后的观众不保持安静、窃窃私语或高声喧哗，虽然电影或演出很精彩，你也会感到很扫兴。如果你到一个高级餐厅是为了和情侣享受一个宁静而浪漫的夜晚，但是恰巧邻桌有几位青年学生正在举办生日晚宴，他们非常兴奋、高声喧哗、又说又唱，你和情侣的这个夜晚就一定会变得既不宁静也不浪漫。同样，如果你身着盛装去参加一个高雅的招待酒会，参加招待会的其他客人的雍容华贵的服饰和彬彬有礼的得体举止也会增加你的兴致。总之，与消费者打交道的，既包括员工也包括其他顾客，他们都是服务产品中不可分割的一部分。他们的举止行为表现通常是决定服务质量差别的重要因素之一。

4. 保持质量控制的标准比较难

在制造业中，工厂生产的产品在出厂之前可以进行质量检查。只要设计和制定恰当的质量控制程序，并进行恰当的质量检查，残次产品就不会出厂。但是在服务行业中，由于服务和舞台表演一样，是实时进行的，因此就意味着发生错误或者失误是无法避免的。例如，一位"假日饭店"的总经理这样描述在服务行业中质量控制的难度："我们不能像宝洁公司的质量控制工程师那样，在生产线上控制产品的质量……当你购买一盒'象牙牌'肥皂时，你有 99.44%的把握，这个产品能够把衣服洗干净。但是当你购买享受'假日饭店'一间客房时，你对下面这些因素的把握程度一定会低一些,例如,'我们是否能让你睡一个不受干扰的好觉;其他客人是否会把墙壁弄得砰砰响;在其他饭店里可能发生的不愉快事情是否会在这里发生。'"

5. 没有库存

在制造行业,制造商们可以将其产品存放在仓库中供需要时使用。然而,由于"服务"是现场表演,因此不可能事先制造出来,或者储存起来备用。这就意味着有时会出现供不应求的现象。如果饭店客满,就会拒绝接待客人;餐馆的客人也可能要等候一小时或更久才能够有空桌。例如,2006年春节期间,香港迪斯尼乐园因为入园游客爆满,只得限制入园游客的数量,使大批手中持有有效门票的游客(包括来自中国内地的游客和外国游客)被拒之门外,引起了中外游客的强烈不满和香港特别行政区政府的关注。因此,基于服务行业的这一特征,控制需求通常成为旅游服务行业的营销重点之一。

6. 时间的因素更加重要

旅游服务行业的大部分"服务"是在其"工厂"(即消费现场)里提供的,因此旅游消费者必须亲自到现场才能接受服务。消费者来到之后,都期望能够得到快捷的"及时"服务,也就是希望得到"即要即得"式的服务。在餐馆就餐,顾客不但期望立刻点菜,而且期望所点的饭菜能够在其可以容忍的合理时间内端到餐桌上。因此,与制造业生产产品相比,服务行业在生产服务的过程中时间通常起着更重要的作用。顾客要接受服务就必须要等待有人来"表演"服务,可能要等一小会儿,也可能要等很长时间。而消费者如果需要制造产品,则不用等待,因为产品已经存放在货架上了。由于在旅游服务方面顾客必须要等待才能得到服务,因此旅游服务企业就必须制定策略,使顾客在等待服务的期间不会感觉到被忽视或者被轻视。例如,美国佛罗里达州的"迪斯尼世界",就十分注意游客在等待期间的感受和体验。"迪斯尼世界"在园内每个排长队等待参观的景观外面都设置了播放录像的大屏幕,并且有迪斯尼卡通人物出现与游客交流,还有现场表演,这样就使游客忘掉了等待期间的烦恼。

7. 销售渠道不同

在制造行业,生产产品的公司用卡车、火车或飞机将产品从工厂运送到批发商、分销商或零售商手中,然后由他们将产品销售给最终消费者。但是在旅游服务行业,情况就完全不同了,顾客要直接进入创造服务的"工厂"或者直接与创造服务的"工厂"接触(只有少数情况例外,例如,外卖送餐服务)。例如,饭店的顾客可能会用电话或者互联网预订房间,也可能请秘书或旅行社代办,但是不论哪种情况,顾客最终还是要亲自到现场接受服务的。因此,旅游服务行业必须要训练员工与顾客打交道的人际交往能力。制造行业的员工则基本上不需要这些技能。在服务行业,即使有中间商参与(例如,旅行社),旅游企业的员工向其顾客传送服务也需要很多"人际关系技能"。消费者购买的服务并不能机械地由制造商输送给中间商,然后再传送到消费者手中,因为旅游服务是无形的。然而向顾客传送物理产品的制造行业,例如,把产品从工厂传送到仓库,然后再传送到零售商店,则不太需要这种人际关系技能。

第二节 服务质量

一、服务质量的概念

质量的概念起源于制造业,而且与消费者的满意度相关。加文(Garvin)认为,质量的概念包含五个方面的内容:出众、以产品为基准、以使用者为基准、以制造为基准、以价值为基准。

我们在前面已经讨论了旅游服务行业的特性,由于旅游服务行业存在这些特性,制造行业所采用的质量标准通常不适用于旅游服务业,而旅游服务业质量的概念也要比制造业的质量概念更复杂。虽然加文提出了质量概念所包含的五个方面的因素,但是大多数服务质量研究方面的专家和学者都倾向于用以使用者(即消费者或顾客)为导向的方式定义服务质量的概念。因此,服务行业的质量概念可以这样定义:对服务的要求就是满足顾客的需要,因此服务质量就是要将顾客的实用性和满意度作为核心来考虑。旅游消费者通常都希望在旅游过程中体验与他人不同的旅游经历,为了迎合和满足旅游者的要求,旅游服务企业就必须为其量身定做不同的旅游产品,这也使得旅游服务产品的质量标准变得更加复杂化。

在旅游服务行业中,质量并不是一个简单的事实,质量实际上是消费者心中的一种感觉。简而言之,服务质量就是服务的接受者的看法。因此,旅游消费者是否会认同所获得的服务的质量主要取决于两个方面的因素:旅游者作为消费者的个人态度、预期值及过去的经历;旅游者预期在购买旅游产品之后能得到的好处。由于旅游的复杂性,旅游产品的质量可以被视为一个拼图。在这个拼图中,有很多规格不同但同等重要的拼图版块，这些形状各异的拼图版块对旅游者来说是同等重要的(例如，天气、飞机上的服务、酒吧和餐饮服务、购物环境等)，它们必须完美地结合在一起才能满足旅游者的需要，在旅游者的心中产生良好的感觉，使旅游者获得美好愉悦的旅游体验。图 8-1 展现了一个旅游过程所涉及的旅游服务质量的拼图。

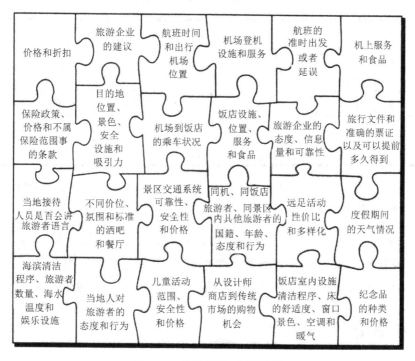

图 8-1　旅游服务质量拼图

(资料来源：约翰·斯沃布鲁克，等. 旅游消费者行为学. 俞慧君，等译. 北京：电子工业出版社，2004：185)

旅游服务质量除了受服务对象的体验的直接影响外，还受旅游服务过程中各个不同环节的影响，例如，旅游者与服务人员的接触、提供服务所用的时间、是否向旅游者提供了恰当正确的服务等。

二、评估服务质量

服务质量对提高顾客的满意度是十分重要的，因此人们创造出了很多改善服务质量的技术。然而对旅游服务行业的服务质量进行评估却并不容易。帕拉苏拉曼(Parasuraman)、蔡特哈姆(Zeithaml)和贝里(Berry)通过大量的研究于 1985 年首先采用了服务质量问卷调查的方法，即 SERVQUAL 方法，对服务行业的服务质量进行评估。SERVQUAL 方法的核心功能是，顾客通过比较其接受的服务的水平和期望目标可以得出对该服务的感知。帕拉苏拉曼(Parasuraman)等人认为，顾客通常用 5 个方面的测量尺度来评价服务质量，即可靠性、感情移入、有形性、响应度、信任度，如表 8-1 所示。

表 8-1 评价服务质量的 5 个测量尺度

测量尺度	定 义
可靠性	可靠、准确地提供所承诺的服务的能力
感情移入	关心顾客，并对顾客进行个性化照顾
有形性	物理设施、设备、员工及沟通材料的外观和外貌
响应度	乐于帮助顾客并为顾客提供快捷迅速的服务
信任度	员工的知识水平、礼貌水平；员工向顾客传递信心和激发顾客信任的能力

(资料来源： Bowie D.，Buttle F. *Hospitality Marketing: An Introduction*. Burlington, MA, USA: Elsevier Butterworth-Heinemann, 2004：249)

采用 SERVQUAL 方法就是让消费者填写按照上述尺度设计的问卷调查表，然后通过统计及计算得出消费者对服务质量的评价。简而言之，顾客对服务质量的感知就是其期望值与实际服务水平之间的差距，即"感知"="期望"–"质量"。

三、质量管理理论

质量已经成为一个企业成功必不可少的因素。如前文所述，质量管理的目标很简单，即通过提供产品和服务不断地满足或超越顾客的期望值。当然，这些产品和服务的价格既要使顾客感到物有所值，又要使企业获得利润。质量不是目的地，质量是一个旅程，质量是一个运动的目标，因为顾客的期望值是在不断发生变化的。质量和质量管理的概念和理论最早起源于制造行业，后来逐渐渗透到服务行业中，因此源于制造行业的一些经典质量管理理论也是旅游服务行业进行质量管理和控制的理论基础和依据。

1. 戴明的质量管理方法

产品和服务的质量好坏，主要应该由使用者(消费者)来判断。但是遵照消费者的需要和期望行事并不是件容易的事，因为消费者的需要和期望总是在不断变化的。戴明(Deming)提倡管理者必须要面向未来，致力于不断改进产品和服务，这样才能在激烈的竞争中处于领先地位。他提出，企业获利的方法是吸引回头客，这些回头客会把他们对企业所提供的产品或者服务的感知(即对质量的体验)告诉给其他顾客。戴明把他的观点总结为著名的"14点质量方法"：

- 建立恒久的目标。
- 采用新的理念。
- 不依靠检查取得质量。
- 不要总是选择价格最低的供应商。
- 永恒不断地改进生产和服务系统。
- 实行职业培训。
- 实施领导。
- 消除恐惧。
- 消除部门之间的障碍。
- 不空喊口号。
- 消除工作指标(定额)。
- 消除障碍使员工不因为工作质量而失去自尊。
- 实施有生命力的教育计划和自我改进计划。
- 让公司中的每个人都为完成改革任务而工作。

戴明认为，如果企业的管理者能够做到这些，不但会提高产品质量，还会提高生产率。因为建立了质量管理体系，所以一开始就不会出错。因此，企业就会节省或者避免用于返工、招回产品或者丢失顾客方面的成本。

2. 朱兰的质量理论

朱兰(Juran)提出的质量概念很宽泛，他将质量定义为"可用性"。使用者(消费者)做出产品或服务具有"可用性"的判断之后，就可以得出该产品或服务对他们是有用的结论。如果产品的功效满足了消费者的预期，顾客就会认同其质量。人们说某种产品或服务的质量好，是因为这种产品或服务可以做好他们所期望的事情，可以按照他们所期望的方式工作。朱兰认为质量管理与财务管理很相似。财务管理包括三个过程：财务计划、财务控制和财务改进。同样，质量管理的过程也包含与财务管理相似的三个步骤，即质量计划、质量控制和质量改进，如表 8-2 所示。从质量管理的角度，朱兰还开发了质量成本会计系统(COQ)。他区分出四种不同的质量成本：内部缺陷成本(产品和服务提供给顾客之前发现的缺陷)、外部缺陷成本(产品和服务提供给顾客之后发现的缺陷)、评估成本(检查原料或者材料的状况所需的成本)、预防成本(用于防止缺陷的成本)。

以一个餐馆为例，其内部缺陷成本可能是厨房中烹制的不合格的食品在送给客人之前被替换掉的成本。而外部缺陷成本则可能是替换一个错误的菜的成本，例如，客人点了水煮鱼，但服务员却送上了红焖鱼。评估成本可能是检查从供应商处购买的食品的费用，防止这些食品的质量、规格和数量没有达到应有的质量标准。预防成本包括为了避免出现质量问题，对员工和供应商进行培训的费用和与其沟通所需要的费用。朱兰还认为，产品和服务的零缺陷的目标在经济上是不可行的，因为在某种程度上，这样做的代价太高了。他提出应该用不断改进的方式取得最佳的质量。

表 8-2　朱兰的质量管理过程的三个步骤

质量计划	质量控制	质量改进
• 确定顾客是什么人 • 确定顾客的需要	• 评估现行的产品特性 • 比较现行产品的特性，以实现生产目标	• 建立基础设施 • 确定改进的项目
• 根据顾客的需要开发特色产品 • 完善生产过程以生产出特色产品 • 设法使计划具有可行性	• 针对差异采取行动	• 建立项目组 • 给项目组提供资源、培训和动力： 　① 分析原因； 　② 不断促进完善； 　③ 建立质量监控体系，以保持改进的成果

(资料来源：Christine Williams，等. 旅游与休闲业服务质量管理. 戴斌，等译. 天津：南开大学出版社，2004：75，略有改动)

3. 克罗斯比的质量理论

克罗斯比(Crosby)提出"质量是免费"的观点，他认为预防产品缺陷的成本将远远低于纠正错误和丢失顾客的损失。克罗斯比将质量定义为"符合要求"，他认为任何按照设计标准连续重复生产的产品都是高质量的。质量改进的目标是最终产品是零缺陷的，而产品的零缺陷是通过预防取得的，不是事后通过检查得到的。克罗斯比认为，要改进产品或服务的质量，企业的管理层必须改变思维。如果管理者的期望是有缺陷的产品，那么他们得到的产品将会是有缺陷的，因为员工们可能会认为，管理者对出现有缺陷的产品是容忍的，因此管理者的期望值应该是优质产品。

典型案例

曼谷的文华东方酒店的优质服务

在文华东方酒店预先登记的客人会被问及他们将乘坐的航班号及是否需要从机场到酒店的豪华轿车服务(曼谷的交通很糟糕，很难找到出租车，文华东方酒店的豪华轿车的价钱与出租车相同)。客人一出曼谷机场的海关就会受到酒店经理助理的问候。他拿过客人的行李牌并同时通知豪华奔驰轿车，在客人等待行李和汽车的时候，他记下客人的登记信息和信用卡信息。客人离开机场时，经理助理用无线电话将客人的名字和车牌号提前告诉酒店。客人的车抵达饭店门口时，门童称呼客人的名字问候客人，此时另一位经理助理立即陪同客人直接到房间。根据客房等级的不同，文华东方酒店的服务还不只限于此，每间客房都有提前印有客人名字的专属文具。入住套间的客人一到，会立即受到服务员的问候并帮助打开行李和熨烫折皱的衣服。每个房间的水果盘每日添加多次。所有的饭店员工都会称呼客人的名字问候客人。为保证这种水准的服务，饭店的员工与客人的比率是 3∶1，在大多数国家，这个比率几乎是不可能获得经济效益的。更值得一提的是，该酒店还开办了一所全国最好的饭店学院。优秀毕业生会被文华东方酒店聘用，其余的人也很容易在其他饭店和餐馆找到工作。

文华东方酒店所做的每一步都超过了客人对入住该饭店的期望值。如：首次光临的客人没有想到会有一位经理助理在机场恭候，而且等待行李的同时就能办好入住登记手续，抵达时会受到冠名问候，再由另一位经理助理而不是行李员陪同去房间，在房间里能看到自己的专属文具等。正是这种超越客人期望值的服务能力使酒店赢得了卓越的国际声誉。

(资料来源．Rocco M. Angelo. Andrew N. Vladimir 当今饭店业．李昕，主译．北京：中国旅游出版社，2004：27~28)

参考信息

里兹-卡尔顿饭店公司的优质服务金牌标准

里兹-卡尔顿饭店公司是在世界各地开发和经营豪华饭店的一家饭店管理公司，该公司非常重视质量和质量管理工作，曾两次获得美国的马尔科姆·鲍德里奇国家质量奖。该项奖由美国国会设立，奖励那些通过坚持质量改进计划取得杰出成绩的美国公司。

里兹-卡尔顿饭店公司建立了一个要求其员工使用的、可以解决实际问题的质量管理系统。这个质量管理系统被称为里兹-卡尔顿饭店公司的金牌标准，如图8-2所示。金牌标准对饭店的服务质量做出了简单易懂的定义，并且在公司的各个阶层进行积极的宣传和推广。里兹-卡尔顿饭店公司将这个金牌标准制作成衣服口袋大小的卡片，要求所有的员工在工作时必须随身携带。

这个金牌标准包括四个部分的内容：三步服务法、里兹-卡尔顿饭店公司的座右铭、里兹-卡尔顿饭店公司的信条和里兹-卡尔顿饭店公司的基本要求。三步服务法规定了员工与客人交往时应进行的活动和应该做出的决策。公司座右铭是"我们是为女士和先生们服务的女士和先生"，这个座右铭不仅仅是一句话，而且是一种独特的公司组织文化。里兹-卡尔顿饭店公司的高级领导者富有成效地创造了这种文化并在全公司提倡和推行这种组织文化。在里兹-卡尔顿饭店公司，所有的顾客和员工都可以体验到这种文化。在这种文化氛围中，员工和客人是相互尊重的，因为主人(员工)和客人都是"绅士"(女士和先生)。员工在尊重客人的同时，自己也得到了自尊。里兹-卡尔顿饭店公司的信条是公司员工们在工作中的指导方针。这个信条强调，高度个性化的顾客满意度是公司的首要工作，也是每个员工的责任。信条还解释了里兹-卡尔顿饭店公司所提供的每个产品和服务的特点。里兹-卡尔顿饭店公司的基本要求描述了公司为客人解决问题的程序以及公司的清洁、房务、安全等标准。

(资料来源：Robert H. Woods，等. 饭店业质量管理. 李昕, 主译. 北京：中国旅游出版社，2003: 64～72，根据书中的内容整理)

第八章 旅游服务与服务质量

三步服务法

(1) 一个热情而真诚的问候。要尽可能使用客人的名字。

(2) 预测并满足客人需要。

(3) 深情地道别。要热情地向客人说再见，并要尽可能地使用他们的名字。

"我们是为女士和先生们服务的女士和先生"

里兹-卡尔顿饭店公司信条

在里兹-卡尔顿饭店，我们的最高宗旨是让客人得到真正的关心和舒适。

我们保证为我们的客人提供最好的个性化服务和便利，使他们始终享受到一种温暖、轻松、优雅的气氛。

客人在里兹-卡尔顿饭店可以体验到感官的愉悦、增进健康，甚至连没有表达出来的愿望和需要也能得到满足。

里兹-卡尔顿饭店基本要求

(1) 所有员工都要了解、服从并尽力做到公司的信条。

(2) 我们的座右铭是"我们是为女士和先生们服务的女士和先生"。要用团队工作和"横向服务"营造积极的工作环境。

(3) 所有员工都要按照三步服务法行事。

(4) 所有员工都要通过并取得培训合格证书，以保证他们了解如何在自己的岗位上执行里兹-卡尔顿饭店公司的标准。

(5) 每个员工都要了解他们自己的工作领域以及在每个战略计划中确立的饭店目标。

(6) 所有员工都要了解他们的内部顾客和外部顾客(客人和员工)的需要，以便提供他们预期的产品和服务。用客人特殊要求登记卡记录客人的具体需要。

(7) 每个员工都要不断地去发现饭店上下存在的缺陷

(8) 任何员工接到顾客投诉，都要"接受"这种投诉。

(9) 所有员工都要保证能即时安抚客人。要迅速作出反应，立即纠正出现的问题。在20分钟内，要给客人去电话确认问题已得到解决，以使客人满意。要尽一切努力不失去一个客人。

(10) 客人投诉事件记录表用于记录和传达所有客人不满意的事件。每一个员工都有权解决问题并防止其再次发生。

(11) 毫不动摇地达到清洁标准是每一个员工的职责。

(12) "微笑——我们在舞台上"。永远保持积极的目光接触。对客人使用得体的词语。(使用这样的词语——"早上好"<Good Morning.>、"当然可以"<Certainly.>、"我会很高兴这样做的"<I'll be happy to>、"我乐于这样做"<My pleasure.>)。

(13) 在工作场所内和工作场所外，都要成为你所在的饭店的形象大使。始终谈论积极的和正面的事情。不要发表消极的和反面的评论。

(14) 要陪同客人走到饭店的其他区域，不要只是指点方向。

(15) 要了解饭店的情况(如营业时间等)以便能回答客人的询问。在向客人介绍店外餐饮设施时，一定要优先向客人推荐本饭店的零售店和餐饮店。

(16) 要使用得体的电话礼节。电话铃响三声之内一定要"微笑"地接听电话。如果必要，可以请求打电话的人："请您稍等一下好吗？"。不要阻挡打来的电话。尽可能不要进行电话转接。

(17) 制服要一尘不染；要穿得体安全的鞋子(既干净又光亮)。要佩带正确的胸牌。自己既要充满自信又要注意个人的仪容(要符合所有的清洁的标准)。

(18) 要保证所有员工在紧急情况下都了解他们的职责，并且知道应付火灾和保护生命安全的操作程序。

(19) 如果出现危险、人身伤害事件，或者你需要什么设备和帮助，应立即通知你的主管。要节约能源，要对饭店的财产和设备进行恰当的保养和维修。

(20) 保护里兹-卡尔顿饭店的财产是每一个员工的职责。

图 8-2 里兹-卡尔顿饭店公司的优质服务金牌标准

复习与思考题

1. 举例说明服务的定义。
2. 结合自己或他人的经历论述旅游服务行业的特性。
3. 服务质量的核心是什么?
4. 举例说明为什么旅游服务企业必须为旅游消费者量身定做不同的旅游产品。
5. 根据旅游服务质量拼图的理论,准备一份采访提纲,采访 2~3 个刚刚度假归来的旅游者,看看哪些与质量相关的因素在他们的心中产生良好的感觉,使他们获得美好愉悦的旅游体验,或者哪些与质量相关的因素在他们的心中产生消极的感觉,从而使他们的旅游经历变得很不愉快。
6. 戴明、朱兰和克罗斯比对质量管理理论的主要贡献是什么?

第九章 旅游者的满意度

【本章导读】

满意和服务质量属于不同的概念。满意是在享受服务的过程中产生的一个心理上的结果,而服务质量仅仅涉及对服务本身特性的判断。同时满意和服务质量又是相互联系的,因为消费者在判断自己是否满意与判断产品的服务质量所用的标准是相同的。忠诚的固定顾客对服务企业是十分重要的,因为当不满意的顾客离开时,他们也带走了一大笔未来的潜在生意。如果消费者对不满意的产品或者服务采取行动,其行动通常包括三种类型:私下行动、直接行动和公开行动。满意是在享受服务的过程中产生的一个心理上的结果,因此旅游者的满意实际上是一个过程。影响旅游者满意度的主要因素包括:服务的差异;"容忍区间"因素;各种压力因素;关键时刻。

【关键词】

顾客满意度(customer satisfaction) 顾客满意的价值(value of customer satisfaction) 服务的差异(difference of services) 容忍区间(zone of tolerance) 关键时刻(moment of truth) 服务循环(cycle of services)

第一节 服务质量与旅游者的满意度

一、顾客的满意度

从知觉的角度,一个消费者可能会认为,一个服务性企业所提供的服务质量是"很好的",但是这个消费者在接受服务的过程中可能并不满意。在这个意义上,满意和服务质量属于不同的概念。满意是在享受服务的过程中产生的一个心理上的结果,而服务质量仅仅涉及对服务本身特性的判断。同时满意和服务质量又是相互联系的,因为消费者判断自己是否满意与判断产品的服务质量所用的标准是相同的。表9-1列举了消费者在判断服务质量和自己满意度方面的差异。

表 9-1 消费者对服务质量和满意度的判断

服务质量	顾客满意度
以具体的客观事实为依据	更全面的判断
建立在对"优秀"的感知基础上	建立在实际需要的基础上
认知型判断	情绪化判断

(资料来源:Christine Williams,等.旅游与休闲业服务质量管理.戴斌,等译.天津:南开大学出版社,2004:107,略有改动)

我们在第八章中已经从产品的使用者(服务的接受者)的角度讨论了服务质量的概念,服务质量具有很大的主观性和动态性。从预期和感受的角度,消费者可能无法准确地表述他们对服务质量的客观判断,因为很多主观因素都会对消费者的知觉产生影响,例如,消费者本身的社会、文化、年龄、经济等方面的背景因素。

如前面所述,如果一个客人得到的服务水平超过了他的期望值,他就会感知到较高的服务质量,因此就会对该项服务感到满意或非常满意。可见,消费者的满意度与其实际感受和期望值密切相关。简而言之,客人对服务质量的满意度就是其期望与实际服务水平之间的差距,即满意度(S)=感知(P)-预期(E)。图9-1显示了客人的满意度、实际感受和期望值之间的关系。从图9-1中可以看出,由于这三个变量因素之间的不同影响,最终可能会在客人心理产生四种不同的满意度:

(1) 期望值高,实际感受好,客人感到如愿以偿,感知服务质量高。
(2) 期望值低,实际感受好,客人感受出乎意料的好,感知服务质量极高。

(3) 期望值低，实际感受也很一般，客人感知服务质量还可以接受。

(4) 期望值高，实际感受很差，客人感知到服务质量名不符实，产生极大的失望感，感知服务质量最低。

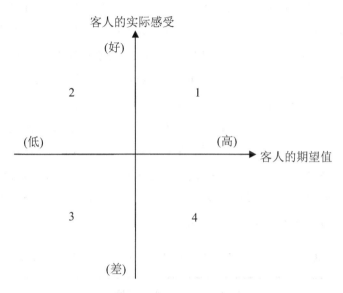

图 9-1　客人的满意度、实际感受和期望值之间的关系

根据图 9-1 中的四种情况，还可以将客人的满意度进一步简单地归纳为三种状态：不满意、非常满意和满意。

(1) 不满意：当服务水平低于预期的服务水平时发生。

(2) 非常满意：当服务水平超过预期的服务水平时发生。

(3) 满意：当服务水平等于预期的服务水平时发生。

二、顾客满意的价值

人们都知道，没有顾客的光顾，就没有生意，服务性企业就会倒闭，这是显而易见的事实。然而，很多人可能没有注意到另外一个重要的事实，即如果没有足够数量的固定顾客，则几乎没有几家服务性企业能够维持很久。可见，忠诚的固定顾客对服务性企业是十分重要的。以快餐店为例，如果一个忠诚的固定顾客平均每个月用餐 3 次，每次平均消费额为 10 元，那么这个快餐店一个月从这个顾客身上获得的潜在收入为 30 元，一年为 360 元，五年为 1800 元。上述数字实际上并没有充分表达出顾客满意的价值。忠诚的顾客(即满意的顾客)可能为服务性企业带来的潜在收益还包括其对企业的良好口头评价所带来的新生意。据调查，服务性企业从固定的顾客获得的收入和利润要远远高于那些首次光顾和一次性光顾的顾客所带来的收入和利润。

　　同样，当不满意的顾客离开时，他们也带走了一大笔未来的潜在生意。而且，如果不满意的顾客把其对服务性企业的坏印象告诉其他潜在的消费者，就会增加损害未来生意总量的危险性。通常，一个不满意的顾客会把自己对服务的不满告诉 8 至 10 个潜在消费者，而每 5 个不满意的顾客中会有一个人把自己的不满告诉 20 个潜在消费者。研究显示，1/7 的饭店客人都遇到过对服务不满意的问题，这样的问题是很严重的，足以使客人从此再也不来这家饭店了。这意味着将有 14%的客人由于对服务的不满意而有可能被竞争对手争夺走。表 9-2 介绍了 100 位不满意的顾客所表现出的典型行为，其结论是饭店员工把不满意的顾客变成满意的顾客的成功率只有 29%。在现实生活中，虽然不可能完全使每位不满意的顾客都满意，即不可能完全解决每位不满意顾客的问题，但是每位满意顾客的价值和每位不满意顾客的代价都清楚地显示，即使是为了企业自身的利益，服务企业的每个员工也应该不遗余力地努力为顾客解决一切问题。

表 9-2　饭店丢失生意的模式——100 名不满意的顾客

在 100 名不满意的顾客中	
40 人从未请求过帮助 他们把自己的不满意告诉了 8 至 10 名潜在的消费者	60 人请求帮助 如果问题解决得令他们满意，70%的顾客会再次光顾
在 60 名请求帮助的顾客中	
18 人从未得到过帮助 他们把自己的不满意告诉了 8 至 10 名潜在消费者	42 人得到了帮助 如果他们的问题立即得到解决，95%的投诉顾客会再次光顾
在得到帮助的 42 名顾客中	
13 人依然感到不满意 他们把自己的不满意告诉了 8 至 10 名潜在消费者	问题解决后，29 人感到满意 他们会告诉 5 名潜在的消费者，饭店员工是怎样帮助他们解决问题的
结　论	
71%不满意的顾客把自己的不满意告诉了 568 至 710 名潜在消费者	29%不满意的顾客告诉 145 名潜在的消费者，他们的问题得到了解决

（资料来源：Robert H. Woods，等．饭店业质量管理．李昕，译．北京：中国旅游出版社，2003：106，略有改动）

　　综上所述，旅游消费者满意的重要性主要表现在以下三个方面。

(1) 旅游消费者对于产品和服务的正面评价会直接影响其亲朋好友，这些亲友又有可能成为新的客户群。

(2) 满足了旅游消费者对产品和服务的第一次使用，有利于形成一批老客户群，从而不需要额外营销成本就能使企业保持一笔稳定的收入。

(3) 解决旅游消费者的投诉要花费很多时间、精力和金钱，并且会对公司的声誉造成不良影响，还有可能会导致直接的经济赔偿。

三、顾客对不满意的产品或者服务的反应

如果顾客对所购买的产品或者服务不满意，首先会考虑是否应该采取某种措施对不满意做出反应，如图 9-2 所示。对此不采取任何应对行动的消费者通常都对不满意的产品或者服务采取了容忍的态度，或者能够理性地对待这件事情。

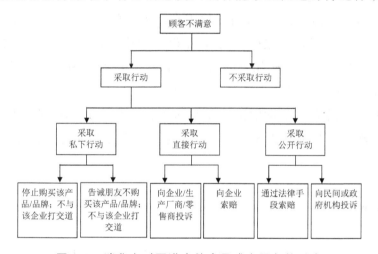

图 9-2 消费者对不满意的产品或者服务的反应

(资料来源： Neal C., Quester P., Hawkins D.. *Consumer Behaviour: Implications for Marketing Strategy* (4th Ed.). North Ryde, NSW, Australia: McGraw-Hill Australia Pty Limited, 2004：197)

消费者做出这种决策通常是多种因素相互作用的结果，例如，所购买的产品和服务对自己的重要性、要采取的应对行动的难易程度、消费者本人的性格特性等。顾客对不满意的产品或者服务不采取任何行动的主要原因是，采取行动所花费的时间和精力可能会超过该产品或服务本身的价值。虽然顾客对不满意的产品或服务没有采取任何行动，但是顾客对该产品或服务、该企业或者该品牌的态度却发生了逆转，不会像原来那样认可了。

如果消费者对不满意的产品或者服务采取行动，其行动通常包括三种类型：私下行动、直接行动和公开行动。私下行动包括告诫亲朋好友不要购买该项产品或服务，自己以后不再与这家企业打交道、不再购买该产品或服务以及该品牌的产品

或服务等。直接行动包括向提供产品或者服务的企业、生产厂商或零售商投诉，要求退换等。消费者采取的公开行动包括向消费者协会投诉或者通过法律手段索赔。消费者可能会采取一种行动，也可能会同时采取两种或者三种行动。因此，从生产性和服务性企业的角度，对顾客的不满意应该最大限度地采取化解行动加以解决，千万不要激化矛盾。

第二节 影响旅游者满意度的因素

如第一节所述，满意是在享受服务的过程中产生的一个心理上的结果，因此旅游者的满意实际上是一个过程。这个过程按先后顺序，大致包括三个阶段的内容：旅游产品本身的因素(有形的硬件因素、无形的服务因素、旅游企业本身的因素)；旅游者本身满意的因素(旅游者在旅游过程中的体验和感受；旅游者的态度和期望值；不可抗拒因素，例如，天气、罢工等)；旅游者最终的满意结果(旅游者满意、旅游者基本满意、旅游者不满意)。

可见，影响旅游者满意度的因素是很多的，在整个过程中的任何一个环节出现问题都会导致旅游者的不满意。下面将从几个主要方面讨论影响旅游者满意度的因素。

一、服务的差异

如上所述，消费者对服务的预期与实际感受之间的差异可以导致旅游消费者对服务的不满意。预期与实际感受之间的差异只是服务差异中的一个重要方面，通常服务的差异主要表现在以下四个方面。

(1) 企业管理部门不知道消费者预期什么样的服务。服务性企业的管理部门常常认为他们知道顾客期望什么样的服务，因此他们通常依据自己对顾客所预期的服务水平的理解设计服务产品。由于没有进行市场调研，因此这些管理者事实上并不知道顾客到底期望什么样的服务产品，所以就难以真正设计出顾客满意的产品。

(2) 服务质量标准与顾客的期望值之间存在差异。服务质量标准的制定应该与顾客的期望值相一致，但是很多服务性企业在制定其服务标准和规范时都仅仅从其企业本身的利益方面考虑，没有从顾客的角度考虑问题。因此，有些服务系统趋向于内部化，忽视了顾客的利益。服务性企业的管理部门应该克服这些问题，保证服务质量符合顾客的期望值。

(3) 服务质量标准与实际的服务表现之间的差异。即使服务性企业的管理部门设计了有效的服务体系、制定了符合顾客期望值的服务质量标准，员工实际的服务表现也不一定能够使顾客满意。其原因主要来自三个方面：人力资源方面的问题(例如，员工招聘失误、员工培训不当、激励机制不完善等)；技术方面的问题(例如，预定系统出现故障、客房的有线电视系统损坏等)；顾客本身的情绪问题。

(4) 广告和其他促销手段中承诺的服务水平与实际提供的服务水平之间的差异。如果服务性企业在广告或其他促销宣传中承诺了无法提供的服务，顾客就会感到失望。顾客认为，企业和员工信守诺言是至关重要的。例如，在旅游巴士公司、旅游列车公司或者游轮公司的广告宣传材料中，人们常常会看到这样的画面，旅游者轻松休闲地坐在宽敞、舒适的座椅上，在享受宽敞的空间的同时欣赏沿途的美丽风光。这样的画面是在实地拍摄的实景，是真实的，但是在实际旅游的过程中，画面上的一切都只是令人向往的条件，很难真正实现，因为只有在旅客很少，座位没坐满，所有乘客的气氛都很和谐时才会产生画面上的情景。除非旅游者事先有心理准备，知道广告画面上的情景会与实际情况有一定的差距，否则由于企业不能满足消费者的心理预期，旅游者就会对所得到的服务感到失望和不满意，有一种受欺骗的感觉，尽管旅游企业对自己的产品和服务充满自信，认为所提供的是一流的产品和服务。

上述差异消除之后，服务性企业就能够提供令消费者满意的服务产品。因此，如果要提高服务质量，达到令顾客满意的效果，服务性企业的管理部门就应该对照顾客的预期详细分析导致上述差异产生的具体原因。

二、"容忍区间"因素

在旅游过程中，旅游者的满意度与需求刺激密切相关，如图 9-3 所示。如果缺乏刺激或者刺激的强度不够，旅游者会对这次旅游产生乏味感或无聊感，从而导致不满意。如果刺激强度过大，就会使旅游者产生惊慌感或恐惧感等，也导致不满意。旅游者在旅游过程中只有获得适度的刺激才会感到满意。

图 9-3 旅游者满意度"容忍区间"

在图 9-3 中，A 和 B 之间就是旅游者满意度的"容忍区间"，也就是旅游者的满意区间。旅游者在旅游过程中所获得的刺激在这个"容忍区间"之内，就会产生满意感,在这个区间之外,就会感到不满意。A 点是低端的不满意和满意之间的临界点,刺激强度达到 A 点时,旅游者就会产生满意感;B 点是高端的满意和不满意之间的临界点,刺激强度超过 B 点时,旅游者就会感到不满意。在实际旅游的过程中,不同的旅游者的满意度"容忍区间"临界点的位置是不同的,"容忍区间"的范围大小也是各不相同的。例如,有些旅游者害怕乘坐飞机,害怕冒险活动(如蹦极或漂流),因此对他们来讲,乘坐飞机、蹦极或漂流等活动就是过度的刺激,就会导致他们的不满意。反之,一些青年旅游者却特别热衷于具有强烈刺激性的活动,如漂流、蹦极、动力滑翔伞、登山等,因此这些人的满意度"容忍区间"就会很大。

三、各种压力因素

根据第八章所讨论的旅游服务质量拼图理论,旅游者会受到旅游服务过程中各个不同环节的影响,因此,来自旅游过程中的各个阶段和各个方面的各种负面压力因素都会导致旅游者产生不满情绪。产生这些的原因是多种多样的,包括来自企业的原因、来自服务人员的原因、来自旅游目的地的原因、来自其他旅游者的原因、来自旅游交通方面的原因、来自旅游者本身生活习惯和社会习俗方面的原因等。图 9-4 简要列举了产生压力的主要原因。

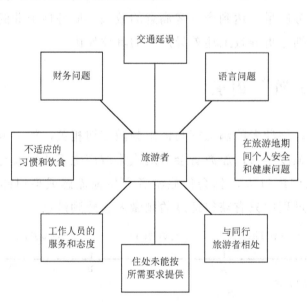

图 9-4 旅游者产生压力的主要原因

(资料来源:约翰·斯沃布鲁克,等. 旅游消费者行为学. 俞慧君,等译. 北京:电子工业出版社,2004:189)

四、关键时刻

"关键时刻"的概念是斯堪的纳维亚航空公司(SAS)的首席执行官简·卡尔森于20世纪80年代提出的,指顾客与服务性企业的任何一个方面接触并对其服务质量产生一定影响的任何一个时刻。这个时刻是顾客与企业员工接触的重要时刻,在这个时刻,员工有机会给顾客留下良好的印象,也有机会改正错误并赢得回头客。关键时刻是影响顾客满意度的重要时刻,公司的员工在这个时刻将公司的形象活生生地展现在顾客面前。关键时刻并非产生在顾客与企业管理人员接触的时刻,而是产生在顾客与服务企业的"一线工作人员"接触的瞬间。因此,服务性公司应该竭尽全力保证正确处理好关键时刻,力争给顾客留下积极的正面印象,使顾客对公司及公司提供的服务感到满意。卡尔森估计,斯堪的纳维亚航空公司1000万名顾客中的每个人大约都与5名左右的公司员工进行过接触,每次接触平均持续15秒钟。这样,斯堪的纳维亚航空公司的形象每年在其顾客的脑海里就出现了5000万次,每次持续15秒钟。这些关键时刻是决定斯堪的纳维亚航空公司成功或者失败的时刻,当然也是使顾客满意或者不满意的时刻。关键时刻的概念在服务行业中显示出了巨大的影响力,很多服务性企业都非常重视对关键时刻的管理。目前,在这个以服务为主的全球经济时代中,关键时刻将决定很多服务性或以服务为主的企业的存亡。

旅游者在旅游过程中、饭店的客人在饭店的停留期间所经历的所有关键时刻形成了连续的事件链,这些事件链使顾客对所得到的服务的价值产生了知觉(满意或者不满意)。在这个意义上,每个关键时刻都是"服务的基本元素,是顾客得到的最小价值单位"。例如,对于饭店,客人登记入住和办理离店手续的时候就是重要的关键时刻,因为这个时候客人与饭店员工进行面对面的接触。这时候如果服务人员能够给予客人个性化的关注(例如,亲切地称呼客人的名字、面带微笑地与客人进行目光交流等),客人就会感到自己的需要得到了重视,会感到很满意。在这些时刻,服务人员的一些看起来似乎很微小的举止行为都对全面营造一种专注客人和取悦客人的服务氛围具有深远的意义,十分有利于提高客人的满意度。

为了评估顾客在关键时刻是否感觉良好,美国服务行业培训方面的资深专家卡尔·奥尔布雷克特(Karl Albrecht)提出了旅游者的"服务循环"模式,如图9-5所示。

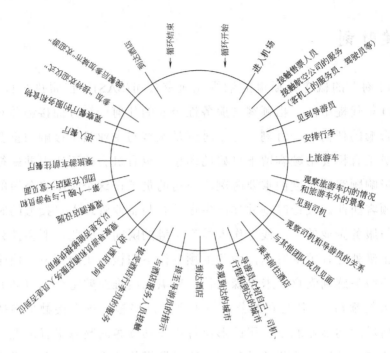

图 9-5 旅游者的"服务循环"模式：旅游的第一天

(资料来源：凯思琳·林格·庞德. 职业导游员——导游职业发展动态. 张文，等译. 大连：东北财经大学出版社，2004：92)

这个循环模式的着眼点是旅游者，而不是员工或者服务性企业本身。旅游者的"服务循环"模式强调了旅游者在旅游过程的第一天所经历的一系列关键时刻：团队出发、到达一个新城市、见到导游员、被带到一个旅游景区等。第一个"服务循环"结束之后，将开始另一轮新的循环。旅游者的"服务循环"就这样周而复始，直到旅游者的全部旅游过程结束为止。由于导游员在整个旅游过程中一直伴随着旅游者，因此导游员直接或间接地对数不清的关键时刻负责，这样导游员本身也就成为旅游行业的"关键时刻"。

典型案例

塞扎·里兹的优质服务

塞扎·里兹(Cesar Ritz)生活在 1850—1918 年，他是巴黎豪华风雅的饭店和优质服务的象征。人们公认，是塞扎·里兹把为顾客提供满意的服务变成了一种职业。里兹非常善于处理细微琐碎的小事,能够及时地满足顾客的需要,使顾客满意。下面是他思维敏捷、关注细微小事的一个经典例子。

一次,一个由 40 个美国人组成的旅行团要到里兹工作的一个旅馆吃午餐,这个旅馆位于瑞士的一个山顶上。当时的气温为-8℃,由于旅馆的取暖系统坏了,又由于某种原因,这次午餐无法取消。

为了给客人以温暖的感觉,里兹改变了午餐的布局和菜单。他把 40 个座位的餐桌移到了一个小房间里,桌上铺一块象征温暖的红色桌布。桌上的 4 个大铜碗里装满了酒精,客人到达时全部点燃。他还为每位客人都准备了一块用法兰绒包起来的热砖,放在客人的脚下。他为客人准备的第一道菜是热气腾腾的清炖肉汤,最后一道菜是暖呼呼的油火烤薄饼。由于里兹对微小细节的关注,没有客人抱怨室内的温度低,这顿午餐非常成功。

(资料来源:李昕. 旅游英语. 北京:中国财政经济出版社,2002:157,略有改动)

参考信息

使顾客满意和不满意的服务事例

下面从三个方面(服务人员对服务中出现的差错的反应;服务人员对顾客需要和要求的反应;服务人员的主动行为)列举一些典型的使顾客满意和不满意的服务事例。

服务人员对服务中出现的差错的反应	
满意的事例	不满意的事例
A. 对无法提供服务的反应 • 他们弄丢了我的预定记录,但是经理还是按照我预定的客房的价格给了我一间总统套房	• 我们提前预订了酒店客房,但是抵达时却没有房间了。酒店没有给出任何解释、道歉,也没有帮助我们联系别的酒店
B. 对无端的服务延滞的反应 • 虽然我没有对等待了一个半小时进行投诉,但是服务人员仍然不断对我道歉,并免收我的费用	• 航空公司雇员不断给我们提供错误的信息。原来说延迟 1 个小时,但是我们实际上却足足等待了 6 个小时
C. 对其他重大服务差错的反应 • 我点的冰冻龙虾鸡尾酒并没有冰冻好,为此,服务人员不断向我道歉,并免收我所有的餐费	• 我的一个行李箱被磕碰得凹凸不平、残破不堪。当我想领回我的行李时,航空公司的人员影射我在说谎,想要骗取这个行李箱

服务人员对顾客需要和要求的反应	
满意的事例	不满意的事例
A. 对特殊要求的反应 • 飞机上的乘务员帮助我安抚和照顾我晕机的孩子	• 我年幼的儿子要独自搭乘飞机,应该有一个女乘务员负责护送他到达目的地,可是她却把他一个人丢在转机机场,没有人护送他上飞机
B. 对顾客偏爱的反应 • 前台的服务员不断地往各处打电话,帮助我订到了水手节开幕式的门票 • 一个下雪天,我的车抛锚了。我打电话问了10家酒店,都没有房间。最后,有一家酒店了解到我的处境,答应给我在他们的小烧烤房间里安排一个床位	• 一个大热天,餐馆的女服务员不同意帮助我从窗口换到别的位置,说她的管区内没有空位置 • 我从夏威夷带回来一个潜水器,航空公司不让我带上飞机,即使作为手提行李也不行
C. 对顾客错误的反应 • 我在飞机上弄丢了眼镜,机组人员找到它并免费邮寄到我住的酒店	• 我们错过了航班,服务人员却不肯帮助我们改签一个合适的航班
D. 对可能影响他人行为的反应 • 酒吧经理一直盯着酒吧里一个有骚扰行为的人,以确保他不会打扰其他人	• 酒店服务人员不愿意应付那些半夜三点在大厅里开派对的人

服务人员的主动行为	
满意的事例	不满意的事例
A. 对顾客的关心 • 餐馆里的那个服务员像招待皇室成员一样为我提供服务,的确让我感受到他对我的关心	• 前台的服务员对我们很不耐烦,因为他们正在看电视,不愿意接待酒店的客人
B. 超出一般服务范围的员工行为 • 我们经常带着泰迪熊旅行。有一天我们回到酒店,发现打扫房间的服务员把我们的小熊放在舒服的坐椅上	• 我想多考虑一下到底要吃什么晚餐,服务员对我说:"你看的是菜单而不是公共汽车路线图,怎么会不知道要点什么呢。"
C. 体现企业文化的员工行为 • 那个大巴司机跑过来还给我男朋友丢在桌子下的50美元	• 这家高级餐厅的服务员把我们当垃圾一样对待,因为我们只是参加这个正式舞会的中学生

续表

服务人员的主动行为	
满意的事例	不满意的事例
D. 整体的评价 • 我们整个旅程都十分愉快,每件事都很顺利和圆满	• 这次航程像一场噩梦。原定暂时停留一个小时的航班,实际上停留了三个半小时。飞机上的空调又坏了。飞行员又因为飞机上的乘务员要罢工,而与其吵了起来。飞机着陆时非常危险。更令人气愤的是,飞机降落后首先下飞机的是飞行员和乘务员
E. 员工在逆境中的表现 • 那个柜台的收银员显然压力很大,但是他还是保持冷静,并且表现得非常专业	

(资料来源:阿拉斯塔·莫里森. 旅游服务营销. 朱虹,等译. 北京:电子工业出版社,2004:231~232,略有改动)

复习与思考题

1. 简要论述顾客满意度的概念。

2. 结合自己或他人的旅游经历,讨论顾客的满意度、实际感受和期望值之间的关系。

3. 结合饭店丢失生意的模式(见表9-2),讨论旅游消费者满意的三个重要表现方面。

4. 分别讨论消费者对不满意的产品或者服务所采取的三种行动(私下行动、直接行动和公开行动)对服务性企业的危害。

5. 结合案例讨论服务的5个方面的差异。

6. 什么是关键时刻?结合自己的实习经历或者旅游度假经历谈一谈关键时刻对顾客满意度的重要性。

第十章　旅游休闲体验

【本章导读】

现在，越来越多的人开始选择外出旅游，他们认为，旅游和休闲是人类本身天生就应该拥有的权利，工作只是为旅游休闲活动创造经济基础的一种手段。因而，到大自然中去放松身心，体验异地的风土人情，已经成为现代社会的一种时尚和流行的基本生活方式。旅游产品是100%的体验经济产品。在这个意义上，旅游就是人们去异地体验的全过程。随着体验经济时代的到来，旅游产品已经发生了如下变化：以体验为基础，开发新产品、新活动；强调与消费者的沟通，并触动其内在的情感和情绪；以创造体验吸引消费者，并增加产品的附加价值；以建立品牌、商标、标语及整体意象塑造等方式，取得旅游者的认同感。旅游体验是多种复杂因素相互作用的结果，这些因素包括旅游者个人的感知、旅游目的地的形象、所消费的旅游产品的情况等。旅游体验同时还受到环境、形势、个性因素、旅游者之间及旅游者与他人的沟通等因素的不同程度的影响。旅游休闲体验的主要特性可以从几个方面进行分析，即动机因素、时间因素、感情因素、自我表现因素、服务环境因素、心理结果等。影响旅游休闲体验的因素可以来自很多方面，主要包括：旅游服务质量、环境因素、人的因素。

【关键词】

休闲(leisure)　体验(experience)　旅游体验(tourism experience)　体验经济(experience economy)　旅游体验的过程(process of tourism experience)

第一节　旅游休闲体验概述

随着个人经济收入和自由支配时间的增加，人们开始面临一个新的问题，那就是如何打发自己的闲暇时间？如何让自己的闲暇时间过得有意义？如第一章所述，与过去相比较，现代人对工作和休闲的看法发生了根本性的变化，强调要"为了休闲而工作"(Work in order to play)。现在，越来越多的人开始选择外出旅游，他们认为，旅游和休闲是人类本身天生就应该拥有的权利，工作只是为旅游休闲活动创造经济基础的一种手段。因而，到大自然中去放松身心，体验异地的风土人情，已经成为现代社会的一种时尚、流行的基本生活方式。

一、体验对成熟的旅游消费者十分重要

休闲(Leisure)源自拉丁语 licere，意思是"自由的没有压力的状态"。法国社会学家杜马兹迪埃(Dumazedier)在《走向休闲的社会》一书中对休闲进行了描述：所谓休闲，就是用个人从工作岗位、家庭、社会义务中解脱出来的时间，为了休息，为了消遣，或为了培养与谋生无关的智能，以及为了自发地参加社会活动和自由创造力，是随心所欲活动的总称。随着世界各国包括我国在内的经济、科学技术、文化的发展，个人经济收入及可以自由支配时间的增加，劳动与休闲成为人们生活中不可分割的两个方面。

通常，可以这样解释"休闲"：当一个人通过劳动做完了自己的工作，或享受法定休假日，并满足了其基本需要之后，这个人就有了属于他自己的可以自由支配的时间。人们对于休闲时间，可以根据其周期性和时间的长短以不同方式加以利用，或看书读报，或参加各种文体活动，或短途旅游，或集中短暂假期作异地旅游。相对来说，旅游和休闲是密不可分的。旅游不但是休闲的形式和手段之一，而且是综合性、高层次的休闲活动。

所谓体验，就是人们响应某些刺激的个别事件。体验通常是由于对事件的直接观察或参与造成的，不论事件是真实的，还是虚拟的。体验会涉及人们的感官、情感、情绪等感性因素，也会包括知识、智力、思考等理性因素，同时体验也可能因为身体的一些活动而引发。体验的基本事实可以用语言清楚地反映出来，例如：描述体验的动词包括喜欢、赞赏、讨厌、憎恨等；形容词包括可爱的、诱人的、刺激的、酷毙了等。

第十章 旅游休闲体验

旅游产品是 100%的体验经济产品。如：到沙漠去旅游，是为了体验沙漠的自然环境和在其环境下形成的社会人文生活；到海滨去旅游，是为了体验海洋的自然环境和在其环境下形成的社会人文生活；到历史名城去旅游，是为了体验那里的前人所创造和遗留下来的人文环境；到现代都市去旅游，是为了体验那里的现代的辉煌和人们的生活；南方人到北疆去旅游，是为了体验冰天雪地的环境和生活；到外地、外国去观看体育比赛，而不是在家中从电视上观看比赛，是为了体验比赛现场的实战环境与氛围……在这个意义上，旅游就是人们去异地体验的全过程。

体验经济指企业以服务为重点，以商品为素材，为消费者创造出值得回忆的感受。美国战略地平线 LLP 公司的共同创始人约瑟夫·派恩和詹姆斯·吉尔摩撰写的《体验经济》一书于 1999 年 4 月问世以来，在社会上引起了强烈的反响。体验经济是一种全新的经济形态，它的出现改变了企业的生产方式，更改变了消费者的消费方式，也适应和满足了现代人越来越高的旅游需求。约瑟夫·派恩与詹姆斯·吉尔摩在美国《哈佛商业评论》双月刊 1998 年 7—8 月号上发表了《体验式经济时代来临》一文。这篇文章指出，体验式经济时代已经来临，其区分经济价值演进的四个阶段是：货物、商品、服务与体验。他们认为体验经济强调亲身体验的旅游特性，使用高科技手段造就了各种主题乐园，同时新兴的旅游形态，如亲自动手的休闲农场、农家乐、度假村等也应运而生。简言之，体验经济就是"创造一种独特的氛围，用一种令人感到赏心悦目的方式来提供服务，消费者为了获得这种舒适的过程而愿意为之付费。"

如果说传统经济主要注重产品的质量优良、外形美观，时代发展的趋势则是从生活与情境出发，塑造感官体验及思维认同，以此抓住消费者的注意力，改变消费行为，并为产品找到新的生存价值与空间。

随着体验经济时代的到来，旅游产品已经发生了如下变化：以体验为基础，开发新产品、新活动；强调与消费者的沟通，并触动其内在的情感和情绪；以创造体验吸引消费者，并增加产品的附加价值；以建立品牌、商标、标语及整体意象塑造等方式，取得旅游者的认同感。

据报道，张家口怀来县有一大棚葡萄种植户。种植户如果单纯地把种的几亩葡萄卖给市场，总价 15 万元左右。后来在有关部门的帮助下，发展旅游观光采摘，种植户同样的葡萄可以卖到 50 万元左右。又例如，有一种名叫"绝地探险"的主题旅游，参加者基本上都是经济上相当富裕的"成功人士"。为什么他们可以过安逸、舒适的生活，却偏要去"自讨苦吃"呢？这是因为：进入绝地也就是进入了大自然所创造的逆境，而逆境对于人的"自我突破"，具有顺境所不可替代的作用。这些成功人士在顺境中已经无法实现"自我突破"了，所以他们要用绝地探险的方式把自己逼入一种逆境中，让自己在极其艰苦的条件下，甚至是在生与死的考验中，表现出超常的坚毅、果敢，并重新审视自己，从而达到从未有过的"彻悟"。

在现代生活中，人们越来越把旅游休闲看作一种体验，而不仅仅是一种产品和服务。人们在旅游度假活动中，在越来越多的情况下是在购买体验，而不仅仅是购买产品和服务。因此，旅游服务企业应该在提供让消费者满意的产品和一流的服务的同时，为旅游者创造一种更好的体验，并让这种体验持续充满乐趣，使旅游者能够满意地享受美好的休闲时刻。随着消费观念和休闲观念的变化，越来越多的旅游者开始强调旅游过程的体验性，开始追求一种"对美好体验的回忆"。

二、旅游体验是多种复杂因素相互作用的结果

旅游体验是一系列特定体验活动的产物。这些特定的体验活动是旅游者在一个特定的旅游目的地花费时间进行旅游活动所形成的。旅游体验是多种复杂因素相互作用的结果，这些因素包括旅游者个人的感知、旅游目的地的形象、所消费的旅游产品的情况等。旅游体验同时还受到环境、形势、个性因素、旅游者之间及旅游者与他人的沟通等因素的不同程度的影响。就评估旅游体验而言，与旅游者和旅游产品相关的如下因素非常重要。

- 旅游者的感情状态。
- 作为消费者，希望获得优质产品和满意产品的强烈愿望。
- 一方面是旅游者与旅游者之间长时间的相互交流，另一方面是旅游者与目的地环境和居民之间长时间的相互交流，旅游者在此期间可以利用周围的各种条件达到预期的结果。
- 行为过程本身既是度假体验的一部分，也是旅游者满意度的来源。他们可以不去面对那些自己无法接受的人员、事物和环境。
- 旅游者在旅游活动中可能会扮演不同的角色，每一个不同的角色都会对旅游者的满意度产生不同的影响，而且每一个不同的角色对旅游者度假体验的满意度也会产生不同的影响。
- 旅游者在度假期间所生成的记忆，成为未来旅游体验的参照物，旅游者在其非度假期间始终保留着这份记忆。

图 10-1 简要概括了旅游体验的过程，从中可以看到旅游资源的利用(是否过度利用)、其他旅游者的行为、社会环境和旅游活动的背景(是否拥挤或协调等)都会对旅游者的旅游体验产生一定程度的影响。

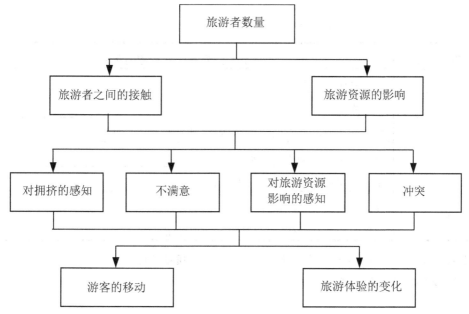

图 10-1 旅游体验的过程

(资料来源：史蒂芬·佩吉，等．现代旅游管理导论．刘劼莉，等译．北京：电子工业出版社，2004：340，略有改动)

第二节 旅游休闲体验的特性

旅游休闲产品具有体验的属性，因此旅游企业应该向旅游消费者提供多样化的高质量旅游体验。而旅游休闲体验的主要特性可以从下述几个方面进行分析，即动机因素、时间因素、感情因素、自我表现因素、服务环境因素、心理结果等。

一、动机因素

虽然旅游者和潜在的旅游者对特定的休闲产品感兴趣的原因是各不相同的，但是有一点是相同的，即人们从旅游休闲活动中可以寻求到的积极方面主要是满足感、愉悦感、成就感和自尊意识。从休闲体验的角度，可以将上述动机因素归纳为两个主要方面：提高生活质量和增强自尊意识。表 10-1 列举了一些可以改善生活质量的旅游体验。

表 10-1　改善生活质量的旅游体验

顾客的需求	满足人们需求的各种旅游体验
改善健康	假期放松，到体育馆去锻炼
改善心情	"锻炼使人神清气爽"
提高技能	学会或者提高现有的技能(例如，画山水画、做饵钓鱼等)
情感需要	经典音乐会、蹦极类运动
教育需要	通过参观海外历史遗迹获取知识
社交需要	直接的社交活动(例如，在酒吧或俱乐部) 间接的社交活动(例如，参加另一项休闲活动)

(资料来源：Christine Williams，等.旅游与休闲业服务质量管理.戴斌，等译.天津：南开大学出版社，2004：61，略有改动)

1. 体验可以提高生活质量

从提高生活质量的角度，旅游体验的动机因素包括 6 个主要方面如下。

- 精神方面：自由感、愉悦感、参与性和智力上的挑战。
- 教育方面：智力上的激励，帮助人们了解他们自己以及他们周围的环境。
- 社交方面：与他人相处。
- 心情方面：身心放松，从生活的重压下解脱出来。
- 生理方面：强健身体、保持健康、控制体重及其他促进健康的活动。
- 审美方面：人们参加旅游休闲活动是为了满足自己的兴趣、获得愉悦感、享受美感。

2. 体验可以增强自尊意识

旅游体验不但可以提高人们的生活质量，还可以增强自尊感和提高自己的社会地位。增强自尊和提高地位的愿望通常会促使人们产生到特定的旅游目的地的动机(例如，某个旅游度假地、某个主题公园、某个具有很高声望的旅游项目等)。成为某个专属休闲俱乐部的成员(例如，高尔夫俱乐部、马球俱乐部、健身俱乐部等)通常都被认为可以提高自己的社会地位，因为要成为这些俱乐部的成员，不但要具有一定的资历，还要缴纳很高的年费。尽管如此，很多消费者还是认为与其得到的利益(提高社会地位、增加自尊)相比，所付出的高昂费用是值得的。

二、时间因素

时间条件指人们拥有的余暇时间,即在日常工作、学习、生活及其他必需时间之外,可以自由支配,从事消遣娱乐或者自己乐于从事的其他事情的时间。旅游需要占用一定的时间,一个人如果没有余暇时间和属于自己休养的假期,如果不能摆脱繁重的公务或者家务劳动,就不可能外出进行旅游休闲活动。

在传统上,人们通常将时间划分为两部分:工作时间和休闲时间。然而,现代的休闲时间观将时间划分为三个部分:工作时间、非自由处置的时间和自由处置的时间(即休闲时间)。人们为了维持生理需要所花费的时间是非自由处置时间,例如,吃饭、睡觉等。每天的时间除掉工作时间和非自由处置的时间后,真正属于自己的休闲时间是相对较少的,然而可自由支配的时间是旅游休闲的必要因素。

在当代社会,随着科学技术的飞速发展和生产力的迅速提高,人们的闲暇时间越来越多,尤其是在发达国家表现得更明显。2015年左右,发达国家将进入休闲娱乐时代,新技术和其他发展趋势可以让人把生命中一半的时间用于休闲娱乐。

休闲时间受很多因素的制约,例如,工作性质、家庭其他成员的时间预算、节假日的多寡和假期长短等。我国目前实行黄金周休假制度,每年有"十一"和春节黄金周假期,这样人们可以自由支配的时间增多了,这对旅游动机的产生起了很重要的作用,使外出旅游的人数越来越多。休闲旅游可以促进人们相互间的了解和人格的发展,缩小社会阶层及人群之间的距离,使人们摆脱孤立状态并有利于消除有害的偏见。

有很多因素影响人们对时间的知觉。首先,在一定时间内,事件发生的数量和性质对人们的时间知觉产生影响。在一定的时间内,事件发生得越多,性质越复杂,人们越倾向于把时间估计得较短;而事件发生得越少,性质越简单,人们越倾向于把时间估计得较长。在回忆往事时,情况相反。同样一段时间,经历越丰富,就觉得时间越长;经历越简单,就觉得时间越短。其次,人们面对自己感兴趣的东西时,会觉得时间过得快,因此会对时间长度估计不足。相反,面对厌恶的、无所谓的事情,会觉得时间过得很慢,因此会把时间估计的过长。

基于以上结论,作为旅游接待部门,特别是景区、景点,一定要考虑游客在本地区单位时间里发生的事情,力保整个旅游过程都很充实。一次成功的旅游体验对于游客来说,肯定会觉得时间过的比较快,不知不觉就把时间"杀掉"了。现代旅游者越来越追求旅游"体验"的质量,因此旅游景区、景点应该多设置一些具有"柳暗花明"效果的项目,也要努力提高一些活动的可参与性。旅游购物商场可以播放一些背景音乐,使用温馨的气味,这样就可以极大地影响人们的心境,从而影响他对购物时间、接受服务时间的知觉。

自由处置时间或休闲时间对于一般人来说，相对比较少，旅游消费者都期望在有限的休闲时间里获得更大的满足和快乐。旅游者在休闲时间里可能会更愿意花钱以获得更高水平的享受。时间压力较大的旅游消费者还可能由从事比较悠闲的活动转向更为剧烈的活动，例如，由钓鱼转向打羽毛球，由打高尔夫球转向打网球等。

旅游度假是一种暂时性的体验。这种暂时性的体验可能是一种自由放松的感觉，即从日常生活中那种由于缺乏时间而产生的约束感中解放出来，度过一个自由放松的、不受时间限制的假期；也可能是一种时间的体验，即在休闲度假过程中，即使是经历或者从事那些非常激烈的事件或者活动，时间也好像慢了下来。因此，从体验的时间尺度上，可以将旅游度假分为不同的阶段，包括预期阶段、回忆阶段、旅行阶段等。时间的概念不仅是一个时间的次序，而且也对旅游者的休闲体验质量产生巨大的影响。因此，旅游业中的各个行业部门，都可以从时间的角度出发，采取一些必要措施，以提高旅游者的旅游休闲体验的质量。例如，旅行社可以采取措施帮助旅游者有效地利用时间；航空公司应该尽量做到所有航班都正点运行，减少飞机晚点对旅游者产生的负面影响；旅游经营商可以通过安排旅游度假活动的时间表、旅游休闲活动的组合及旅游者之间的互动和交流等提高旅游者的旅游休闲体验的质量。

三、情感因素

如第五章所述，情感因素是态度的构成因素之一。情感过程也是人对客观事物所持态度的体验过程。人们对客观事物的态度，常取决于客观事物对其需要的满足程度。当人们的生理需要得到满足后，就会产生一种积极的内心体验，情绪就会很高涨。当人们处于饥渴状态或者面对危险时，就可能会产生一种消极的内心体验，情绪就会很低落。情绪通常是对生理需要得到某种程度满足时的一种比较低级的内心体验。依据马斯洛的需要层次理论(参见第四章)，在生理需要和安全需要得到满足后，人们还追求知识、追求劳动创造、追求美、追求理想的实现，这就是人们的社会需求，是一种与人的意识紧密联系的高级内心体验。这种高级的内心体验就是情感。例如，饱览祖国锦绣河山后可以产生民族自豪感，看到旅游景点环境污染后会产生责任感。旅游者在旅游度假过程中非常重视那些值得回味的特殊时刻的情感体验。这些使旅游者情感洋溢的特殊时刻其中包括：在主题公园体验到的魔幻般的感觉；看到大峡谷时的惊奇感觉；高山滑雪时体验到的愉悦感觉；自己学会某种手工工艺或者体育运动技巧时的成就感和忘我的陶醉感觉；观看体育比赛、参加流行音乐会时感受到的现场刺激等。

旅游服务是一种具有高度情感因素的活动。精神上的需求、情感的需要、审美的追求等，都具有强烈的情感因素。因此，旅游工作者在举止、仪态、态度、作风、语言等方面的情感、情绪表现，都会影响旅游者的精神感受。

1. 旅游者情绪的特征

旅游者在旅游活动过程中的情绪具有以下几个方面的特征。

(1) 兴奋性。旅游者情绪上的兴奋性通常表现为"解放感和紧张感两种完全相反的心理状态的同时高涨"。外出旅游度假使人们可以暂时摆脱单调紧张的日常生活，现实生活中的压力也在某种程度上得到减轻，这就给人们带来了强烈的解放感，如同"笼中的鸟儿飞入大自然"。另外，异地旅游还可能接触到新的人和事物，对未知事物和经历的心理预期使人感到缺乏把握感和控制感，人们难免会感到紧张。无论是"解放感"还是"紧张感"，其共同特征是兴奋性增强，外在表现为兴高采烈和忐忑不安。

(2) 感染性。情绪具有感染性。旅游服务的情绪情感含量极高，以至于被称为"情绪行业"。人与人之间这种情绪感染的作用有时候很强大，甚至不可抗拒。只要能让客人看到服务者在高高兴兴地迎接他，即使服务者别的什么事情都还没有做，就已经为客人提供了心理服务。相反，如果让客人看到服务者一脸的不高兴，即使你什么话也没有说，客人也已经被"得罪"了。情绪的感染性在旅游者与旅游服务人员之间表现得尤为突出。

(3) 易变性。旅游者的情绪容易处于一种不稳定的易变状态。情绪有时处于积极状态，兴致很高；有时由激动趋向平静，兴致会逐渐减退。因此，导游人员必须随时观察旅游者的情绪变化，随时做出必要的反应。

2. 影响旅游者情绪的因素

影响旅游者情绪的因素主要包括以下几个方面。

(1) 身体状况。旅游活动需要一定的体力和精力作保证。身体健康、精力旺盛，是产生愉快情绪的原因之一。旅游工作者应该随时注意游客的身体状态，使其保持积极愉悦的情绪，以保证旅游活动的正常进行。特别是游客由于不习惯当地的饮食导致身体生病的事情时有发生。

(2) 需要是否得到满足。人们外出旅游就是为了满足某种需要，例如，为了身体健康的需要、为了获得知识的需要、为了得到别人的尊重等。需要是情绪产生的主观前提。人的需要能否得到满足，决定着情绪的性质。如果旅游活动能够满足人们的需要，旅游者就会产生积极肯定的情绪，例如，高兴、喜欢、满意等。如果旅游者的需要得不到满足，就会产生否定的、消极的情绪，例如，不满、失望等。

(3) 团体状况和人际关系。由于旅游团队大多是由来自各地的既不相识又没有交往的不同个体组成，因此新的人际关系通常会反映出差异性。不愉快的人际交往能使良辰美景、美酒佳肴黯然失色。在一个团体中，如果成员之间心理相容、互相信任、团结和谐，就会使人们心情舒畅，情绪积极；如果成员之间互不信任，互相戒备，就会使团体成员随时处在不安全的情绪之中。总之，旅游团队中的人际交往是一种"短而浅"的人际交往，成员之间的相互尊重是非常重要的。

(4) 客观条件。旅游活动中的客观条件包括接待设施、社会环境、交通、通信等状况。此外，地理位置、气候条件等也是影响旅游者情绪的客观条件。例如，优美的自然景色使人产生美的情感体验，整洁的环境使人赏心悦目；脏乱的环境、刺耳的噪声，使人反感、不愉快。

四、自我表现因素

由于各种原因，在现代社会中，人们的一些需要(例如美国心理学家阿特金森提到的成就动机)往往难以得到满足。1953年，阿特金森与其他心理学家在其合著的《成就动机》一书中指出：人希望从事对他们有重要意义的活动，并在活动中取得完满的结果，这就是成就动机。现实生活的客观条件往往不允许人们去充分地表现自身的各个方面，而只能把自己固定在自己的工作岗位上。许多人在生产过程中只是机械地重复着某些简单的动作，看不到劳动的最终产品。这就使人们体会不到取得劳动成果时的欣喜之情。但是在人的心理本性上，每个个体都希望能够取得应有的成就并寻求社会的承认，从而获得自豪感、愉悦感和满足感。随着社会经济的发展，生活水准和人们文化素养的提高，越来越多的人都产生了一种强烈的表现自我的欲望，希望能够通过自我创作、自我表演、自我娱乐、自我教育等方式，来体现自我价值。

对一些人来说，作为娱乐活动的旅游休闲活动，可以提供非常好的探寻、表现和理解自我的机会。旅游既能够使那些成功人士在旅游活动过程中，体会到更多的成功的喜悦，也能够使那些在日常工作生活中缺乏成就感的人们，在旅游活动过程中，或多或少得到一些成功的体验。各种旅游活动，例如，登山、游泳、射击、射箭等，都可以设立一些阶段性目标，对达到某种目标者给予一定的奖励，以增加人们对成就需要的满足度。人们有时会惊奇地发现，本来在现实生活中很平静的人，在旅游过程中却会表现活跃，喜欢展现自我。这就是旅游者在旅游活动中的自我表现。

旅游工作者的服务目的是让游客产生轻松、亲切、自豪的心理感受。整个旅

游环境也可以作为旅游者表演的大舞台,让其在这里实现自己的某些梦想。作为旅游服务的提供者,如果旅游者有什么愿意表现出来的长处,应该帮他们表现出来;如果旅游者有什么不愿意让别人看到的短处,也一定要设法帮他们遮盖或隐藏起来。旅游者通过自我表现可以展示其自我满意的良好"自我形象",进而创造一种美好的旅游体验。

五、服务环境因素

旅游休闲活动的环境也是影响旅游者的旅游体验质量的一个重要因素。服务环境既包括功能服务,也包括心理服务。旅游者在旅游过程中对物质和精神的需求,决定了旅游服务内容包括物质性内容和精神性内容两大类。物质与精神的双重服务也可以称为"功能服务"与"心理服务"。旅游者外出旅游时必然会在行、游、住、食、购、娱等方面遇到一系列具体问题,这就需要旅游服务企业和旅游服务人员帮助解决,为其提供具体的"功能性服务"。旅游者需要获得轻松、亲切、自豪等方面的心理感受,这就必然要求旅游服务企业和旅游服务人员为其提供精神上的"心理性服务"。

可以这样认为,功能服务和心理服务分别是一条轴线上的两极,在两极之间是一个连续的谱系。在当代社会中,单纯绝对提供功能服务或者心理服务的服务性企业和服务场所几乎是不存在的。所有的服务性企业都可以在这条轴线上的某一个点找到自己的位置。靠近功能服务一侧,功能服务所占的比重就大一些;靠近心理服务一侧,心理服务所占的比重就大一些。如上所述,旅游产品是一种体验经济产品,因此旅游产品所要求的服务环境,在心理服务方面所占的比重要远远大于功能服务。在这个意义上,旅游服务企业和各种旅游接待单位都要在注重服务硬件建设的同时,更重视服务软件的建设,提高"心理服务"水平。

现在的饭店、餐馆及快餐店等在就餐环境的设计上,越来越重视温馨感,力求为客人营造一个良好的氛围。其中一个共同的特点是,食品操作间和餐厅之间用透明玻璃间隔,使客人可以看见厨师的整个烹饪过程。例如,我国台湾永和豆浆、全聚德烤鸭店等都采用这样的设计。客人去那里吃饭并不仅仅是为了填饱肚子,还希望要"饱目",也就是要享受某种氛围。人们在不同的环境、不同的氛围中用餐,即使吃的是同样的饭菜,其感受也会大不相同的。因为,饭菜虽然一样,但是就餐的"体验"却大不相同。玻璃间隔后面展示的精彩烹饪过程给顾客留下了深刻的正面印象,再加上服务人员的殷勤服务,就可以在客人心中留下心理上的收获,使顾客获得愉悦的就餐体验。

六、心理结果

旅游休闲活动的参与者利用自己的时间和金钱，参加一系列自己选择的活动，产生了自己心理和身体上的结果。旅游休闲体验可以使人们的一些社会心理需要得到满足。这些需要的满足有助于实现人们身体与精神上的良好状态和对生活的满足感，而这又可以促进人们的进一步发展。从心理结果的角度审视休闲体验，可以发现休闲体验具有"事后满意"的成分，即旅游者更重视休闲体验的最终心理结果。旅游休闲活动结束后，旅游者肯定会把自己在这个旅游度假过程中的切身感受与先前的期望进行比较，对本次旅游度假活动做出总体评价。旅游服务企业和旅游工作者当然都希望旅游者能够乘兴而来，满意而归。因此，旅游服务企业都非常注重"售后服务"。旅游服务的接待单位，特别是旅行社、酒店等以"心理服务"为主体的企业和部门，更应该重视旅游者的最终心理结果。

旅游休闲体验的心理结果可以从多个方面体现出来，通常包括以下三个方面。

- 直接体验：包含乐趣、放松、兴奋、娱乐等情感洋溢的因素，这些因素中的很多方面都与商品化了的旅游休闲活动相关联。这种体验的结果是"愉悦和快乐"。
- 体验性学习：这种学习会对个人的技能和知识、身体和心理上的健康以及其他一些能够看得到的个人状况产生影响。这种体验的结果是"成就感"。
- 个人发展：与个人或者自我发展、对生活的满足、自我实现的身份地位的提高相关联。这种体验的结果是"福利和幸福"。

第三节 影响旅游休闲体验的因素

影响旅游休闲体验的因素可以来自很多方面，休闲体验的质量既受休闲体验本身特性的影响，也会受到其他方面因素的影响。下面将从三个方面讨论影响旅游休闲体验的因素：旅游服务质量、环境因素、人的因素。

一、旅游服务质量

如第八章所述，所谓"质量"是一种"综合的评价"，包括很多层面，例如，可靠性、感情移入、有形性、响应度、信任度。在旅游服务行业中，对服务质量的评价，在很大程度上具有主观色彩。旅游者对服务的要求比较重视感受，带有较大的个人主观性。因此，质量并不是一个简单的事实，质量实际上是消费者心中的一种感觉。简而言之，服务质量就是服务的接受者对所获得的休闲体验的看法。顾客对服务质量的感知就是其对服务的期望值与实际服务水平之间的差距，即"感知"="期望"-"质量"。

由于旅游工作者个人的气质、服务技巧等多种因素的影响，服务质量有较大的可变性。所以对服务质量的衡量大多是定性的，并无十分准确精密的尺度。美国专家科夫曼在《酒店业推销技巧》一书中指出，有时候连客人自己也弄不清楚，为什么会对他所住过的某一家酒店感到特别满意。科夫曼对此所作的解释是：酒店的优质服务使客人产生了"朦胧的、模糊的亲切感"。各种质量标准和质量评定的最后决定权还是在顾客手中。也就是说，要"以消费者的眼光"而不是"以服务表现者的眼光"来评价质量。

二、环境因素

心理学家勒温曾提出一个"行为公式"，这个公式是 $B=f(P*E)$，公式中的 B 代表行为，P 代表人，E 代表环境，f 代表函数。公式的含义是：行为是人和环境的函数，它会随着人的变化而变化，也会随着环境的变化而变化。

"行为公式"告诉我们，对人的行为要从两个方面去找原因。一方面，要从行为者所处的环境中去找原因，看看环境给了他什么样的"刺激"，包括作为"前因"的刺激和作为"后果"的刺激。另一方面，要从行为者自身来找原因，看行为者是一个什么样的人，他有什么样的想法，处于什么样的状态等。

旅游行为基本要素之一的旅游环境作为客观现实，是旅游者休闲体验产生的源泉和必要条件。旅游环境一般包括气候、阳光、空气、旅游资源、旅游服务、旅游地等自然环境和个体所处的经济、文化科技等社会环境。旅游环境还可划分为硬环境和软环境两个部分。硬环境指综合环境体中的景观环境、交通环境、住宿环境、道路环境、购物环境、康乐环境以及文化环境等；软环境指旅游目的地的劳动质量与服务水平、居民文化素养与友好态度、管理与经营方针、国家政治与政策、语言文化及安全感等。从旅游心理学的角度，凡是能够造就对旅游者具有吸引力，能够培养旅游者感情的环境(包括人文景观、自然景观、旅游地人口流量、交通状况、旅游设施设置情况、旅游活动项目及其变化情况和旅游服务表现等状况)，只要能够使旅游者产生某种纪念性的心理状态，并能满足旅游者旅游动机的环境，都可称为旅游环境。

旅游者与旅游休闲环境之间存在着交互作用。物理环境在决定旅游者参与休闲活动的结果方面起着重要的作用，同样，物理环境的形成也受利用和创造它的人的行为方式的影响。从图 10-2 中可以看到，自然环境、社会环境、服务环境、旅游消费者、服务企业的员工、服务的过程、管理过程等因素之间的相互作用关系。旅游休闲环境并不仅仅指物理环境，也包括社会文化环境和人们的态度方面的环境，例如，民俗风情、语言和方言、目的地居民的态度等。

	人的维度	
	社会背景/环境	员工的影响
自然风景/服务环境	个人的感知	政策、服务系统和程序的影响
活动	与其他消费者之间的相互作用	提供服务过程的特性

图 10-2　旅游休闲体验中的环境因素与人的因素的关系

(资料来源：Christine Williams，等．旅游与休闲业服务质量管理．戴斌，等译．天津：南开大学出版社，2004：143，略有改动)

旅游服务企业和旅游服务人员应该为旅游者准备一个"有准备的环境"。在硬环境方面，交通环境、住宿环境等都要完善，要有利于旅游者的旅游休闲活动。旅游景区、景点的各种设施都应该考虑到旅游者的各种需求。在软环境方面，特别要提高旅游服务人员的接待素质和服务水平。

所谓"有准备的环境"，就旅馆业而言，意味着："建筑物、土地和装备，包括所有内部装潢、家具和供应品，因此，像一些不起眼的东西，例如，茶盘、一张记事纸或一只冰桶等，在传统的设计观念中，或许会被忽略掉，但对于服务人员来说，这些也必须与其他明显物品一样都包括在内。"另外，纯自然环境的旅游景区有时就是一个"有准备的环境"。卢梭曾经说过，"森林里的一个小木屋，对于儿童来说，就是一个纯粹的教育环境。"城市人向往大自然，一些纯天然的小山可能会留下他们的脚步，醉心其中。我国古人很早就提倡人和大自然融为一体。人本主义心理学家马斯洛在论述自我实现的人的时候，也曾指出"对自我、他人和自然的接受"是作为一个自我实现的人的主要条件。自我实现者能够在接受自然特性时持有一种毫不置疑的态度来接受脆弱、过失、弱点以及人生的另一面。最好能在第二现实——旅游环境中,得到在第一现实生活中得不到的"高峰体验"。比如登上泰山后"一览众山小"的感觉就是旅游过程的高峰体验。伴随着的主观体验是巨大的狂喜、惊奇、敬畏以及失去时空感的感觉,体验到更加有力但同时又是孤独无助的感觉,他们感到某种极为重要、极有价值的事情发生了,在某种程度上,感受主体被改变了、增强了,因此,他们同时兼有自我的丧失与自我的超越体验。

三、人的因素

如图 10-2 所示,旅游者的休闲体验发生在旅游者与各种背景环境的相互作用之中,同时旅游者的休闲活动也都是发生在有其他人(例如,其他旅游消费者、旅游服务人员等)在场的时候。影响旅游休闲体验的人的因素主要来自四个方面:旅游者本身、旅游服务企业的员工(服务人员和管理人员)、其他旅游消费者及旅游目的地(或旅游景点、景区)社区的居民。这四个方面的因素相互作用的结果直接影响着旅游者的旅游休闲体验的质量。如果上述四个因素中的任何一个或多个因素发挥消极作用,旅游者的旅游休闲体验的质量就会受到一定程度的负面的影响。同时,旅游业的一个重要行业特点是旅游者和旅游服务企业的员工之间存在着大量的交互作用。因此,高素质的旅游服务企业员工在为旅游者提供和创造"体验"时显得尤为重要。物理性的旅游资源(物理环境因素),例如,山川、河流、瀑布、古建筑等,相对于旅游工作者来说是"死"的环境因素。而服务人员是"活"的环境因素。在这个意义上,要进一步提高旅游者的旅游休闲体验质量,就必须要重视提高旅游服务人员的素质。

参考信息

在城市旅游体验管理中应该考虑的主要因素

从旅游管理的角度,为了让旅游者在城市旅游中获得美好的体验,下述因素应该认真加以考虑。

(1) 游览期间的天气情况。

(2) 住宿设施的标准与质量。

(3) 城市的整洁程度。

(4) 城市的美学价值(即城市的环境与风景)。

(5) 旅游者不受犯罪伤害，个人安全得到保障。

(6) 健康与安全条件，尤其是紧急医疗服务设施的充分性和有效性。

(7) 旅游吸引物和城市景区(景点)的可进入性。

(8) 当地居民欢迎旅游者到来的热情及友好程度。

(9) 旅游服务人员使用不同语言进行交流的能力。

(10) 文化与艺术氛围。

(11) 步行游览的城市环境。

(12) 城市环境的拥挤程度。

(13) 可提供的夜生活和娱乐项目。

(14) 城市餐饮设施及烹饪主题的开发程度或者美食活动的开展程度。

(15) 旅游者购物的愉快程度。

(16) 城市商品与服务的价格水平。

(17) 旅游者求助的时候，当地居民可提供帮助的程度。

(资料来源：史蒂芬·佩吉，等. 现代旅游管理导论. 刘劼莉，等译. 北京：电子工业出版社，2004：342～343，略有改动)

案例讨论

丽贝卡一家三代人的生日

20世纪60年代，丽贝卡的妈妈过生日时，丽贝卡的奶奶亲手烤制生日蛋糕，她购买价值10美分或20美分的蛋糕制作原料。20世纪80年代，丽贝卡过生日时，妈妈打电话给超市或当地的面包房订生日蛋糕，这种定制服务将花费10至20美元。而许多父母却认为定制很便宜，因为这样做，可以使他们集中精力于计划和举行画龙点睛的生日聚会。21世纪初，丽贝卡的女儿过生日时，丽贝卡把整个生日聚会交给"迪斯尼俱乐部"公司来举办。在一个旧式农场，丽贝卡的女儿和她的14个小朋友一起体验了旧式的农家生活。他们用水洗刷牛的身体，放羊，喂鸡，自己制作苹果酒，还要背着干柴爬过小山，穿过树林。丽贝卡为此付给公司一张

146美元的支票。丽贝卡的女儿在生日祝词上写道:"生日最美妙的东西并非物品"。

(资料来源:曾凌峰. 调逗人们的购买欲望. 北京:中国经济出版社,2004:6,略有改动)

讨论问题:

如何理解丽贝卡的女儿在生日祝词上写道:"生日最美妙的东西并非物品"这句话?

复习与思考题

1. 什么是"体验"？为什么说旅游产品是体验经济产品？
2. 如何理解旅游体验是多种复杂因素相互作用的结果？
3. 结合自己或他人的旅游经历，讨论为什么旅游体验可以提高生活质量？
4. 旅游者情绪的特征有哪些？
5. 举例说明影响旅游者情绪的因素有哪些？
6. 举例说明什么是"功能服务"和"心理服务"？
7. 结合图 10-2 讨论在旅游休闲体验中的各种环境因素与各种人的因素之间的相互关系。

第十一章　旅行社服务心理

【本章导读】

　　人一旦离开熟悉的生活环境，改变习惯的生活节奏，其心理和生理也会随之发生变化。为了向旅游者提供优质满意的服务，导游员需要了解旅游者在旅游活动不同阶段的心理变化规律和行为特点，把握旅游者的心理动态。团队旅游者和散客对旅行社的服务有不同的要求，而导游员除了应该具备高度的政治素质，高尚的思想素质，高超的业务素质，良好的文化素质，健康的身体素质之外，还应该努力培养良好的心理素质。前台是旅行社的一个窗口，前台接待服务质量是旅行社树立良好形象、提高经济效益的前提和基础。为了高质量地做好导游工作，导游员必须因人、因事、因时、因地而异，充分地运用自己的人格魅力和业务能力，采取灵活恰当的心理策略和导游手法，创造最佳的服务效果。

【关键词】

　　导游员(tour guide)　导游服务(tour guide service)　旅游者(tourist)　心理素质(psychological quality)　心理特征(psychological characteristics)

第一节 旅游者在旅游过程中的心理活动规律

旅游者抛开日常生活的紧张和喧嚣，来到异国他乡旅游，希望能度过一段自由自在、无拘无束、无忧无虑的美好时光。但是，人一旦离开熟悉的生活环境，改变习惯的生活节奏，其心理和生理也会随之发生变化。为此，导游员只有了解旅游者在旅游活动不同阶段的心理变化规律和行为特点，把握旅游者的心理动态，才能掌握导游服务的主动权，向旅游者提供优质满意的服务。

一、旅游者初到异地时的心理特点

旅游者初到异地，会感觉眼前的一切事物都是那样的陌生、奇特、有趣，会产生马上了解的欲望，但又不知道从何入手，加上人地生疏，语言不通，便会产生一种不知所措、茫然不安的心理感受和复杂心态，因此，他们既有兴奋、好奇、求知之心，又有孤独、拘谨、恐惧之感。总的来讲，旅游者在旅游活动初始阶段的心理活动特点通常包括：对新鲜事物的好奇；对陌生环境的紧张；对人际沟通的敏感；对优质服务的期待。

在旅游初始阶段，远道而来的旅游者最需要的是如何消除这种茫然无措的心理，尽快适应新的环境。导游员是旅游者在旅游目的地最先接触的人，是旅游者在陌生的环境中心理平衡的支点。导游员若能及时提供真挚友好、热情周到、耐心细致的接待服务，营造宾至如归的氛围，会使旅游者倍感亲切、一见如故，并留下美好的第一印象。

二、旅游者在游览活动中的心理特点

1. 好奇求知心理

随着对旅游目的地环境的熟悉以及与导游员的熟识，旅游者的情绪逐渐放松，思维也趋于活跃。旅行出发之前，旅游者通过媒介宣传等途径就已经对旅游目的地产生了种种美好的想象，当抵达旅游目的地进行参观游览时，探新猎奇的心理和激动兴奋的心情共同交织在一起。面对各种见所未见、闻所未闻的自然风光，珍贵的文物古迹，壮观的现代建筑与先进的娱乐设施，旅游者会产生先睹为快的强烈欲望，驱使自己尽情地观赏。游览过程中种种新异的旅游刺激物，例如，陕北的窑洞、南国的竹楼、周庄的水乡、平遥的古城、北京的胡同、西藏的雕楼以及少数民族特殊的服饰和风俗等，都会令旅游者产生极大的兴趣。但观赏之余，旅游者求知的心理意识又促使他们想知道其中的缘由，因此会向导游员提出各种各样千奇百怪的问题。导游员此时应该把握旅游者心理上的变化，处理好"导"和"游"的关系，应该"导"、"游"交错，有效地组织旅游活动，最大限度地满足旅游者的好奇心和求知欲。

2. 审美愉悦心理

"爱美之心，人皆有之"。尽管每个旅游者外出旅游的动机不尽相同，但是审美和愉悦无疑是人们的共同追求。旅游过程就是审美过程，旅游者的旅游活动是一种寻求美、发现美、欣赏美、享受美的综合审美实践活动。在游览中，旅游者的审美需求通常集中于旅游目的地的自然美和人文美。旅游者的审美意识是旅游者思想感情和心理状态主动作用于审美对象而形成的，不同的旅游者具有不同的审美观念。导游员在为旅游者服务中应该注意照顾其共同的审美情趣和审美需求，了解旅游者在游览过程中的审美心理及其变化规律，有目的地引导和利用旅游者的审美意识，提供完美的导游服务。

(1) 自然风光审美。进入 21 世纪，紧张激烈的社会竞争常常导致人们产生焦虑、苦闷、忧郁、失望、冷漠等不良的情绪与心态，引发自我防卫、自我逃避、自我调节、自我控制的心理趋向，极力想通过旅游活动在大自然中寻求一种情感的净化和心理的放松。人们崇尚自然、回归自然的心理需求在不断地增长。在一定意义上，旅游者在游览过程中的自然审美心理几乎贯穿于旅游活动的始终，是一种普遍的现象。湛蓝的天空、蔚蓝的大海、雄伟的山岳、荡漾的湖水、奔腾的江河、咆哮的瀑布，以及千姿百态的飞禽走兽、花草树木都令人赏心悦目，心旷神怡。自然旅游资源的形、光、音、色造就了大自然的形态美、光泽美、色彩美、音韵美；瞬息万变的佛光、云海、蜃景等变幻造景更为大自然增添了神秘与梦幻。面对奇妙的自然万物，旅游者会顿生超凡脱俗之感。自然之美是可以被感知的，古今中外无数文人墨客都赞美大自然。例如，当游客历尽艰辛登上泰山极顶，观赏壮丽的日出景色时，心里总是洋溢着一种难以名状的喜悦，产生"会当凌绝顶，一览众山小"的神奇感受。此时，人们移情于景，寓情于景，借景生情，借景抒情，达到了"情景交融，天人合一"的美妙境界。

(2) 社会人文审美。自然景观美主要表现在形式上，旅游者能够直接感知到，但是人文和社会景观的美则体现在内容上，若不了解其历史背景与神话传说等典故，则难窥其深层的美。例如，旅游者游览一座寺庙，所见到的仅是具有浓郁民族风格和浓厚宗教色彩的古建筑,许多文物古迹仅是一块石头、一段碑文或者一处遗址。其形式简单,给人的直观印象十分单调乏味,不知其美在何处。此时,导游员若能出神入化地讲解,可令旅游者产生兴趣,形成良好的旅游氛围。例如,武汉的"古琴台"是游客必到之处,外观毫无美感,上面只有一块碑文,讲述的是伯牙与钟子期交往的历史故事。倘若导游员能把"知音"这个典故向游客娓娓道来,一定会使游客产生无限遐思,联想到中华民族是一个重视友情、讲究友爱的礼仪之邦。导游员出神入化的讲解,可以引发旅游者丰富的想象力,使其审美心理得到充分的满足,获得身临其境的精神享受。

(3) 文化艺术审美。自然风光之美,美于形式;社会人文之美,美在内容;而文化艺术之美则是内容与形式的统一。我国是一个拥有悠久历史和灿烂文化的文明古国。中国的绘画、戏剧、诗文、书法、剪纸、蜡染、雕刻、碑碣、楹联、匾额、刺绣、竹编、园林艺术等都能激发中外游客的审美激情。但大多数旅游者,特别是外国游客对中国博大精深的传统文化艺术缺乏深层次的了解,只有借助导游员出神入化的讲解才能领会其中的奥妙与神秘。由此可见,导游员在旅游者的文化艺术审美活动中起着非常重要的媒介作用。

(4) 饮食生活审美。"民以食为天",中华民族素以注意饮食、讲究烹饪闻名于世。中国菜的四大菜系乃至八大菜系,风味各异,形成了中华民族源远流长的饮食文化。中国烹饪重刀工,讲调味,追求造型,追求感官乃至内心的愉悦。"色、形、香、味、质、声、器俱佳"是中国烹饪的最高境界。中华美食色彩悦目、香气扑鼻、滋味鲜美、温度适宜、质感良好,令南来北往的国内外游客尽饱口福,流连忘返。例如,四川名菜"三鲜锅巴",浇汁时要发出声音来,叫做"声声报喜"。"器"是指什么席用什么器皿,什么菜放在什么盘子上,像"满汉全席"的盘子一定要含有黄色,因为黄色是皇家菜的象征。中国饮食文化的魅力,使旅游者从中不仅获得生理上的满足,而且得到精神和心理上的审美和愉悦。

三、旅游者在旅游终结阶段的心理特点

旅游终结阶段,是指客人即将离去,导游员与游客交往即将结束,直至游客离开的这一段时间。这一阶段,是客人对旅游期间所接受的服务进行整体回顾和综合评价的阶段。此时游客的心理是复杂的,如果导游员忽视了这个最后的服务环节,就无法给整个服务工作画上一个圆满的句号,也会使游客带着一些遗憾离去。

通常,旅游者在旅游活动即将结束、临近返程的时候会产生一种既兴奋又紧张的心理状态。兴奋是因为旅游活动即将结束,马上要返回家乡,又可见到亲人和朋友,可以向他们述说旅游的所见所闻,同他们一道分享旅游的快乐。此时,由于

游客情绪兴奋头脑不易冷静,出发前经常容易丢三落四,忙中出错,导游员应该设法平静大家的情绪并做好提醒工作。紧张是由于想尽快办完一切相关事宜,还有相当一部分游客表现出难以适应原来家乡社会的心理感受。这时,导游员应该设法放松游客的心情,用旅游的快乐与到家的温馨来引导游客的感觉,把对游客诚挚美好的祝愿说得感人肺腑,让游客带着"服务的余热"踏上回程之旅,使游客产生留恋之情和再次惠顾之意。这样既树立了旅行社对外的良好社会形象,又扩大了潜在客源,势必能提高旅行社的经济效益。一位成功的导游员应该把握好旅游者此时的心理,使旅游者高兴而来,尽兴而归,为旅游者的旅行生活画一个圆满的句号,对旅游目的地留下完整而又美好的回忆。

第二节 旅游者对旅行社服务的要求

一、团队旅游者对旅行社服务的要求

团队旅游者是指通过旅行社与旅游服务中介机构,采取支付综合包价和部分包价的形式,有组织地按预定行程计划,进行旅游消费活动的旅游者群体。

1. 对规范化服务的要求

旅游团队服务的规范化是旅游团队接待服务质量的基础和保障,主要体现的是标准化和程序化。标准化指旅行社工作人员按照一定的标准向旅游团提供旅游参观游览过程中的各种服务。程序化指旅行社工作人员根据旅游团队运行的普遍规律,严格按照有关程序规定要求的详细步骤,向旅游团队提供的接待服务。

2. 对个性化服务的要求

在旅游团队这个临时组成的群体中,旅游者之间存在着社会背景和兴趣爱好等方面的差异;在不同的旅游团之间,旅游者又有文化背景、宗教信仰、价值观念等方面的诸多不同。这就使旅游者对旅游接待服务的要求也存在不同程度的差别。旅行社工作人员应该针对旅游者的不同特点,在坚持规范化服务的同时,尽可能满足旅游者合理的个性化要求,提供个性化、有人情味的服务,使旅游者满意。

3. 对技巧化服务的要求

接待旅游团队对导游员接待技能的要求比较高。这是因为团队旅游的旅游者

人数多，成员间的关系复杂，多数旅游团内的旅游者在旅行开始前互不相识，需要在有限的旅游时间内相互了解，相互适应，这就给导游员的接待工作带来了很大的难度。因此，导游员不但要提供高质量的规范化服务、个性化服务，还要具有很强的带团技能，善于发现问题，解决问题，协调关系，本着游客至上、合理而可能的接待原则，在短时间内运用高超的导游技能帮助团员建立和谐、友好、健康的团队内部关系，以保证旅游计划的顺利完成。

二、散客旅游者对旅行社服务的要求

散客旅游又称自由行，是指旅游者自行安排的旅游行程，零星支付各项旅游费用的旅游方式。近年来，散客旅游发展迅速，在国际旅游业中占有十分重要的地位，是旅游者主要的出游方式之一。在我国，无论是入境旅游、出境旅游还是国内旅游，都体现出与国际旅游业相同的发展趋势，散客旅游在我国旅游业发展中已经成为各种旅游活动的主要形式之一。

1. 对服务中文化含量的要求

散客旅游者通常有较为明确的个性需求，文化层次普遍较高，有着丰富的旅游经验，对旅游产品中的文化含量十分重视。导游人员能否把旅游资源中的深层文化内涵准确全面地传递给旅游者，能否通过导游人员的服务让旅游者充分领悟旅游资源的文化价值，满足他们追求个性化多样化的消费心理，直接影响着导游员服务的质量。因此，散客旅游的导游员要具备丰富的知识，较高的文化素养，这些不仅要在讲解服务中，还要在生活服务、心理服务等其他形式的服务中得以体现。

2. 对服务项目多样化的要求

由于没有相对固定的旅游线路，散客旅游者的购买选择存在着极大的灵活性和随意性，他们要选择的产品范围大，种类多样。因此，旅行社要相应地具有较强的采购能力，建立起覆盖广泛、服务高效、质量优异的旅游服务供应协作网络，以满足散客旅游者的各种各样的购买需求。

3. 对服务便利性的要求

由于散客旅游者的购买方式为零星购买，支付方式为即时现付，活动范围广，受旅行社、导游员的影响小，因此他们需要极为便利的服务。在任何时间、任何地点，散客旅游者都希望得到及时周到的服务。这就要求旅游服务部门一方面要建立以计算机为基础的网络化预定系统，另一方面要建立以导游员为主体，以散客为对象的导游服务系统。这样既可以为旅游者提供诸多便利，更能够为旅行社提高社会经济效益起到促进作用。

三、导游工作对导游员心理素质的要求

周恩来总理曾对我国导游员的素质提出"三过硬"的要求，即思想过硬、业务过硬和外语过硬。今天，导游员除了应该具备高度的政治素质、高尚的思想素质、高超的业务素质、高深的文化素质、健康的身体素质之外，还应该努力培养良好的心理素质。

1. 对导游员气质的要求

气质是人的一种心理特征，它包括人在与外界事物接触中表现出来的感受性、耐受性、敏捷性、兴奋性以及心理活动的内向性、外向性等特点。在旅游服务中，导游员为客人提供的是面对面的服务。要做好导游服务工作，服务人员必须具备一定的气质特征：

(1) 感受性和灵敏性要适中。感受性是指人对外界刺激产生感觉的能力和对外界信息产生心理反应需要达到的强度；灵敏性是指服务员心理反应的速度。导游员接待的客人来自五湖四海，他们的性别、年龄、职业、文化背景、教育程度各不相同。如果导游员感受性太高，则注意力会因外界刺激的不断变化而分散，从而影响服务工作的有效开展。当然，导游员的感受性也不可过低，否则将对客人的服务要求视而不见，会怠慢客人，降低服务质量。此外，导游员的灵敏性要求不可过高，否则，会使客人产生不稳重的感觉，也无法使自己保持最佳的工作状态。

(2) 耐受性和兴奋性要较高。耐受性是指人在受到外界刺激时，表现在时间和强度上的耐受程度和在长时间从事某种活动时注意力的集中程度。有的导游员长时间陪团仍能保持注意力的高度集中，而有的导游员陪团时间一长，就感到力不从心。前者耐受性强，后者则耐受性弱。兴奋性是指情绪发生的速度和程度。在导游服务中，重复性的讲解工作常常使导游员感到厌倦，工作的热情受到极大的影响。但是，在游客面前，这些情绪和思想却不能表露出来。导游员要有极大的克制力，在每天的工作中都能以微笑、诚信对待每位游客，使游客时时感受服务人员饱满的工作热情和高效、优质的服务。因此，导游员必须具备较高的耐受性和情绪兴奋性。

2. 对导游员性格的要求

良好的性格特征可以使导游员始终保持最佳服务状态，使主客关系变得融

洽。对导游员个人而言，良好的性格特征可以使其从客人的满意中获得个人的心理满足。一般地说，导游员应该具有热情开朗的性格，具体表现为真诚、友善、忠实、可靠、独立、外向、乐观、幽默、理智、自信。善于和人打交道的性格更为重要，导游员要能够同各种类型、各种性格和各种年龄的人打交道，善于在感情上与游客进行沟通和交流。导游服务工作所要求的热情服务应当内化为导游员性格特征的自然流露，而不是表面上的逢场作戏。时时保持灿烂的笑容，用真诚和热情赢得游客的信任，用坚忍和耐心化解游客的不满，这才是一个优秀导游员应有的性格品质。

3．对导游员情感的要求

情感是人对客观事物好恶的心理倾向。导游员面临复杂多变的客观事物，会产生不同的态度和情感体验，导致不同的导游行为。导游员的健康、积极的情感可以推动导游服务，具体包括高尚的道德感、正确的美感和科学的理智感。

导游员高尚的道德感表现在对自己祖国的自豪感和荣誉感、对导游工作的崇高使命感与责任感及对旅游者的友谊感。在导游服务过程中，导游员绝不能为蝇头小利而折腰，做出有辱人格、国格的行为。要以积极健康的动作、表情等情绪来有效地感染旅游者，使他们产生正确积极的心理状态和情绪体验，创造出良好的导游效果。要努力践行"导游工作八荣八耻"，即以持证上岗为荣，以无证野导为耻；以衣着得体为荣，以不修边幅为耻；以受聘导游为荣，以私自接团为耻；以言语亲切为荣，以污言秽语为耻；以服务游客为荣，以狠吃回扣为耻；以合理营利为荣，以索要小费为耻；以提高技能为荣，以玩忽职守为耻；以博学多才为荣，以唯利是图为耻。

导游员正确的美感应该符合现阶段人们的综合审美标准，适应旅游者对审美的一般心理需求与欲望。这不仅反映于自身仪表的审美上，而且也反映在对旅游客体审美的趋同性上。首先导游员要培养自己良好的审美素质，努力做到服饰美、举止美、气质美、语言美。另外，在导游服务中既要照顾旅游团全体成员共同的审美情趣，又要适当顾及个别游客的审美要求，通过审美活动来激发旅游者，使其产生积极的情感体验。

导游员科学的理智感反映在强烈的钻研业务的求知欲上，在导游服务中要努力保持积极的情感并控制消极情感的产生。导游员要以平静、耐心的态度对待旅游者不合理的要求，不应该流露出不耐烦的情绪，更不能失去理智与客人争吵。导游员应该努力把自己深厚积极的情感稳固持久地维持在行动上，为旅游者创造出一种愉快、积极、健康的情感体验氛围。在导游服务中，导游员即使自己不高兴，也不能表现出来，更不能把自己消极的情绪强加给旅游者。

4. 对导游员意志的要求

意志是人们自觉地调节行为去克服困难以实现预定目标的心理过程。导游服务工作面临复杂的社会环境，导游员要和各种各样的人打交道，其个体因素和复杂的群体因素常常引发内心激烈的心理冲突。导游员的意志品质主要包括心理活动的自觉性、果断性、坚韧性和自制性。导游员只有具备坚强的意志品质，才能正确解决各种心理矛盾和冲突。一个自觉性强的导游员，往往具有较强的主动服务意识，在工作中能不断提高业务水平，并积极克服工作中所遇到的困难。一个果断性强的导游员，面对各种复杂问题能全面而又深刻地考虑行动的目的及达到目的的方法，懂得所做决定的重要性，清醒地预见可能产生的结果，及时正确地处理各种问题。一个坚韧性强的导游员，能排除与目的相悖的各种主客观诱因的干扰，围绕既定目标做到锲而不舍、有始有终。一个自制力强的导游员，能克制住自己的消极情绪和冲动行为，不论在什么情况下，都能克制并调节好自己的情绪，做到头脑冷静，宠辱不惊。

5. 对导游员能力的要求

敏锐深刻的观察能力、高度集中的注意能力、准确熟练的表达能力、较强的交际能力、和谐周到的协调能力是导游员最基本的能力品质。

(1) 敏锐深刻的观察能力。导游员必须具备敏锐深刻的观察能力，通过观察旅游者的言谈举止、面部表情、体态语言来准确地判断旅游者的内心状态。导游员要善于察言观色，预测游客的心理反应，及时调整服务内容和方法，采取必要的措施，运用多变的手法，保证旅游活动的顺利进行。例如，在导游讲解时，如果游客表现出目不转睛、听力集中的情况，导游员就可以顺着话题继续讲下去；反之，如果游客出现东张西望、情绪烦躁的状态，导游员就应该转换思路，转移话题，因势利导地顺着游客的意愿进行导游服务。

(2) 高度集中的注意能力。导游员必须具有高度集中的注意能力，同时要有较大的注意广度、较好的分配注意和转移注意的能力。例如，导游员在讲解某一景点时，不仅要把注意力放在讲解对象上，而且要注意观察旅游者的情绪反应和变化，当发现游客已把目光转向另一个事物，在好奇地等待讲解时，导游员就应该及时转移注意力，去介绍游客感兴趣的景物，激发游客兴趣，调节游客情绪，满足游客的心理需求。

(3) 准确熟练的表达能力。导游员必须具有准确熟练的表达能力。导游服务的一大特点就是和旅游者面对面地交往，通过语言、表情、手势、态度、举止等多种表达方式与旅游者交流，其中语言交流占很大比例。因此，良好的语言表达能力是做好导游工作的关键。导游员的语言表达要力求文明、真挚、准确、精练、生动、清晰、灵活、幽默，使导游语言成为游客与风光景观之间的七彩桥梁。此外，导游员的行为表达能力也非常重要，它是一种无声的语言，有经验的导游员能够通过一个眼神、一抹微笑和一个手势向旅游者表达自己的真诚、友好、乐观、自信、同情、理解、体贴和负责。

(4) 和谐周到的协调能力。导游工作是一种与客人打交道的艺术。导游员除了与游客交往之外，还必须协调好与旅游部门和其他相关部门的关系。这不仅关系到导游工作能否顺利进行，而且关系到导游员所代表的旅行社的业务能否正常开展。导游员与各方面建立和谐的人际关系，有利于保证旅游服务的质量，树立良好的个人形象，为其所代表的旅行社赢得知名度和美誉度。导游员面对的常常是十几个或者几十个人的团体，负责安排食、宿、行、游、购、娱等多项工作，事无巨细都要亲力亲为，没有良好的组织协调能力，很难处理好这些问题。

第三节　旅行社前台服务心理

一、旅行社前台接待工作的作用

前台是旅行社的一个窗口，前台接待服务质量是旅行社树立良好形象、提高经济效益的前提和基础。

1. 树立旅行社的良好形象

目前，旅行社竞争非常激烈，产品同质化严重，旅行社之间的线路行程和服务标准基本一样，如何争取更多的客源成为旅行社的主要竞争目标。对于旅游者来说，虽然旅行社的数量越来越多，但是产品的同质性令他们难以选择。这时，前台的服务就成为影响旅游者选择旅行社的重要因素。由于旅行社产品大同小异，旅游产品质量又必须在报名后才能体现，所以旅游者都更愿意选择前台服务质量高、第一印象好的旅行社。如果旅游者在某个旅行社的前台受到冷遇，就会转向其他旅行社报名，使该旅行社的客源流失。

2. 提高旅行社的经济效益

引导和实现旅游消费是每一个前台员工的本职工作。旅行社的国内部、海外部等业务部门担负着制订团队计划、预订机票和酒店、编制线路等大量的工作，其目的是希望有客人参加团队旅游，实现公司利润。但是，如果没有前台对这些线路进行销售，所有业务部门的工作都是白费的。因此，一个优秀的前台员工队伍，能够实现旅行社各个业务部门的工作计划，为企业创造利润。相反，如果前台员工不称职，即使业务部门设计的产品非常优秀，也可能因为前台原因而导致滞销，给企业带来损失。

3. 沟通旅游者的桥梁和纽带

旅游产品是一种无形的产品，旅游者付给旅行社团费所购买的旅游产品是看不见摸不着的。前台接待工作是进行旅行社售前促销工作，前台员工的主要职责是向旅游者宣传旅行社的产品信息，提供咨询服务。旅游者通过前台员工的描述和回答，能够清楚地了解他们所购买的产品的详细情况和信息。同时，旅游者的一些特殊要求也可以通过前台向业务部门反馈，从而更好地满足旅游者的个性化需要，提高旅游者的满意度。

4. 减轻后台部门的压力，减少旅游投诉

关于旅游行程中的自费项目、注意事项等事宜，如果前台员工在旅行之前向旅游者讲清楚，旅游者就会了解旅行社的意见和建议，与旅行社达成共识，降低对旅游的期望值。同时，前台规范的工作流程，能够使业务操作人员和导游得到详细的游客资料，以提供更好的服务。这样，导游带团就会更轻松，旅游者投诉的概率也会降低，客户服务部门的工作也更加容易。因此，旅行社的管理者应该充分重视前台工作的重要性，关注前台的动态，关注前台的服务，关注前台员工的工作态度、服务水平、专业知识和敬业精神。

二、前台服务人员应该具备的心理素质

作为服务企业，旅行社最能够体现服务内涵的是那些直接面对游客的员工。前台员工的素质直接关系到旅行社的服务质量和服务水准。

1. 虚心好学

古人云："工欲善其事，必先利其器"。前台人员若没有过硬的语言能力，就根本谈不上优质服务。前台员工应该是旅游专家，面对形形色色的旅游者所提出的各种问题，能够应答自如。比如，客人咨询一条线路的价格，前台员工应该快速报价，如果客人进一步询问，还要回答这个价格的结构，大概包括哪些项目。如果有客人要求帮忙与其他线路进行价格对比，并推荐新线路，前台员工也要能够有条不紊地进行解释分析。因此，作为前台员工应该谦虚好学，既要精通业务知识，又要掌握

一些历史地理知识、政策法规知识、心理学知识、美学知识和旅行常识。学习的途径可以通过同事，也可以通过书籍，而目前最方便的就是通过网络。

2. 热情主动

旅行社作为一个服务企业，要求每个员工必须对客人主动和热情。特别是前台人员，即使业务能力很强，但坐在前台冷若冰霜或者呆头呆脑，均会破坏企业形象。前台工作人员应该做到性格外向，热情主动，真诚待客。不能冷落任何一个进入营业大厅的客人，不可以对客人的咨询爱理不理或者敷衍了事。前台服务的要求是让客人感到亲切和舒服，而达到这个要求的最有效方法就是微笑。前台员工不论心境如何，都应该时刻保持热情的态度和微笑的姿态。比如，客人询问在某个旅游线路中住的宾馆名称、星级、住宿条件、用餐标准、交通工具等，前台服务人员都要热情地告诉客人，这样才能做一个称职的前台。

3. 耐心细致

来旅行社前台报名或者咨询的客人，他们或许会问一些非常幼稚的问题，或者对一个简单的问题刨根问底，或者对于一个决策犹豫不定。这个时候，前台员工应该保持耐心的态度，不能表现出任何不耐烦的情绪。前台工作是团队操作的前奏，一个粗心大意，就有可能导致组团业务、导游带团等出现一系列的错误。比如，客人要求吃素食，但是由于前台的疏忽，未把这个特殊要求通知业务人员，业务人员也没有通知地接社，地接社没有通知导游，导游没有告诉餐厅，于是，当素食客人发现端上来的食品是荤菜时，肯定会不满意，进而会提出投诉。前台员工的细心主要体现在以下几个环节：一是客人的特殊要求；二是客人的名单和证件；三是客人的联系电话；四是收费。这些环节最容易出错，而一旦出错就会造成较大损失。

4. 协调沟通

前台是对客沟通的部门，要把旅游信息准确地传达给客人，要让客人留下良好的第一印象，接受旅行社的观点，并购买旅行社的产品，前台员工必须具有良好的沟通能力和沟通技巧。首先是语言表达能力。尤其是接听电话，作为前台的一个重要职能，更需要良好的语言表达能力。其次是眼神的交流。和客人进行沟通，如果眼睛总是飘忽不定或者抬头望天，即使有优秀的语言表达能力，也很难和游客进行良好的沟通。眼神交流有一个公式：亲密看小三角，熟悉看中三角，普通看大三角。小三角指两个眼珠到鼻尖的范围，中三角指两个额头到下巴的范围，大三角指头顶到两个肩膀的范围。前台员工和客人的眼神交流，一般应该控制在中三角。

第四节 导游服务的心理策略

导游服务既是一项功能性服务，又是一项心理性服务。为了高质量地做好导游工作，导游员必须因人、因事、因时、因地而异，充分运用自己的人格魅力和业务能力，采取灵活恰当的心理策略和导游手法，去创造最佳的服务效果。

一、以美好形象面对游客

导游员是旅游活动中与游客接触时间最长，对游客影响最大的旅游伙伴，因而必然会成为游客最直接关注的对象。因此，导游员要十分注意自己的仪表、仪容、神态、语言和举止，做到仪表端庄整洁、谈吐文明得体、举止自然大方。

导游员要树立美好的第一印象。第一印象的好坏常常构成人们的心理定势，不知不觉地成为判断一个人的依据。迎客是导游工作的开端，游客到达旅游目的地首次接触导游员，导游员给游客留下的第一印象经常会左右游客在以后旅游活动中的认识和判断。常言道："良好的开端是成功的一半"。美好的第一印象将为导游员后续工作的顺利开展奠定良好的基础。因此，导游员从机场(车站)第一次接触游客开始，就必须注意自己的形象和态度对游客的影响，要做到仪表端庄大方、态度热情友好。导游员接站前周密的工作安排、接站时快捷的工作效率有利于给游客留下美好的第一印象。从机场(车站)到下榻饭店的交通工具、行李运送、食宿安排、资料发放等，都要进行妥善的安排，以迅速地满足客人的需求，迅速消除客人初到异地的茫然感和拘谨感，增强客人的安全感和信任感。欢迎词是导游服务的"序幕"。导游员如果初次见面能叫出客人的名字，将会缩短主客之间的心理距离，融洽主客关系，获得客人的好感。

导游员不要认为塑造了良好的第一印象就万事大吉了，还必须持之以恒，善始善终，把良好形象保持到最后，创造完美的最后形象。俗话说得好："编筐编篓，全在收口"。送客是导游工作的终结，如果导游员留给客人的最后印象不好，就很可能导致前功尽弃的不良后果。一个游程下来，作为导游员虽然已经身心疲惫，但是仍然应该表现出充沛的精力和饱满的热情，这会使旅游者对整个旅程持肯定、欣赏和完美的看法。同时导游员还要针对旅游者此时开始想家的心理特点，提供体贴周到的服务，不厌其烦地帮助他们选购物品，表达对其亲人的真挚问候；对服务中不近人意之处要诚恳检查，真诚地征求游客的意见和建议；代表旅行社祝客人一路平安。送别时要行注目礼并挥手致意,一定要等飞机起飞、火车启动、汽车(轮船)驶离后方可离开。美好的最后印象能使旅游者对即将离开的旅游地产生恋恋不舍的心情,从而激发他们重游的动机,并能起到良好的口碑宣传作用。

二、以微笑服务亲和游客

眼睛是心灵的窗户。如爱默生所说:"人的眼睛和舌头所说的话一样多,不需要字典,却能够从眼睛的语言中了解整个世界,这是眼睛的好处"。炯炯有神的眼睛能拨动人们的心弦,奏出令人身心愉快的乐章。导游员的目光应该是开诚布公的,表示关心的,从目光中应该可以看出谅解和诚意。在导游服务中要充分运用眼神的魅力。接团时用和蔼可亲的目光扫向每一个人;说话时目光要掠过每一个游客;遇到突发事件要目光镇定。当导游员与游客说话时,应该面向并正视客人,不要东张西望。

德国旅游专家哈拉尔德·巴特尔在其《合格导游》一书中指出:"在最困难的局面中,一种有分寸的微笑,再配上镇静和适度的举止,对于贯彻自己的主张,争取他人合作,会起到不可估量的作用。"微笑是感情的流露,是一种国际通用语言。微笑能够使人感到真诚友好、亲切温暖、宽慰舒服。心理学研究表明:真诚的笑、善意的笑、愉快的笑能够产生感染力,刺激对方的感官,产生报答效应,引起共鸣。微笑是欢迎词,是伸出的友谊之手,是尊重对方的示意,是情感沟通的桥梁,是美的化身,是爱的象征。导游服务成功的秘诀之一就是"微笑服务"。微笑意味着友善,象征着诚意,减少了不安,化解了敌意,它能使游客消除生疏感,缩短同导游员之间的距离,好像回到家里遇见亲人一样。有经验的导游员深知微笑服务对旅游者的巨大魅力,他们无论在工作中遇到何种困难,情绪多么低落,在游客面前能够始终保持满面笑容、笑口常开、谈笑风生。

公平待客是微笑服务的前提和基础。不论旅游者的政治信仰、社会地位、经济收入、教育程度如何,导游员都不能以地位取人、以容貌取人、以钱财取人、以肤色取人,要一视同仁地对待每一位游客。同时,对客人提供的服务应该是真诚的,不能虚情假意。总之,导游员要笑得真诚、笑得自然、笑得亲切、笑得可爱。

三、以精彩的语言感染游客

导游服务不仅要充分依靠旅游景观本身的作用来调动旅游者的直观兴趣,更重要的是应该借助语言的工具来激发旅游者的兴趣。导游语言,堪称旅游的第二风景。游客通过精彩的导游语言,可以增强游览的兴致,加深观光的印象,减轻旅途的疲劳和寂寞，使游客了解到在景区看不到的许多知识，感受到宾至如归的浓郁人情味，能够把外界美丽的景观变成内心美妙的享受，从而留下深刻美好的记忆。

1. 友好

常言道"一句话使人笑，一句话使人跳"。导游员在与游客相处时，必须注意自己的语言表达。一句话说好了会使游客感到高兴，赢得他们的好感；而有时不当心或无意中的一句话，就可能会刺伤游客的自尊心，得罪客人。导游员是"友谊的建筑师"，语言中的用词、声调、表情都应该表现出亲切、友好的感情。"良言一句三冬暖，恶语伤人六月寒"。友好的语言，如"认识大家我非常高兴"、"欢迎各位来到北京"，会使人感到温暖，使远离家乡的游客一见如故、如沐春风、倍感亲切。礼貌的语言，如"对不起"、"请多批评指正"，可以表现出导游员谦虚自律的心理品质，能够化干戈为玉帛，使旅游中的纠纷得到顺利的解决。

2. 准确

导游员说的每一句话都要实事求是，不能有哗众取宠之心、言过其实之辞，要做到言之有据、言之有物、言之有理。言之有据指导游员的讲解必须有根有据，令人信服，经得起旅游者的推敲，不得胡编乱造、张冠李戴，即使是趣闻轶事、神话传说等虚构的"事实"，也要有出处。言之有物指导游员的语言必须具有丰富的内容，不讲空话、套话。例如，游客问："长城是什么时候修建的？"导游员回答："秦朝"。这种回答属于表述不清，因为早在春秋战国时期，燕、赵、秦三国为防御北方的匈奴、东胡等民族的骚扰就筑起了高大的城墙，即为长城的起源。秦统一六国后，在原有长城的基础上修筑成一条具有今天规模的长城。如果对外国游客，还应讲清春秋战国和秦朝的公历年代，这样外国游客才会对中国长城的历史有一个明确的认识。

3. 生动

导游员的语言只有具备热情奔放、生动形象、风趣幽默的艺术风格，才能起到引人入胜的作用，发挥语言的感染力。幽默诙谐是使导游语言形象化的重要手段，它可以给旅游者带来轻松和愉快、欢乐与笑语、启迪与想象。例如，有一位导游员在致欢迎词时，用了这样一段话："初次为大家服务，我感到十分荣幸。我姓马，老马识途的马。今天，各位到我们这儿旅游，请放心好了，有我一马当先，什么事情都会马到成功。"导游员的话音刚落，客人们就乐了，转眼间，游客们与导游员初次见面的那种陌生感与拘谨感荡然无存。再如，一个旅行团即将结束大连之旅时，导游员说："各位即将离开大连，大连留给你们一件难忘的东西，它不在你们的手提包中和口袋里，而在你们身上。请想一想，它是什么？"导游员停顿了一会儿，接着说："它就是你们被大连的阳光晒黑了的皮肤，你们带走了大连的夏天，留下了真挚的友情！"话音刚落，游客中响起了热烈的笑声和掌声。

四、以灵活技巧吸引游客

在游览过程中，导游员不仅仅是游客的"向导"，还要对旅游景点作指导性的讲解。导游员要因人、因时、因地制宜，正确处理好导和游的关系，做到"导"、"游"交错。导游员在带领游客进入具体的景点之后，既要通过恰到好处的讲解和介绍，帮助游客了解和理解景观的丰富内容、自身特色和精彩之处，又要引而不发，给游客一定的机会和时间独立欣赏和体验个中情趣，感受审美快感。旅游审美在很大程度上是一种具有个性特征的鉴赏和价值判断过程，而游客由于社会背景不同，各自的审美需求也不尽相同，其审美体验和审美感受能力更是千差万别。因此，导游员既不可只顾自己喋喋不休地讲解，也不能"金口难开"，让游客进行"放羊式"的"游"，自己则不"导"。导游员要根据实际情况有所侧重，有的放矢。通常，在游览大范围的自然山水景观的时候，可以"游"为主，以"导"为辅，导游员重在掌握观赏时机，指点好的观赏角度，讲解景观特色，帮助游客"全身心"投入，进行具体的审美体验；而对古迹、文物、民居等人文景观则应该以"导"为主，以"游"为辅，通过比较详细的讲解、介绍、答问等方式，使游客了解人文景观的特色、功能和历史等背景知识，以利于游客对景观进行鉴赏和评价，以及对景观的文化内涵进行更深层次的情感体验。例如，在游览北京故宫时，面对近万间房屋的宫殿群，导游员要根据游客心理，重点讲解皇帝重大活动的场所；同时应该注意讲解时间不宜过长，要让游客有静心观赏的时间。

[微型案例]

导游服务如何做到"适度"

"适度"是一门学问。导游服务怎样才能做到"适度"呢？以下几点较为重要。

(1) 途中讲解，见机行事。随时根据客人心理的变化，适度讲解。上车后抓紧时间，把最重要的内容集中讲解，即要亲切，又要动情，然后放慢速度，视情而定。

(2) 酒店介绍，中肯明确。将客人送至下榻的住所，要如实介绍酒店的星级、类别、位置、特点。如客人住在4星级酒店，有的导游讲："大家住在本地最好的酒店。"岂不知本地还有多座5星级酒店，这样讲言之有过，极不得当。有的团队住4人间，有的导游讲："各位住在没有星的招待所，条件不是很好，希望谅解。"这样讲听起来很不舒服，如果这样讲，肯定好一些："我们按大家的要求，安排住在4人间的招待所，虽不是名酒店，但也干干净净，实惠方便，相信看过晚间的精彩电视，冲个凉后，您一定会睡得又香又甜。"

(3) 用餐说明，实事求是。游客的正餐一般为便餐，团体每人餐标为15～20元不等，介绍用餐要真实介绍餐馆的特色、饭菜的质量，如果讲得过了火，客人会有上当受骗之感。可以这样讲："中午我们在酒楼用餐，餐馆二楼装修一新，便餐8菜1汤，质量不错，有鱼有肉，可满足不同地区的客人口味，这里每年接待成百上千个旅游团队，是大连较好的餐馆之一，我想你们会满意的。"如实交底，客人会赞许。

(4) 购物提示，恰如其分。例如带客人去大连农贸市场买海产品，可以这样讲："这里是大连价格最便宜的干鲜海产品批发市场，小海米500克价格为15元左右，大海米500克价格在40元左右。请大家注意，买海米时一定要先尝一下，不要买咸的，那样的不新鲜。嚼起来口感发鲜、略有甜味的海米则为上品。看好了，几个人一块买，价格会杀下来一点，祝大家选购愉快。"这样实实在在、有根有据的介绍，客人会欣然接受。

(资料来源：中国旅游报 2009年2月16日)

五、以热情服务温暖游客

旅游者来自天南海北、世界各地，他们的政治态度、社会阶层、经济地位、文化背景、宗教信仰、教育程度、性别、年龄、个性特征等千差万别，因此在旅游中的心态也各不相同。导游员应该准确把握每个旅游者的特性，因人而异，对游客的特殊需求给予"特别关照"，有针对性地做好导游工作。

1. 根据旅游者所属国家和民族的风俗习惯进行导游

"一方水土养一方人"，每个国家和民族都有自己的传统文化和生活习惯，形成了旅游者不同的个性特征。东方人有东方人的秉性，西方人有西方人的性情。例如，日本人感情细腻，讲究礼貌，重视小节，因此针对日本人的导游服务应该注重礼节；美国人性格外向开放，崇尚自由，富有幽默感，为美国游客服务时导游员可以多使用诙谐风趣的语言；英国人性格内向矜持，尊崇绅士风度，为英国游客服务时导游员的言谈举止应该庄重、严谨。接待信仰伊斯兰教的旅游者时，不能谈及猪制品，不要用左手递接东西。另外，不能将信奉基督教的旅游者安排在13号楼层、房间或座位。充分尊重旅游者的民族风俗习惯。

2. 根据旅游者的旅游动机进行导游

不同的旅游者出游的动机不同。对于观光旅游者，导游员应该重点讲解旅游地优美的自然风光和名胜古迹；对于度假旅游者，导游员应该侧重于向他们介绍当地的休闲娱乐、健身疗养等旅游设施；对于商务旅游者，导游员可以多介绍我国的基本国情，提供相关的会议、展览等商务信息；对于修学旅游者，导游员可以着重介绍我国科学、教育、文化事业的发展情况。

3. 根据旅游者的性别和年龄进行导游

针对女性旅游者喜欢购物的心理，可以多给他们介绍一些商店、市场、物价、特产等方面的信息；对青年旅游者应该结合其好奇心强、好展现自我、富有冒险精神的特点，多安排参与性强的活动项目；对中年旅游者应该针对他们稳重、求实的特点进行导游；对老年旅游者可以结合其容易怀旧的心理，让他们多游历故地，多参观古迹，多观赏文物，还可以适当地介绍旅游地老年人的生活状况、家庭环境和社会福利等情况。对于年龄、性别等成分比较复杂的旅游团，日程安排上应该注意远近结合，劳逸结合。比如，第一天去远郊登山，第二天应该安排在市区游览。这样既能使体力强、精力充沛者有发挥的余地，又能使体弱者不致过分疲劳。

六、以超值服务凝聚游客

导游员是旅游者的服务员，旅游者的需要就是导游员的工作。旅游者对导游员提供的一般性和例行性的功能服务反应不强烈，他们认为这是导游员的"分内之事"，是他们购买旅游产品后应该得到的服务。所谓超值服务，从服务人员的角度，就是为客人提供正常服务范围以外的、超出规定的或非自己职责的各种服务；从客人的角度，这种服务属于外加的，购买时并不包括在内，它超出了所支付的价值，因而是超值的。其许多服务项目和内容是旅游者意想不到的。超值服务能够创造出满意加惊喜的服务效果，使旅游者认识到他们与导游员之间的关系并非纯粹的金钱关系，而是充满人情味的友好伙伴关系。

超值服务主要表现为个性化服务和情感化服务。个性化服务是导游员在做好旅行社接待计划要求的各项规范化服务的同时，针对游客的个别要求，在合理与可能的条件下提供的服务。个性化服务不是全团的共同要求，不涉及全团的利益，是个别游客的个别需求，有时只是旅游过程中的一点小事。例如，游客的近视眼镜上的螺丝松动了，旅行袋上的拉锁坏了，旅行箱的轮子转不动了……虽然这是些看起来不起眼的"小事"，但是在旅游者急需帮助之时，导游员的及时出现会使游客倍感温暖，深受感动。情感化服务是想客人之所未想，做在客人开口之前，主动为客人提供的服务。例如：客人提着行李箱，导游员主动上前帮忙；遇到客人有病，导游员主动联系医院，不分昼夜地陪护；客人不慎丢失钱包，导游员主动帮助寻找，并如数归还等。总之，导游员应该"勿以善小而不为"，于细微处见真诚，为旅游者营造出"不是亲人，胜似亲人"的最佳心理感受。

参考信息

中国第一家旅行社

1923年8月，中国第一家旅行社——上海商业储蓄银行旅行部正式宣告成立，以后又在各地设立分部。创办人陈光甫先生满腔热血，本着对抗洋人，为国争光的精神，在经营方针上狠下工夫。他以服务社会为宗旨，确立"发扬国光，服务行旅，阐扬名胜，改进食宿，致力货运，推进文化"的24字方针，开创了旅行部早期艰难的创业道路。旅行部以上缀黄色"旅"字的蓝边五角红星为标志。这是根据古人迷途，可以依靠星宿部位确定方向的传统而定的，但也表明了旅行部以"向导行旅"为责任的精神。旅行部职员身穿制服，帽上的"旅"字标志熠熠生辉，五星红光闪耀，颇引人注目。陈光甫要求员工对旅客做到以下几点：第一要笑脸迎人。改变当时国人面貌死板的通病，使人于见面之时就有好感；第二要"面手清洁，衣服整齐"；第三要造成柜台上热闹气氛，他说："顾客之生意，无论巨细，即百元以及一元，客既来访，则其惠顾之厚意已可以感谢。对营业不必急于近利，最要使柜台上顾客有热闹气氛。既为社会服务，即无利亦须为之"。

（资料来源：编者根据相关材料整理）

颜色与情绪状态

有人说：只有高高兴兴的导游员才会有高高兴兴的游客。导游员与游客在一起的时候，必须时时注意自己是否处于良好的情绪状态。心理学家曾用七种不同的颜色来代表七种不同的情绪状态，排列起来就成了下面这样一个"情绪谱"：

"红色"情绪——兴奋、激动；

"橙色"情绪——愉悦、快乐；

"黄色"情绪——明快、舒畅；

"绿色"情绪——安静、沉着；

"蓝色"情绪——忧郁、悲伤；

"紫色"情绪——焦虑、不满；

"黑色"情绪——沮丧、颓废。

如果导游员能把七色"情绪谱"牢记在心，并经常用来"对照检查"，看自己处于"情绪谱"上的哪一种情绪状态，久而久之，就会养成一种"敏感性"，就能够及时地觉察自己情绪状态发生了什么样的变化。有了这种"敏感性"，导游员就能够对自己的情绪状态作出及时的调整。

(资料来源：编者根据相关材料整理)

案例讨论

"你是一名非常好的民间大使"
——一名导游的日志

记得一位导游前辈说过：你给了客人怎样的快乐，就是给了自己怎样的人生。作为导游，最重要的是保持一份平和的心态，在提供规范服务的基础上尽力满足客人的个性化需求，这便是我每次成功接待游客的秘诀。

2008年11月，我所在的神舟集团北京市中国旅行社接到一项任务，负责"诺贝尔奖获得者北京论坛"的接待工作。我被分派接待诺贝尔化学奖得主——罗杰·科恩博格教授。为了做好这次接待工作，我做了大量的准备，不仅熟读了大会的接待工作流程，而且了解了科恩博格教授的经历和个人爱好，考虑到科学家属于高强度的脑力工作者，我还特意学习了中老年脑力工作者易发生的心脑血管病急救常识。

11月11日晚上6点，科恩博格夫妇抵达北京首都机场。去机场的路上，我还在盘算着怎么跟客人沟通。当看到科恩博格夫妇接过我献上的大束鲜花时那放松的神情与信任、感动的眼光，忽然间我信心倍增。等行李时，我一直陪着他们在贵宾休息室聊天，从外面的天气聊到北京的奥运会，科恩博格夫妇很随和，时间在不知不觉中过去了。

到达酒店已近9点，按照计划，客人回到酒店后还要拍照。经过了长途旅行，客人的疲惫我全都看在眼里。在争得了客人意见后，我赶忙联系摄影师，将拍照时间提前，好让客人早点休息。看到他们赞赏的眼光，我由衷地高兴，并为接待的顺利开始而沾沾自喜。

没料想第二天一早，问题就来了。当我准备好客人演讲要用的邀请函、激光笔在酒店等候时，接到了组委会打来的电话，科恩博格教授演讲用的 PPT 文件出了故障，需要立即送一份新的文件到会场。这时离约定好的出发时间只剩半个小时。我立即往教授房间打了电话，教授表示还有备份，我马上到房间取了新的文件，打车赶往不远的人民大会堂。同时，我又通知组委会，如我来不及返回，请其他同事送教授去会场，我们在会场碰面。当我把文件交给会场工作人员，确认没有问题后，我马上给酒店工作组打了电话，告知我能够按时赶回北京饭店。回到大堂一看表，恰巧是约定的出发时间。教授正在等我，看到我及时回来，教授脸上露出了一丝惊喜。去会场的路上，我把会议情况简明地向教授做了介绍，教授连声称赞我想得周全。

几天的会议很快结束了，我和教授相处得很愉快。我发现，其实名人和普通人一样，出门在外最需要的是真诚的关怀。导游与游客之间不仅仅是服务与被服务的关系，让客人感觉到浓浓的人情味才是最重要的，温馨服务显真情，这也是我服务的特色。

科恩博格教授夫妇离京前一天，早上一见面，科恩博格的夫人就焦急万分地和我说，前两天她逛街时买的项链掉色了，需要找商家退货。教授用询问的眼光问我能否帮忙解决。我心想一定要在不耽误客人游览的前提下处理好这件事，不能让客人此行留下遗憾。我一边安慰她不要着急，一边向组委会报告，接着找到了那家商户，据理力争一番后，商户终于答应退款。当我们结束一天的游览回到酒店时，教授夫人拉着我的手，激动地说："太感谢了！我们过了非常充实的一天。没想到一切都能这么顺利！"虽然此时我已经很疲惫了，但听到这些话，看到客人亲切的笑脸，我感到一切都是值得的。

临分别时教授夫妇拿出一张亲笔签名的照片交给我，对我说："非常感谢你这些天的照顾，你是一名非常好的民间大使，让我们感受到了中国人民的热情好客。如果有一天你到美国来，一定要告诉我们，我们愿意做你的陪同！"

如今，当我再次想起那位导游前辈说过的话，我都会默默微笑，因为我知道，我正在用自己的努力，带给客人快乐的回忆，打造自己多彩的人生。

(资料来源：中国旅游报，2009年1月12日，第10版)

讨论问题

1. 你认为这位导游在服务中的成功经验主要表现在哪些方面？
2. 结合案例，分析导游员个性化服务与标准化服务的关系。

复习与思考题

1. 旅游者对导游员的心理素质有哪些要求?
2. 旅行社前台服务人员应该具备什么心理品质?
3. 旅游者在旅游过程中的心理活动有何特点?
4. 导游员如何针对游客的特殊心理提供个性化服务?
5. 导游员如何发挥语言的感染作用?
6. 联系实际阐述导游服务的心理策略。

第十二章 饭店服务心理

【本章导读】

饭店服务是旅游服务的一个重要组成部分。旅游者外出旅游,经过了长时间的旅行到达旅游目的地或中转地后,首先要解决的就是食宿问题。因此,优质的饭店服务是旅游体验各个环节中的重要部分。前厅、客房和餐厅是旅游者入住饭店后的重要场所,因此了解这些场所的服务功能,掌握旅游者在这些场所中的心理需求,并有针对性地制定服务策略,是提供优质服务,提高服务效率的关键和保障。服务人员掌握了这些基本原则之后,就可以辨证地理解酒店服务工作中"客人永远是对的"的服务准则,更好地为客人提供满意的服务。

【关键词】

前厅服务(front office service) 客房服务(housekeeping service) 餐厅服务(restaurant service) 服务心理(service psychology) 服务策略(service strategy)

饭店是旅游业中的重要环节，也是在旅游活动中为旅游者提供服务的重要场所，因此饭店服务是旅游服务的一个重要组成部分。旅游者外出旅游，经过长时间的旅行到达旅游目的地或中转地后，首先要解决的就是食宿问题。旅游者把饭店当作自己的"家外之家"，需要饭店为他们提供优质的服务。

第一节 前厅服务心理

前厅是饭店的"橱窗"，是客人与饭店最先接触与最后告别的部门。客人对饭店的第一印象和最后印象都在这里形成。前厅是饭店最繁忙的部门之一，主要提供预订客房服务、入住登记服务、离店结账服务、迎宾送客服务、行李服务、信息咨询服务和外币兑换等服务。前厅是饭店的"神经中枢"，前厅服务贯穿于客人在饭店内活动的全过程，是饭店服务的起点和终点。

一、前厅部的主要功能

1. 审美功能

前厅部是饭店的营业窗口，可以反映出饭店的整体服务质量。饭店服务质量和档次的高低，从前厅部的服务与管理中可以反映出来。前厅被称为饭店的门面，而这张门面是否"漂亮"，不仅取决于前厅大堂的设计、装饰、布置、灯光等设施的豪华程度，还取决于前厅部员工的精神面貌、服务态度、服务效率、服务技巧及服务特色等。

2. 知觉功能

前厅部是宾客(包括潜在宾客)在饭店中第一次接触的部门，是给宾客留下第一印象的地方。宾客通常用知觉来评价饭店的服务质量。若知觉好，即使宾客在逗留期间遇到不如意的事情，也会认为这是偶然事件，是可以原谅的；反之，若知觉不好，饭店在宾客心目中的不良形象就很难改变，易形成恶性循环。此外，前厅部也是宾客与饭店最后接触的部门，是给宾客留下最后印象的地方，而最后印象在宾客脑海里停留的时间也最长。能否给宾客留下一种"依依不舍"的感觉，在很大程度上取决于前厅部员工的服务质量。如果宾客对饭店的最后印象很差，则饭店在宾客住宿期间为其提供的优质服务可能会前功尽弃。

3. 信息功能

前厅部是信息中心。有效的信息处理有利于提高饭店经营管理决策的科学性。前厅部不仅为宾客提供各种服务信息，而且为饭店其他部门提供客情信息，为饭店管理机构提供反映经营情况和服务质量状况的数据和信息。

4. 中枢功能

前厅部是饭店的神经中枢，负责联络和协调各部门的对客服务。前厅部就像饭店的"大脑"，在很大程度上控制和协调着整个饭店的经营活动。由前厅部发出的每一项指令、每一条信息，都将直接影响饭店其他部门的服务质量。正如美国著名的饭店管理专家奥图尔先生所言："若将饭店比作车轮，则前厅部是该车轮的轴心"，其运作的效率将决定饭店前进的步伐。

5. 营销功能

前厅部承担着推销客房及其他产品和服务的职责。前厅部不仅通过提供邮政、商务、电信、票务等服务直接获得经济收入，而且还需要与营销部相互协调，积极主动销售饭店产品，提高饭店客房的入住率和平衡房价，以取得良好的客房经济效益。

6. 满意功能

前厅部是饭店建立良好的宾客关系的主要部门。饭店服务质量的高低最终要由宾客进行评价，评价的标准就是宾客的满意度。建立良好的宾客关系有利于提高宾客的满意度，赢得更多的回头客，从而提高饭店的经济效益。前厅部是与宾客接触最多的部门，其员工与宾客频繁接触，最容易了解宾客的需求，因此，应该尽最大可能提高宾客对饭店的满意度，以建立良好的宾客关系。随着饭店市场逐渐从卖方市场转入买方市场，饭店业的竞争日益激烈，饭店越来越重视宾客的需求以及饭店与宾客之间的关系。在这种形势下，前厅部工作尤其重要。

二、宾客对前厅服务的心理需求

1. 尊重

旅游者进入饭店前厅，期盼着一种如入家门的感觉，希望得到一份如家的温馨。他们期望看到服务员绽放的笑脸，听到礼貌的话语，受到热情的接待，享受周到的服务。宾客期望服务人员能够尊重他们的人格、习俗和宗教信仰；期望尊重与他们一起来的朋友；期望服务人员耐心倾听他们的意见，仔细回答他们的问题，认真满足他们的要求。

[微型案例]

客人小王来到服务台办入住手续，还未等客人开口，服务小姐就先说："王先生，欢迎您再次光临，希望您在这儿住得愉快。"小王听后十分惊讶，露出欣喜的神色，因为他只在半年前到这里住过一次。当天夜里，小王突然感觉到肚子很饿，想要点东西吃，便找出了房务中心的电话号码。让小王感到十分意外的是，他刚拨通电话，里面就传来一位小姐亲切的声音："您好，王先生。这里是房务中心，请问有什么需要帮忙的吗？"小王更为惊讶了，房务中心的服务员怎会知道他姓王呢？

一位美国学者曾经说过："一种既简单但又最重要的获得好感的方法，就是牢记别人的姓名"。善于记住别人的姓名，既是一种礼貌，又是一种情感投资。姓名是一个人的标志，人们由于自尊的需要，总是最珍爱它，同时也希望别人能尊重它。在人际交往中，当你与曾经打过交道的人再次见面，如果对方能够立即叫出你的名字，你一定会感到非常亲切，对对方的好感也油然而生。基于以上原因，酒店一般都要求服务员尽量记住客人的姓名。

2. 效率

宾客无论是办理入住或结账，还是兑换外币，都不想在前台停留太长的时间，因此都希望前台能够提供高效率的服务。尤其是开房入住和退房结账的宾客，他们对时间的知觉更敏感。开房的宾客通常都经过了长途旅行，迫切希望服务人员在办理登记手续、检验证件和信用卡等服务环节上越快越好，以便能够及早拿到房间钥匙，迅速休息。客人离店时的心理要求也是同样的，结账退房的宾客由于急于赶赴机场、车站或码头，渴望手续办理过程准确、快捷。

3. 信息

人们外出旅游通常是希望享受到与平时不一样的生活。旅游者到了一个陌生的地方后，迫切想知道该地的风土人情、交通状况、旅游景点等各个方面的信息。宾客一进入饭店前厅，一方面，想了解下榻饭店的档次名气、服务项目、房间设施、餐饮特色、娱乐场所等情况；另一方面，也想了解旅游地的风景名胜、文物古迹、民风民俗、土特产品、购物中心、交通线路等信息。

4. 便利

常言道："在家千日好，出门一时难"。这说明人们外出旅行时最怕的就是不方便。旅游者在人生地不熟的旅游目的地，希望饭店前厅的服务人员能够为他们代办自己难以解决的事情或者节省自己的精力的事情，例如，订票、订餐、兑换外币、代邮、代冲胶卷、印名片、取包裹，甚至是换拉链这样的方便服务。

三、如何做好前厅服务工作

宾客在前厅的心理需求被满足的程度，取决于宾客通过感觉和知觉对前厅环境、人员和服务的认识所做出的综合判断。因此，树立美好的环境形象和服务形象是做好前厅服务工作、满足宾客心理需求的重要条件。

1. 环境氛围要优雅温馨

环境是饭店对旅游者的一种静态服务，会对旅游者产生一定的心理影响。前厅环境的设计，要以满足客人的心理需求为出发点。既要体现时代感，又要体现民族特色；既要表现整体意境美，又要展示装饰陈设美。一般情况下，前厅的空间要宽敞，光线要柔和，色彩要和谐，温度要适宜。前厅是饭店重要的"交通枢纽"，人员往来频繁，但一般都不久留。因此，前厅的装饰陈设宜采用观赏性强的大型景物或绘画，客人通过大致浏览，即能产生良好的印象；而不宜摆放技艺精湛、精雕细刻的艺术品，以免使客人过多地停留，造成前厅拥挤的现象。总之，美化前厅环境，就是要创设一种安静、亲切、整洁、舒适、高雅的氛围，使客人一进入饭店就有一种宾至如归的感觉。

2. 员工形象要优美大方

前厅员工的形象是给客人留下良好印象的前提条件，也是为客人创造美好体验的重要保证。前厅服务人员的语言美、行为美、仪表美应该与环境美和谐辉映，相得益彰。

(1) 注重语言表达，讲求语言美。语言美的表现，在语气上要诚恳谦和，在语意上要简明准确，在语调上要清晰悦耳。在服务中要做到"有五声，禁四语"，即服务时要有五声：宾客来临有欢迎声，遇到宾客有问候声，受到帮助有致谢声，麻烦宾客有道歉声，宾客离店时有送别声。工作中要杜绝四语：蔑视语、烦躁语、否定语和斗气语。语言美还要体现在语言艺术上。假如一位客人在前厅里吸烟，服务员去提醒他，请他换一个地方，不要说："对不起，先生，您不能在这里吸烟。"

而应该说："先生,您要吸烟可以去那边。"再比如,服务员在回答客人的咨询时,不要说:"如果您有什么地方没有听清楚,我可以再说一遍",最好说:"如果我有什么地方没有说清楚,我可以再说一遍。"

(2) 注重礼节礼貌,讲求行为美。行为美要求服务人员在与客人打交道的过程中要行为得体、彬彬有礼。具体要做到:站有站姿、坐有坐相、举止端庄、动作规范、自然优美、稳重大方。例如:服务人员的步态要轻盈而稳健,步频和步幅要适中;与宾客相遇要点头行礼致意并主动让路,有急事可加快步频,不可跑步,以免宾客产生紧张情绪。

(3) 注重仪容体态,讲求仪表美。仪表美包括形体美、服饰美、表情美。前厅服务人员的形体条件要求比较高,一般要五官端正、身材挺拔、面容姣好,给客人以视觉上的愉悦享受,产生"光环效应"。此外,员工的穿着打扮要整洁大方、美观实用、富有特色,体现出一种赏心悦目的整齐美和形态各异的活泼美。在表情方面,要态度和蔼、面带微笑。当服务人员和颜悦色、满面春风对客人笑脸相迎的时候,微笑就向客人传递了"我们对您表示欢迎,我们愿意为您效劳"的信息,会使客人消除陌生感,产生亲切感,增强信任感,提高自豪感。

3. 接待服务优质高效

客人享受的不仅仅是饭店的设备、设施等有形的"硬件",还包括服务这种无形的"软件"。饭店前厅的迎接服务可以体现出一个饭店的管理水平和服务规格,"硬件不行,软件补,软件不行,感情补",亲情化服务是饭店的生命线。

日本交通公社社长松桥功先生曾经提出旅游服务的新"3S"理念:速度(Speed)、老练(Sophistication)、特殊服务(Special Service)。宾客在前厅,其心理需求的满足基本上是由服务人员来实现的,服务人员除了要具备良好的感知形象和热情的服务态度,还要具有娴熟的服务技能。只有熟练地掌握各种服务技能,百问不倒,百问不厌,而且行动敏捷,不出差错,才能使客人很快办完手续,得到休息;否则,环境布置得再好,态度再热情,也无法令宾客满意。此外,服务人员不仅要能够做好宾客认为的分内之事,还要能够主动做好宾客认为的分外之事。不仅要让宾客满意,还要让宾客惊喜,要向宾客提供"无所不能,无微不至"的"金钥匙"服务。

总之,前厅服务人员必须树立"服务第一,宾客至上"的服务理念,把麻烦留给自己,把方便和温暖献给客人。

第二节 客房服务心理

客房是饭店的主体部分，是宾客在饭店生活的主要场所，是旅游者在旅途中的家。宾客住进饭店后，除外出活动和到餐厅外，大部分时间都是在客房度过的，有的宾客还把客房作为社交和商务活动的场所。宾客通常希望自己在饭店的一切基本需求都能够在客房得到充分的满足。客房部常常被视为饭店的脊柱，客房服务工作直接关系着饭店的声誉和经济效益。做好客房服务工作的关键是要了解宾客，掌握他们在客房生活期间的心理特点。这样才能有预见性地、有针对性地采取切实有效的服务措施，使宾客在客房生活得舒适和愉快，获得物质和精神上的享受。

一、宾客对客房服务的心理需求

1. 求整洁卫生

清洁卫生不仅是一个人生理上的基本需求，也是宾客对客房服务最普遍的心理需求。根据抽样调查，60%的客人把卫生列为第一需求。宾客希望客房的全部设备和用品都是清洁卫生的，可以放心地使用。特别是对于与口腔和身体直接接触的玻璃杯、洗面盆、浴缸、马桶、拖鞋、布草等，更希望经过严格的消毒和清洁处理。宾客希望客房服务员的身体健康，不携带传染性细菌和病毒。宾客还希望客房能得到及时的整理，时刻保持清洁、整齐和卫生。

2. 求理解尊重

对购买了客房服务的宾客而言，客房就是自己临时的"家"。他们希望客房服务员尊重自己对客房的使用权；希望自己是受欢迎的临时主人；希望看到服务人员亲切的笑脸，听到热情的语言，得到周到的服务；希望自己的兴趣爱好、宗教信仰、生活习惯都能得到充分的理解和尊重；同时也希望服务员尊重自己请来的客人。

3. 求宁静舒适

追求舒适、快乐和享受是旅游者旅游过程中的主要心理需要。宾客总是希望下榻的饭店能够提供宁静舒适的客房，里面有宽敞的空间、优雅的环境、清新的空气、适宜的温度、典雅的装饰、柔和的灯光、舒服的卧具、齐全的用品、完好的设施等。他们还希望服务员有良好的个性修养和服务态度,始终如一地提供优质服务。宾客通常都期望酒店的客房与自己的家一样舒适,甚至比自己的家还要舒适。

4. 求安全放心

安全需要是旅游者的第一需要,每一个旅游者都希望自己能够高高兴兴出游,安安全全返回。安全需要包括人身安全和财产安全。宾客入住客房以后,希望个人的财物以及人身的安全能够得到保证。他们不希望自己的钱财丢失、损坏或者被盗,不希望自己的隐私被泄露,也不希望发生火灾、地震、被伤害等意外突发事故。客人还希望在自己突然生病、醉酒或出现意外危险情况时,服务人员能够及时采取有力措施,保障自己的人身安全。

5. 求方便快捷

求方便是旅游者外出旅行时最基本、最常见的心理需求。他们十分希望在客房这个临时的"家"中,能够得到服务人员各种便利的服务。希望客房里备有常用的生活、文化用品;希望服务员能够代为洗衣、缝补、擦鞋;希望自己生病时服务员代为买药、熬药;遇到困难,希望打个电话给总服务台就能解决问题。总之,宾客希望一切都能如同在家中一样方便和便利。

二、如何做好客房服务工作

客房服务人员应该根据宾客的心理特点和活动规律,体现一切为宾客着想的服务宗旨,积极采取措施,最大限度地满足宾客的生理和心理方面的需求。

1. 营造舒适的客房环境

客房环境的设计要坚持以体现舒适感为原则,满足客人追求舒适的心理需要。要给客人提供足够的空间以供其休息、阅读、书写、梳妆、放衣物和食品等。房间的颜色不要太多,天花板用白色,墙面与地面颜色相近,窗帘与床套颜色相近,多用柔和的颜色,少用使视觉兴奋的颜色。客房的灯光要柔,并且采用分散照明的方式,书桌上要有台灯,床头设床头灯,沙发旁设立灯。房间的壁画一般以山水与花鸟画为宜,不要出现凶猛动物或鬼怪等恐怖形象。床垫、沙发要软硬适度,使客人可以舒适地躺或坐。

客房是客人休息的场所,因此客人非常希望客房提供一个宁静的环境。为了保持客房宁静,防止内外部噪音或其他过重的声响干扰客人的休息和活动,首先要依靠必要的设施,如隔音性能良好的门窗、墙壁等,来阻止外界噪声的侵入。其次，要减少人为因素的影响，例如，服务员清扫房间应尽量选择客人不在房间的时候进行；服务员在工作中要做到走路轻、说话轻、动作轻；对大声喧哗的客人要有礼貌地制止等。另外，恰到好处的背景音乐也能给客人带来宁静的心理感受。

2. 保证客房的安全与卫生

饭店要为客人提供一个安全的住宿环境。首先，要加强饭店的安全保卫工作，尽最大可能改善客房的防火、防盗设施。其次，服务员要提高警惕，对在客房区域活动的人员严加甄别。要主动提醒客人保管好自己随身携带的物品，贵重物品建议其放到饭店寄存处，晚上睡觉前提醒客人关好门窗。客人不在时不要随意到客人的房间。为客人整理房间时，未经客人允许不要翻动客人的物品。

服务员要保证客房的卫生状况良好，严格按照有关程序和规范对客房进行清扫和整理。要坚持每天对卫生间的浴缸、浴帘、墙壁、洗面盆、洗面台、抽水马桶和地面等进行清理、擦洗，特别是对水杯、洗面盆、抽水马桶等更要严格消毒，并放上写有"已消毒，请放心使用"字样的套封和封条。同时，每天要及时更换卫生间的用品，经常检查设备的完好状况，让客人始终生活在一个干净、整洁、卫生的环境中。

3. 保持优良的服务态度

客房服务人员是饭店服务的主体，不仅要创造安全、卫生、宁静、舒适的客房环境，而且还要能够随时提供热情主动、耐心细致、文明礼貌的微笑服务。

(1) 主动热情。主动就是要预测客人的主导动机和需要，把服务工作做在宾客开口之前。服务员要想客人之所想，主动为客人服务，例如：主动迎客、引路、让路、送客；主动照顾老弱病残客人，问寒问暖；主动介绍本饭店的服务项目；当客人需要休息时，主动把窗帘拉好等。主动不仅表现在想客人之所想，还要想客人之所未想，超越客人的预期，例如，客人索要一份地图，服务人员可以主动征询客人想去什么地方，并为其标出地点和画出路线。

热情是优质服务态度的本质表现，是取悦客人的关键。客房服务人员的热情服务可以消除客人初到异地的陌生感、拘谨感、紧张感，产生对服务人员的亲切感、信任感和依赖感。在客房服务过程中，服务人员要精神饱满，态度和蔼，语言亲切。注重与客人沟通是热情态度的重要表现。例如，客人挂出"请速打扫"牌子，说明服务员整理房间时客人可能会在场。这时，与客人适当地聊几句家常，彬彬有礼地回答客人的提问，就可能避免客人由于和服务人员共处一室而产生的紧张和不安，增添一些亲切、舒适的感觉。

(2) 耐心细致。服务人员的耐心细致就是要保持优质服务态度的连续性。对客人主动热情的服务要坚持始终,持之以恒。服务员要做到:工作繁忙时不急躁,心情不好时不烦躁;宾客有服务要求尽可能满足不怕麻烦;对客人的询问要做到百问不厌,有问必答;耐心听取宾客的意见,耐心处理服务中出现的问题和投诉,对爱挑剔的客人更要耐心对待。服务人员还要善于细心观察客人的习惯爱好,了解客人的生活规律,了解他们的现实需求和潜在需求,及时提供满意周到的服务。例如:发现客人想吃药,要及时送上温开水;客人睡觉前,要把窗帘拉上,拖鞋摆好;发现客人的衣服扣子掉了,可以替客人缝上;清理桌面上客人打开的书时,最好在打开的书页处夹上个小纸条;发现客人带小孩,要及时提供婴儿用品等。总之,耐心细致的服务是赢得客人好感和赞赏的有效手段。

(3) 文明礼貌。文明礼貌是人际交往的基本规范,是树立饭店良好形象的基石,是客房服务中最常用的心理策略之一。客房服务人员的礼貌和礼节能够体现出对客人的尊重、理解和善意,可以避免一些不必要的争吵,甚至能够减少客人对饭店的投诉。例如:与客人讲话时要轻声细语,注意礼貌用语;为客人服务时要聚精会神,彬彬有礼;为客人送水或整理房间时,服务员进门要先按门铃或敲门,决不能闯入房间,而且动作要轻盈利落,避免干扰客人;如果房门上挂有"请勿打扰"的牌子,未经客人允许不能擅自入内;当客人因不懂得如何使用房间用品而做错了事时,要给客人"留面子",不能嘲笑、讽刺、批评和挖苦客人。

(4) 微笑服务。旅游服务离不开微笑,微笑要贯穿于服务的始终。微笑是一种世界语言,能够直接沟通人们的心灵,架起友谊的桥梁。微笑也是一种情绪语言,可以传递愉悦、友好的信息,也可以表达歉意和谅解,起到"此时无声胜有声"的作用。微笑赋予饭店服务以强大的生命力。饭店客房开展微笑服务,能够缩短服务员与客人之间的距离,使客人如遇亲人,好像回到了自己的家。世界著名的希尔顿酒店就是以微笑服务而引誉全球的。前希尔顿饭店集团董事长康纳·希尔顿认为:"如果旅馆只有第一流的设备而没有第一流服务员的美好微笑,就好比花园里失去了春天的阳光与和风"。他对其下属和员工问得最多的一句话是:"今天你微笑了没有?"因此,客房服务员一定要深刻领会微笑服务的真谛,不管在工作中遇到什么样的困难,也不管工作如何辛苦,总要保持最佳的精神状态,决不把消极情绪带到工作中,在客人面前要永远满面春风、笑逐颜开。

第三节 餐厅服务心理

"民以食为天","食"是旅游六要素之一。餐厅服务是饭店服务中不可缺少的一个环节，餐厅的经济收入大约占整个饭店营业收入的 1/3。因此，无论从服务角度，还是从经济的角度，做好餐厅的服务与管理工作都是非常重要的。餐厅的声誉不仅仅依靠菜单、装饰和餐饮质量，而且更有赖于服务的水准。倘若服务员反应迟钝、缺乏热情、技能粗糙，那么即使有再好的环境和再香的饭菜，餐厅也会变得门庭冷落。只有优质的服务与优质的菜肴的完美结合，才能获得"高朋满座，宾至如归"的成果。简而言之，了解客人的就餐心理，采取有针对性的心理服务策略，并更好地满足客人生理和心理的双重需求，是做好餐厅优质服务工作的重要保证。

一、宾客对餐厅服务的心理需求

1. 求尊重心理

俗话说："宁喝顺心汤，不吃受气饭"。客人在餐厅的求尊重心理比在其他场所表现得更为强烈。客人希望在点菜中无论价格高低，服务员都应热情对待；在用餐过时遇到服务员怠慢无礼，会感到再好的美味佳肴也会食之无味；尤其是少数民族客人，他们更希望自己的宗教信仰、生活习俗得到餐厅服务员的充分理解和尊重。

2. 求舒适心理

客人到餐厅不仅是为了品尝美味佳肴、补充营养，也是为了松弛神经、消除疲劳。因此，餐厅应该提供一个安静舒适、美观雅致的环境。客人进入餐厅，希望餐厅的环境幽静高雅、温度适中、灯光柔和、陈设讲究。他们不仅希望整个餐厅的形象悦目，而且也希望服务员仪表端庄，菜肴和餐具形象美观。客人在这样的氛围中就餐会感觉到，有益于松弛身心，消除疲劳，因此能在赏心悦目中获得舒心惬意的感觉。

3. 求快速心理

客人希望餐厅提供的服务是高效率的。进入餐厅，客人希望马上能够找到合适的座位；希望服务员能够很快为其斟上茶水，递上菜单；希望很快能品尝到自己所点的饭菜；希望服务员有秩序地按客人的先来后到供应饭菜；希望有什么要求示意一下，服务员就能尽快满足自己的需求。然而，客人在不同的餐厅或在同一个餐厅进行不同类型的消费时，对服务的速度要求是不同的。他们并非一味求快，而是希望适时。例如：在快餐厅用餐时，适时即是快速服务；在正餐厅的叙旧宴请，适时则指把握适当时间上菜，让客人能在从容舒缓的氛围中悠然地品尝佳肴美酒。

4. 求卫生心理

"民以食为天，食以洁为先"。就餐客人十分注意饮食卫生，对就餐中的卫生要求非常强烈。客人对餐厅的卫生要求体现在环境、餐具和食品几个方面。客人希望餐厅空气清新，地面洁净，墙壁无灰，窗明门净，餐桌餐椅干净整齐，台布口布洁净无暇。"病从口入"是客人最担心并时刻提防的，客人希望在餐厅吃到的食品是新鲜的、无污染的，符合卫生标准的；饮用的酒水无假冒伪劣，无过期，符合质量标准；使用的餐、茶、酒具经过严格的洗刷消毒；为他们服务的人员不带病菌或病毒，符合健康卫生标准。

5. 求公平心理

追求公平是现代社会人们的一种普遍心态。如果客人享受到的服务与其支付的费用相符，或者如果他享受到的服务与其支出之比与别人享受到的服务与支出之比相一致的话，他就会感到公平合理，心情舒畅；反之，他就会产生不满或者愤怒的情绪，甚至进行投诉。公平合理也是客人对餐厅服务的基本要求。客人希望餐厅服务人员不要因为自己的身份地位、穿着打扮、外表长相的不同，而受到不同的接待服务。他们希望餐厅在饭菜价格和接待规格上都做到客观公正，质价相符。只有当客人认为在接待和价格上是公平合理的，才会产生心理上的平衡，感到物有所值。

6. 求知识心理

客人在餐厅用餐的过程也是了解和体验饮食文化的过程。客人到了餐厅，都热衷于品尝当地有名的风味，如北京的"北京烤鸭"、广州的粤菜、山东的孔府菜、福州的"佛跳墙"等。客人希望自己在品尝异国他乡的特色风味时，能够了解一些有关这些特色菜肴方面的知识，也希望了解当地菜系的特点，每道菜的名称、寓意、来历、典故、营养价值、用料和烹制方法等。客人对于色、香、味、型俱佳的拼盘和名菜还会拍照片、录像，以满足自己追新猎奇求知的心理需求。

[微型案例]

为客人"说菜"

在扬州旅游的几位客人来到一家淮扬菜馆，他们对淮扬菜了解不多，就请服务员协助安排菜肴。服务员首先为他们推荐了清炖蟹粉狮子头："清炖蟹粉狮子头，曾作为开国第一宴的主菜，也是周总理生前最爱吃的一道菜。"客人一听是周总理爱吃的菜，马上点头认可。接着，服务员又为他们推荐了拆烩鲢鱼头："这道菜是扬州著名三头宴之一。""三头是哪三头呀？"客人急切地问道。"三头宴有扬州著名三头宴之首的清炖蟹粉狮子头,您已经点了,然后一个拆烩鲢鱼头,还有一个扒烧珍猪头。这吃鱼头有个讲究,先吃鱼唇、鱼眼窝、鱼鳃,最后吃鱼脑……""哦,这个我们也要,你接着继续推荐。"一位客人高兴地说。紧接着,服务员又推荐了开洋扒蒲菜:"这道菜出自于淮安的勺湖和月湖,全国各地都有蒲菜,但是只有淮安出的这个蒲菜最好,显得非常金贵,有诗曰:春蔬哪有吾郡好,录馔蒲芽不论斤。它是一根一根卖的。相传在宋代梁红玉抗金的时候,弹尽粮绝之际,偶然拔出这个蒲棒的蒲根,拿水煮着吃,发觉很好吃,清脆又洁白细腻,再到后来,慢慢就演变成用鸡汤去把它上屉蒸,成了淮扬名菜之一。""这当然也要尝尝啦。"客人们纷纷说道。

7. 求特色心理

客人光临餐厅的最终目的是为了享受餐厅的特色,例如餐厅的菜肴特色、个性化特色服务以及整个餐厅的装修设计蕴藏着的浓郁的文化内涵等。

二、如何做好餐厅服务工作

针对客人对餐厅服务的各种心理需求,餐厅的经营管理者及服务人员应该有针对性地采取一系列的服务策略,以赢得客人的满意和忠诚。

1. 环境幽雅舒适

良好的餐厅形象和就餐环境会给客人以安全、愉快、舒适的感觉。根据宾客在餐厅的各种心理需求,餐厅环境的气氛营造和装饰布置应该力求达到宽敞气派、清洁整齐、安静舒适、美观雅致、协调柔和的艺术效果。

(1) 塑造一个清洁的餐饮环境。餐厅是客人就餐的场所,应该时时、处处、人人保持整洁干净。要做到空气清新,地面洁净,墙壁无灰,窗明门净,餐桌餐椅干净整齐,台布口布洁净无暇,厨房厅内无蚊无蝇,服务人员仪表整洁。只有当客人处在清洁卫生的就餐环境中,才会获得安全感和舒适感。

(2) 塑造一个清静的餐饮环境。客人到餐厅用餐,要求环境幽静、祥和,因此餐厅的布局应该以闹中取静为佳。为了不影响客人的食欲和情绪,餐厅要尽量减少噪音的存在。在餐厅装修中,要选择有吸音和消音功能的材料;要加大餐桌之间的距离,减少客人之间就餐的相互影响。餐厅中播放恰当的背景音乐,也可以掩盖和冲淡噪音。员工服务时,要做到走路轻、说话轻、操作轻,这样不仅能减少噪音,而且能使客人产生文雅感和亲切感。

(3) 塑造一个清新的餐饮环境。餐厅的门面要醒目,要有独特的建筑外形和醒目的标志，餐厅内部装饰与陈设布局要整齐和谐。从窗帘的色彩、地毯的花纹、屏风的图案到华丽的灯饰、柔和的光线、悦耳的音乐，都要体现餐厅清新典雅的形象美，要营造出一种舒适、悠闲、幽雅的用餐环境和氛围，使客人产生舒服惬意的感觉。

2. 食品货真价实

当代美国销售学家韦勒有句名言："不要卖牛排，要卖烤牛排时的嗞嗞声。"他认为，如果饭店只是简单地介绍食品或服务，就难以持久地吸引消费者。因为餐饮消费者不仅仅购买食品，而且还要求得到快乐、满足和享受。客人来到餐厅用餐，主要是享受美味佳肴，希望得到品尝特色美食的快感和体验美食文化的魅力。具体内容包括：

(1) 餐厅要能够满足客人口味的要求。服务人员要了解掌握各主要旅游客源国客人的饮食生活习惯，了解掌握国内各民族、各地区人民的饮食特点，例如"南甜、北咸、东辣、西酸"为中国人大致的口味特点。餐厅要提供有地方特色的风味食品，让慕名而来的客人大饱口福。在菜肴品种上，要坚持"人无我有、人有我新、人新我优、人优我特"的经营方针，以特色和优质取胜。比如，有的饭店提供鲜花烹饪，厨师把玫瑰花瓣撒在餐汤的表面，用蒲公英的蓓蕾做沙律，用鲜花做油煎饼，以此吸引客人。

(2) 餐厅要能够满足客人的审美要求。食品要做到色、香、味、形、名、器俱佳，给人以嗅觉、味觉、视觉上美的享受和快感。例如，"鸳鸯戏水"、"二龙戏珠"等菜点，造型雅致、妙趣横生，使客人一见则喜，一食则悦，百吃不厌。菜肴还要通过精美雅致的菜单和寓意深长的菜名相映衬，给人以美的回味。服务人员在送菜上桌时应该报菜名，如果客人有要求，还应该简要地介绍菜名的含义及烹饪过程。

(3) 餐厅要能够满足客人养生的要求。随着人们保健意识的逐渐增强，营养保健餐正在成为 21 世纪餐饮消费者的一大热点。客人用餐不但讲究食品的色香味美，而且更注重膳食的营养搭配。因此，餐厅要多提供有机、无公害的绿色食品，不以次充好，不提供假冒伪劣食品；要合理配膳，科学烹调，提高菜点的营养价值；在满足客人生理和心理需要的基础上，努力使菜点成为治病健身、延年益寿的保健食品。

3. 服务物超所值

(1) 服务形象要端庄大方。餐厅服务人员对来店用餐的客人应该展现出仪容端庄、仪态大方、仪表整洁、动作优美、举止文雅、精神饱满的良好形象。餐厅服务员的制服要合身，款式要高雅，要与餐厅的装饰、气氛相协调。女服务员的制服不能太短，避免在取东西弯腰时惹人注目；男服务员的裤子要熨烫得合适，上衣、领带要干净、整齐。

（2）服务态度要热情主动。让客人吃得舒心、喝得顺心、玩得开心，是餐厅服务工作的宗旨。服务员对待客人应该彬彬有礼、面带微笑、谦虚恭敬，视同家人，且胜于家人。努力做到：客来我迎、客走我送、客停我问、客动我跟、客急我快、客慢我缓、客选我帮、客忧我排、客疑我释、客燥我静、客难我解、客争我劝、客对我歉、客错我揽。这是一种素质，更是一种品质。

[微型案例]

客难我解，细致周到

一次，服务员小李正在做餐前准备，这时，客人张主任走了进来。张主任是常客，小李热情地与他打招呼，安排他坐下，为他泡好了茶，但小李看到张主任显得有点疲惫，趁其他客人还没有到，就轻轻走到张主任身边，关心地问："张主任，今天的接待你有什么特别需要安排的吗？"张主任回答说："没有，只是我今天胃很不舒服，等一下来的客人又很重要，我真怕喝酒。"不一会儿，客人到齐开始用餐，小李有条不紊地忙着为客人做好服务，当他看到张主任开始时礼节性的酒敬完了，马上拿起已准备好的拖盘走到张主任身旁，关切地说："张主任，你胃不好，要少喝点酒哦，这是我为您刚泡的999胃泰冲剂，您快喝了吧。"张主任感激并意会地说："谢谢！"接下去的整个用餐过程中，客人因为知道张主任胃不好，都照顾他不让他多喝酒，张主任也因此轻松快乐了很多。用餐结束送走客人后，张主任专门返回与小李握手，感谢他为自己解了围。

（3）服务技能要娴熟规范。客人进入餐厅时，服务员应站在门口迎候，并且问候客人；引领客人入座，并征求客人的意见安排座位；"客到一杯茶"，迅速为客人送上茶水；点菜时要注意菜单是否干净，要根据客人的人数、性别、职业以及口音主动向客人推荐菜肴，介绍餐厅供应的特色菜点，耐心回答客人的询问，当好参谋；在上菜时，动作优雅而且有风度，要注意上菜的动作，做到"左边上菜，右边撤下"；客人用完餐，只有客人要求结账时服务员才可呈递账单；客人离开时，要像到达时一样的热情，向客人道谢告别，留给客人良好的最后印象。

总之，针对宾客在餐厅的各种心理需求，服务人员只有热爱客人、技能娴熟、知识充足、礼仪周到、讲究效率，才能让五湖四海的宾朋感到服务物超所值。

典型案例

客房个性化服务经典

要使顾客高兴而来，满意而归，光凭标准的、严格的、规范化服务是不够的，只有在规范化的基础上，逐渐开发和提供个性化服务，才能给客人以惊喜，才能让客人感觉到"宾至如归"，才能使客人"流连忘返"。下面列举几个客房个性化服务的经典案例，供参考。

(1) 绝大多数客人晚上休息时，喜欢将客房的遮光窗帘拉合好，才会睡得香甜。然而有的客人却希望将遮光窗帘中间留出一条缝，为的是不影响第二天工作，这就需要细心的服务员发现、分析、判断客人的个性化需求，在做夜床服务时提供客人满意的服务。

(2) 服务员早上清扫房间时发现，客人将开夜床时已折叠好的床罩盖在床上的毛毯上，再看空调是23℃。这时服务员立即主动加一床毛毯给客人，并告诉中班服务员，做夜床服务时将温度调到26℃左右。

(3) 服务员为客人清扫房间时，发现客人的电动刮须刀放在卫生间的方石台面上，吱吱转个不停，客人不在房间。分析客人可能因事情紧急外出，忘记关掉运转的刮须刀，这时，服务员主动为客人关闭了刮须刀。

(4) 服务清扫房间时，发现一张靠背椅靠在床边，服务员不断地观察，才发现床上垫着一块小塑料布，卫生间还晾着小孩衣裤，服务员这才明白，母亲怕婴儿睡觉时掉到地上，服务员随即为客人准备好婴儿床放入房间。

(5) 服务员清扫房间时，发现床单、毛毯、床垫等各处都有不同程度的污秽。服务员马上意识到，是客人外出旅游，因饮食不慎引起肠胃失调。于是，服务员将所有弄脏的物品更换一新，还通过楼层主管及时与导游联系，并通知医生及时治疗，让客人得以康复。

(6) 一次服务员清扫住房时，发现暖水瓶盖开着，不知是客人倒完开水，忘记盖好瓶塞，还是客人喜欢喝凉开水，故意打开瓶塞的？疑虑不解，难以断定。为满足客人的需要，服务员为客人送去了凉水瓶装满的凉开水；同时，暖水瓶照例又更换好了新的开水。

(7) 服务员发现客房中放有西瓜，想必是旅客要品尝一下当地的西瓜，而绝不会千里迢迢带个西瓜回家留个纪念。所以服务员主动为客人准备好了一个托盘、水果刀和牙签。

案例讨论

当客人遭遇尴尬

某酒店的餐厅里，一位客人指着刚上桌的鳜鱼，大声对服务员说："我们点的是鳜鱼，这个不是！"他这么一说，同桌的其他客人也随声附和，要求服务员退换。

正当服务员左右为难时，餐厅领班张小姐走了过来。张小姐走到客人座位旁仔细一看，发现服务员给客人上的确实是鳜鱼，心里便明白是客人弄错了。当她看到这位客人的反应比较强烈，其余的客人多数含混不清地点头，主人虽然要求服务员调换，但却显得比较难堪时，立即明白这鳜鱼是主人点的，而他对那位客人的错误又不好指出。

于是，张小姐对那位投诉的客人说："先生，如果真是这样，那您不妨再点一条鳜鱼。请您亲自到海鲜池挑选好吗？"客人点头应允。张小姐陪着客人来到海鲜池前，并不着急让客人点鱼，而是先和他聊起天来。稍稍站了一会儿，恰好有其他的客人也点鳜鱼，看到服务员将鱼从池子里捞出，客人的脸上立即露出了惊诧的神情。等点鱼的客人走后，张小姐对这位投诉的客人说："这就是鳜鱼。"接着，她指着海鲜池前的标签和池中的鱼简要地介绍了一下鳜鱼的特征。最后，她征求客人的意见，"请问您是现在点还是等一会儿再点？"

"这……等一会儿吧。"客人答道。

客人回到座位，认真观察了一下，确定是自己弄错了。他面带愧色地向张小姐及服务员道歉，而主人则向张小姐投来了感激的目光。

(资料来源：中国旅游报，2009 年 1 月 21 日，第 6 版)

讨论问题

1. 案例中的张小姐采取了什么策略使客人摆脱了尴尬的处境？
2. 如何辨证理解酒店服务工作中"客人永远是对的"的服务准则？

复习与思考题

1. 客人对前厅服务有什么样的心理需求?
2. 饭店应该采取哪些心理策略来提高前厅服务的质量?
3. 客人在住宿时的心理需求是什么?
4. 客房服务人员应该如何满足客人的需要?
5. 客人在就餐时有什么样的心理需求?
6. 联系实际阐述餐厅开展优质服务的心理策略。

第十三章 旅游景区服务心理

【本章导读】

在旅游活动的六个环节中,游是最重要的,因为旅游者的首要目的是游览。旅游者是否游得满意,一方面在于旅游吸引物的观赏价值,另一方面在于旅游景区能否为其提供满意的服务。旅游景区的服务人员首先要了解旅游者对旅游景区服务的心理需求,即,主动服务、热情服务、周到服务、便捷服务等,然后针对各种不同的心理需求,制定出不同环节的服务策略。

【关键词】

旅游景区(tourism attractions) 闸口接待服务(entrance service) 信息服务(information service) 娱乐服务(entertainment service) 安全服务(safety and security service) 卫生服务(hygiene service)
医疗服务(medical service)

在旅游活动的六个环节中，游是最重要的，因为旅游者的首要目的是游览。旅游者是否游得满意，一方面在于旅游吸引物的观赏价值，另一方面在于旅游景区能否为其提供满意的服务。

第一节 旅游者对景区服务的心理需求

一、对主动服务的需求

主动服务指在客人开口之前的服务，也叫超前服务。游客在景区游览活动期间希望景区服务人员能够主动关心他们、理解他们，把他们当作有血有肉的人，能够主动提供他们所需的服务。因此，景区工作人员要有游客至上的态度，充分发挥主观能动性，要主动了解客人的需求和心理，认真观察游客的需求变化，把服务做在游客开口之前。例如，山东省长岛旅游景区针对游客心理，提出了"嘴巴甜一点，脑筋灵一点，行动快一点，理由少一点，胆量大一点，脾气小一点，说话柔一点，微笑多一点"的"八个一点"主动工作条例，改变了原来的等待、被动、呆板的工作方法。

二、对热情服务的需求

在游览过程中，游客都希望自始至终得到景区工作人员热情友好的服务，而且这种热情应该是真诚的和发自内心的。热情服务在工作中多表现为精神饱满、热情好客、动作迅速、满面春风。游客对景区工作人员服务态度的评价，主要是考察导游员的标准化和规范化服务，特别是对工作人员在非本职工作范围的"份外"服务和帮助，游客会感到更大的心理满足。例如，在迪斯尼乐园，当有小朋友问话的时候，所有的工作人员必须蹲下来回答问题，让自己的视线和小客人的视线在一个水平线上。公园里经常会发生小孩走失的情况，但是迪斯尼乐园不会通过广播寻找孩子的家长，而是马上把小孩送到附近的服务中心，工作人员会根据小孩的穿着、年龄以及肤色、口音来判断他们来自哪里，随后在网上网下查找。当孩子的父母来到服务中心的时候，小家伙正幸福地和其他小朋友一起吃薯条、喝可乐，玩得非常开心。

三、对周到服务的需求

所谓周到服务,指旅游景区工作人员在服务内容和项目上,想得细致入微,做得无微不至,处处方便游客、体贴游客,千方百计帮助游客排忧解难。例如,游客期望景区能够专门设立旅游信息咨询中心,使游客免去麻烦、节省时间。游客还希望景区能够针对来自不同地域、不同文化背景、不同年龄、性别及不同人格类型的旅游者,提供个性化服务。因此,旅游景区可以开展为游客免费提供晴雨伞、凉毛巾、针线包、饮用水、残疾人轮椅、常用药、纯净水、宣传册等周到细致的亲情化服务。

[微型案例]

对服务细节的关注

迪斯尼乐园创始人沃尔特对服务细节的关注可以用苛刻来形容,任何一个角落都逃不过他追求完美的眼睛。例如,在迪斯尼乐园,一名正在扫地的清洁工遇到一位游客上前询问哪里有冰水。清洁工无法丢下手边的清洁机器,于是指引游客到对面的饮水机。游客一转身,清洁工便拿出无线电对讲机通知饮水机服务员。等到那名游客走到对面时,服务员已端了一个纸杯迎上前来说:"您想要杯冰水,是吗?"游客惊讶得说不出话来。此外,迪斯尼还时时刻刻周全地为儿童着想。以饮水池为例,都是一大一小两个。垃圾筒的高度也让孩子们伸手可及。迪斯尼乐园里还专为小朋友们准备了安全的刺激性较小的游玩项目,指定必须有大人陪同参加,像旋转木马、小飞象、小人国等。

四、对便捷服务的需求

旅游景区的设施接待能力是否有保证?能否保证游客出入便利?游览线路设计是否科学合理?有无完善的游览指示标牌和可供旅游者查询的信息系统?这些都是旅游者对景区服务质量的基本要求。旅游景区工作人员应该把握旅游者的心理特点,与游客进行有效的信息沟通,为游客提供准确的游览信息,及时告知景区客流量的真实情况,避开旅游高峰时段。例如,大连金石滩国家旅游度假区为方便游客,在景区内设立三处咨询服务站,为游人提供便利的咨询服务。同时,景观说明牌、服务导引牌、指示牌、警示牌的文字说明,除中文外,还有英、俄、韩、日四种语言。为满足外国游客和散客旅游者的需求,金石滩景区还提供多语种电子导游器。再如,北京圆明园、中央电视塔、颐和园等许多景区、景点都增设了无障碍通道，天坛等景区还增设了盲文说明牌，可以方便残疾人游览。

五、对娱乐服务的需求

旅游活动的目的是创造一次难忘的经历和感受。娱乐是旅游活动的六要素之一，大多数游客都非常喜欢旅游景区的游乐项目。同时，旅游者来到新的景区，全新的环境、奇异的景物、独特的民俗风情，会使游客逐渐猎奇的求新心理空前高涨。随着旅游者消费心理的不断成熟，旅游者更期望近距离、多方式地与旅游吸引物接触，参与旅游目的地的节庆活动，品尝地方风味美食，甚至亲自参与制作等。旅游者希望通过直接参与景区娱乐活动，从视觉、触觉、味觉等多方面来体验旅游景区的特色文化、社区居民的生活方式。

六、对安全服务的需求

在旅游景区，游客求安全的心态表现得非常突出。由于旅游景区，尤其是自然景观，要么是万丈深渊，要么是悬崖峭壁，要么是湍急的流水，要么是深邃的湖泊，因此当游客进入景区游览时，都希望景区能够保证他们的人身安全，不要发生任何意外事故。由于旅游者的这种心态，旅游景区的工作人员必须再三提醒游客注意安全事项，并仔细检查和核实安全措施是否到位。例如，游客在东京迪斯尼乐园玩太空山(Space Mountain)，一般来讲，初玩者的心态是激动、害怕、担心，但绝大多数游客并不清楚参加此类游乐项目的注意事项和安全规则。虽然重复来玩的人不会害怕和担心，但是激动的心理仍然存在。在这种情况下，可能导致忘记系安全带或采取其他安全措施。因此，消除安全隐患和游客的不安全感成为景区工作人员的首要任务。

第二节 景区服务的心理策略

一、闸口接待服务

旅游景区闸口接待服务包括游客入园售票服务与验票服务，是旅游景区满足旅游者需求的第一步工作，是在旅游者心中奠定美好的感知印象的关键一步，因此在整个旅游景区的服务工作中占有非常重要的地位。旅游景区闸口接待服务的关键是做好排队服务。

第一，要设立宽敞的售票窗口。一位旅游专家曾经说过："我只要一看到售票窗的高度是方便客人的，窗户是比较大的，这样的景区里边不用看肯定是一个好景区。"售票点是游客认识景区的第一站，为了给他们留下良好的第一印象，体现想游客之所想的人文关怀精神，景区应该设立宽敞的、高度适当的售票窗口。

第二，创造良好的排队环境。良好的排队环境包括舒适的坐椅、具有吸引力的视觉画面、优美的音乐、丰富的阅读材料、电视录像等。另外，在等候区还应该提供当天的报纸及景区自办的报纸供游客阅读，设置定期更换的景区宣传栏，公布游客来信，张贴优秀员工的照片和事迹，发布促销活动通知等。这些都可以让游客在不知不觉中度过等待的时间。

第三，提供热情的等待服务。景区接待人员应该做到冬天送热饮，夏天送冷饮，为老人搬椅子，为小孩儿提供简单玩具，为等候的游客送上景区的宣传册；做一些小游戏、讲一些故事或笑话、猜一些谜语，分散游客的注意力，消除游客的焦虑情绪。

[小资料]

游客排队等待心理

(1) 无所事事的等待比有事可干的等待感觉要长。

(2) 焦虑使等待看起来比实际时间更长。

(3) 不确定的等待比已知的、有限的等待时间更长。

(4) 没有说明理由的等待比说明了理由的等待时间更长。

(5) 不公平的等待比公平的等待时间要长。

(6) 服务的价值越高，人们愿意等待的时间就越长。

(7) 单个人等待比许多人一起等待感觉时间要长。

(8) 令人身体不舒适的等待比舒适的等待感觉时间要长。

二、信息咨询服务

信息咨询服务是旅游景区的窗口，与游客面对面接触的咨询服务人员是旅游景区的形象大使。景区咨询服务人员在问讯服务过程中应该做到以下几点。

1. 主动问候

当工作人员遇到表情迷茫或正准备走向自己的游客时，应该主动迎上前去询问，这样会给处在困难中的游客以温暖的感觉，并留下亲切、热情的好印象。回答游客的咨询，应当一直到游客满意为止。当游客满意地准备离开时，应该主动向游客道别,并祝他们玩得愉快。

2. 专心倾听

工作人员对游客提出的问题应该认真倾听,全神贯注,以示尊重与诚意;对游客提出的问题应该以点头或者应答的形式有所反馈,让对方知道你听明白了他的阐述。另外,工作人员还要有优雅的姿态,在游客提问时要始终保持典雅的站姿、正确的坐姿和优美的步态,并配以适当的手势。

3. 有问必答

对于游客的询问,工作人员要做到有问必答,用词得当,简洁明了。不能说"也许"、"大概"之类没有把握、含糊不清的话。自己能回答的问题要随问随答,决不推诿。对不清楚的事情,不要不懂装懂,随意回答,更不能轻率地说不知道。经过努力确实无法回答的问题,要向游客表示歉意,并应该通过电话或向其他工作人员咨询的形式来解决游客提出的问题。如果服务人员需要离开现场去别的地方询问,那么问清楚以后应该马上回来答复游客,不能一去不复返。

三、娱乐表演服务

旅游景区还要致力于提供高品质、高标准和高质量的娱乐服务。给游客以欢乐应该成为旅游景区始终如一的经营理念和服务承诺。旅游景区娱乐项目的服务人员不仅应该具备良好的职业道德、文明素质、娴熟的技能技术和良好的心理素质,还要时刻注意微笑、眼神、语言、动作等与顾客接触的每一细节,要善于营造欢乐的氛围。例如,在迪斯尼乐园,服务人员得到的不仅是一份工作,而且是一种角色。员工们身着的不是制服,而是演出服装。他们仿佛不是为顾客表演,而是在热情招待自己家庭的客人。工作人员根据特定角色的要求,扮演真诚友善的家庭主人或主妇,他们整齐的装扮,一丝不苟的服务在游客的脑海中留下美好的回忆。在各种游乐节目中,迪斯尼乐园还十分注意培养顾客的参与性,创造机会让人们发挥自己的主观能动性,让孩子们从小培养做人的能力。

四、环境卫生服务

保持和谐的游览环境和干净整洁的卫生面貌,不仅能够为游客提供美的享受,而且也能够为游客提供健康的保障。旅游景区应该制订景区环境卫生规划,重视和加强服务人员的卫生保健,预防和控制空气、水、噪音、有害物质等对景区环

第十三章 旅游景区服务心理

境的影响，整治景区乱堆、乱放、乱搭、乱建、乱丢、乱刻、乱画、乱吐的"八乱"现象，建立严格的旅游景区卫生保洁制度，确保景区路面、水面、游览步道、栏杆等设施整洁干净。如，景区要贯彻星级厕所标准，完善厕所配备，包括采用防滑的地面、残疾人厕位、配备婴儿床等。

五、安全保卫服务

安全保卫是旅游景区为保障娱乐设施、游客人身财产安全、保证正常游览秩序的重要工作。景区应该建立和完善景区安全保障网络体系，设计景区突发事件的处置方案，保证良好的景区游览秩序，加强对员工的安全教育和培训，建立景区游客人身意外保险制度。工作人员每天上岗前要仔细认真地检查娱乐设施和设备，要加强对设备、设施的定期维护和保养，使其处于良好的使用状态，保障游客安全。景区应该健全防火、防盗、防爆、防拥挤、防踩踏及防地质灾害等危机处理机制，并设专人进行日常游览秩序监控和景区日常防盗、防爆检查。凡是危险地段，都应该设置明显的中外文警示标志，提醒游客注意安全。防护设施要齐全有效，特殊地段应该有专人值守，提供24小时保安服务。例如，东京迪斯尼乐园制订了一条"S·C·S·E"员工基本行动准则，即安全(Safety)、礼貌(Courtesy)、表演(Show)、效率(Efficiency)。这四个单词的排列也代表着其中的价值顺序：第一是保证安全，第二是注重礼仪，第三是贯穿主体秀的表演性，第四是在满足以上三项基本准则的前提下提高工作效率。可见，安全是旅游景区服务的重要工作。

六、应急医疗服务

应急医疗是旅游景区考虑到游客会因为突发疾病、突发自然灾害、娱乐设施事故、游客自身原因造成的伤害等情况，为游客提供的一种保障措施。景区应该建立景区紧急救援机制，配备紧急救援人员，为游客提供走失、迷路等救援服务。景区还应该建立备有常用急救药品和器材的医务室，其医务人员应具备专业资格证书，还应该制订日常应急医疗的处置方案、重大活动的医疗保障方案和游客危重病人的处置方案等。例如，医疗服务是陕西乾陵旅游景区人性化服务的一个亮点。医疗室设有专职医护人员，并配备常用药物和医疗器械，对游客在乾陵景区参观期间的小伤小病提供快捷方便的就诊服务。医疗室还和当地医院保持着密切的联系，以便使个别游客的突发性疾病能够在第一时间内得到救护。

七、特殊亲情服务

在满足旅游服务的标准化和游客需求的个性化需要的同时，针对特定游客提供亲情化服务是旅游景区发展的重要潜力。标准化服务是使游客满意的重要手段，个性化服务会给游客带来意外的惊喜。亲情化服务是标准化服务与个性化服务的完美结合，可以为游客提供意料之外但又是在情理之中的额外服务。因此，旅游景区要以提高游客的满意度为出发点，以细节为基础，以急人所急、换位思考为原则，最终使游客获得"满意加惊喜"的效果。旅游景区的特殊亲情服务通常包括：高龄老人的特殊照顾；残疾人士的特殊照顾；提供婴幼儿轮椅车服务或托婴服务；提供贵重物品的保管服务；提供部分商务服务；代邮、寻人服务；预约、送票、送餐服务；提供特殊的游乐项目和活动服务。

[微型案例]

以人为本的亲情服务

为了给游客提供一个健康、舒适、愉悦的游览环境，四川松潘黄龙风景区将"以人为本、亲情服务"的工作理念贯彻到实际服务工作中，让游客感到了人性化服务带来的温暖。这些人性化服务主要体现在五个方面：一是卫生间更加人性化。根据游客的消费心理，将马桶式厕位更换为蹲便式厕位，并在游客集中的旅游信息中心修建了五星级旅游卫生间。二是栈道更加人性化。结合黄龙游览特点，更换了安全省力的景区游览栈道，并在栈道上雕刻出细纹，增强雨雪天气的防滑作用。三是标牌更加人性化。随着世界各地游客的增多，新增了景区语种多样、指示准确的标识牌。四是索道更加人性化。为方便游客乘坐索道，新增了索道公交车站和公交车岗亭。五是导游更加人性化。为了给国外游客提供便捷的讲解服务，还特意配备了英语、日语、韩语等景区导游讲解人员。

八、投诉受理服务

旅游景区应该把游客的投诉视为建立诚信的契机，设立专用投诉电话，并在景区明显位置标明投诉电话号码，派专人值守。景区游客投诉受理服务人员要着装整洁，举止文明。接待投诉者时，要本着实事求是的原则，不与客人争对错、论短长，要以"换位思考"的方式去理解投诉游客的心情和处境，满怀诚意地帮助客人解决问题，既要尊重游客的意见，又要维护景区的利益。景区要加强现场处理旅游投诉的能力，要在第一时间、第一地点为旅游者解决投诉问题。具备条件的景区要推行先行赔偿制,即遇到游客投诉时,执法部门先向游客做出赔偿,然后再对经营者进行处罚,以节省游客时间。

参考信息

培训从学习扫地开始

迪斯尼对新员工的培训,首先不是着眼于其素质和水平的提高,而是把它作为企业精神教育的一种重要手段。迪斯尼要求每一个新员工都要接受由迪斯尼大学教授团的新员工企业文化训练课,以便让他们认识迪斯尼的历史传统和成就、经营宗旨与方法、管理理念和风格等。除了这些,迪斯尼专为新员工制定了一个为期三天的特色培训:

第一天上午学扫地。让员工学习怎样扫树叶不会让树叶飞起来、怎样刮纸屑才能把纸屑刮得很好、怎样掸灰才不会让灰尘飘起来。而且扫地时还另有规定:开门时、关门时、中午吃饭时、距离客人15米以内等情况下都不能扫。

第一天下午学照相。因为客人会叫员工帮忙照相。如果员工不会照相,就不能照顾好顾客。十几台世界最先进的数码相机摆在一起,各种不同的品牌,每台都要学。

第二天上午学包尿布。孩子的妈妈可能会叫员工帮忙抱一下小孩,但如果员工不会抱小孩,就会增添顾客的麻烦。不但要会抱小孩,还要会为小孩换尿布。

第二天下午学辨识方向。有人要上洗手间,有人要喝可乐,有人要买邮票……顾客会问各种各样的问题,所以每一名员工都要把整个迪斯尼的地图熟记在脑子里,对迪斯尼的每一个方向和位置都要明确。

第三天上午学怎样与小孩讲话。游迪斯尼有很多小孩,这些小孩要跟大人讲话。迪斯尼的员工碰到小孩问话都要蹲下,蹲下后员工的视线跟小孩的视线要保持一个高度,不要让小孩抬着头跟员工讲话。

第三天下午学怎样送货。迪斯尼规定在客人游玩的地区里是不准送货的,送货全部在围墙外面。迪斯尼的地下像一个隧道网一样,一切食物、饮料全部在围墙的外面下地道,在地道中搬运,然后再用电梯送上来。

在迪斯尼,顾客站在最上面,员工在中间面对客户,经理站在员工的底下来支持员工,员工比经理重要,客户比员工重要。

(资料来源:编者根据相关材料整理)

深圳欢乐谷主题公园的服务理念

深圳欢乐谷主题公园根据长期实践，对"三先"和"六心"服务制定了具体的服务要领。"三先"服务，即：先注视、先微笑、先问候。

"先注视"，是认识的起点、自信的表现。在游客接近服务员的工作岗位时，服务员以注视的方式与游客进行远距离交流，以达到识别和初步了解游客需求的目的。让游客感觉受到重视、受到欢迎。员工眼神应该炯炯有神、和蔼可亲，避免无精打采、目光呆滞，争取先给游客一个美好的印象。

"先微笑"，是友谊的基点、魅力的展现。在游客接近服务员的工作岗位时，服务员应以微笑的方式与游客进行交流，以达到进一步沟通交流的目的，使接待环境祥和融洽，让游客感觉受到欢迎。

"先问候"，是欢乐的源泉、诚恳的体现。游客到达服务员的工作岗位时，服务员应该使用礼貌语言，先对游客进行问候，询问游客的需求，以达到最终了解游客需求的目的，使游客在服务员的关心、问候下感受到安全和舒适，从而乐于参与游乐。

深圳欢乐谷主题公园将游客分成六种类型，并有针对性地提出"精心、专心、热心、细心、全心、耐心""六心"服务。

第一，对VIP游客要"精心"服务。因为贵宾对服务的要求和对专业技能的要求会相对高一些，因此，要在平时的服务平台上更上一层楼，提供更高水平的优质服务。

第二，对特殊游客要"专心"服务。在接待特殊游客时，要问清楚他有什么需求，在自己的能力范围内，尽量满足游客的要求。

第三，对反常游客要"热心"服务。如果游客是带着满脸怒气而来的，那我们在语气方面就要更加亲切一些，多与他们沟通，平息他们的怒气。

第四，对有困难的游客要"细心"服务。应及时了解游客有什么需要帮忙的，并主动提供帮助。

第五，对普通游客要"全心"服务。对一般游客来说，我们提供全员服务，让他们有宾至如归的感觉。

第六，对挑剔的游客要"耐心"服务。接待这样的游客，要做到在保证景区利益不受损害的情况下百问不厌。

识别游客，是提供优质服务的前提；满足游客，是提供优质服务的延伸。深圳欢乐谷主题公园要求服务员在接待工作中做到"六心"服务，是对优质服务的保证和延伸。

(资料来源：www.happyvalley.com.cn)

案例讨论

景区保洁员李桂云的"五星级"服务

大连旅顺东鸡冠山景区保洁员李桂云管理的公共卫生间,成了景区中的知名"景点"。

李桂云2001年到景区工作,负责两个公共卫生间和一段100米长游览道路的卫生保洁。根据景区提出的工作标准,李桂云动了一番脑筋,在卫生间的墙壁上挂了山水画,在窗台上摆放鲜花和鱼缸,在卫生间里用录音机播放优美的音乐,在卫生间门口挂上征求意见簿,让中外游客监督自己的工作。游客们都说李桂云管理的卫生间像"客厅"一样干净漂亮。此外,李桂云还在卫生间增加了一些便民设施,如方便台、寄存处、面巾纸等,让来这里的游客都有一种温馨的感觉。

李桂云清扫的卫生间,地面无积水、无污迹、无脚印。夏天,遇到肠胃不好、闹肚子的人多时,一进卫生间清扫,一股股恶臭扑鼻而来,但李桂云硬是坚持下来了;旅游高峰期游客多,李桂云怕耽误清扫时间,午饭就在卫生间的工具室吃。为了方便游客,李桂云坚持在卫生间门口站立服务,为游客当向导,热情解答各种询问。2002年8月的一天,一位日本老先生在卫生间内呼喊,李桂云连忙和等候在外的老先生的夫人一起进入卫生间。只见70多岁的老先生,双手提着满是粪便的裤子,痛苦地站在那里,原来老先生肠胃不好。李桂云二话没说,立即帮助清洗干净,还为老先生买来治疗拉肚子的药品,感动得夫妻俩连连向李桂云鞠躬致谢。

在20多本游客意见簿里,记录了3000多条中外游人对李桂云的称赞。一位英国华侨留言:"这是我所见到的中国旅游景区管理最好的公厕。"一位英国考察团成员留言:"此公厕合乎国际水准。"大连市旅游局局长为景区卫生间题词:"三星级的设施,四星级的管理,五星级的服务。"

(资料来源:编者根据相关材料整理)

讨论问题

1. 你认为目前景区服务中主要存在哪些问题?
2. 你从李桂云的"五星级"服务中得到了什么启示?

复习与思考题

1. 在游览过程中,旅游者的心理活动有哪些特点?
2. 旅游者对景区服务有哪些心理需求?
3. 为了满足游客心理需求,旅游景区应该做好哪些服务工作?
4. 简述旅游景区游客排队服务工作的心理策略。
5. 简述旅游景区游客信息咨询服务工作的心理策略。

第十四章　旅游购物服务心理

【本章导读】

旅游购物不同于一般购物，它是在特定的情境下进行的购物活动，是旅游者在旅游活动中购买商品的行为。因此，旅游者在购物过程中存在着不同于一般购物者的心理特点。根据旅游者购买动机的共性特点，可以将购买动机分为六种类型：纪念动机、馈赠动机、实用动机、新奇动机、审美动机和珍藏动机。提供特色突出、品种丰富、包装精美、质优价廉的旅游商品是做好旅游购物服务工作的基础。旅游商品是一种比较特殊的商品，除了具有一般商品的属性外，还具有艺术性和纪念性等特殊属性。为了满足旅游者的需要，旅游商品必须在设计、陈列、包装等方面具有特色，经营者必须有针对性地安排旅游商品的设计、生产与销售。旅游商品销售和服务人员应该了解客人在购物过程中的心理活动特点，采取有针对性的服务策略。

【关键词】

购物动机(purchasing motivation)　购物行为(purchasing behavior)　购物心理(purchasing psychology)　旅游商品(tourism commodity)

购物是旅游活动必不可少的一个重要环节。旅游者不仅希望看到美丽的风景，而且还希望在旅游地能够买到称心如意的旅游商品。旅游购物不同于一般购物，它是在特定的情境下进行的购物活动，是旅游者在旅游活动中购买商品的行为。旅游者在购物过程中存在着不同于一般购物者的心理特点。

第一节 旅游者的购物心理

一、旅游者的购买动机

旅游者购买某种商品出于一定的购买动机。购买动机是旅游者购买行为发生的内在原因，而购买行为则是购买动机的具体表现。了解旅游者的购买动机，是做好旅游购物服务的前提。由于旅游者各自的具体情况千差万别，所以购买动机也是多种多样的。根据旅游者购买动机的共性特点，可以将购买动机分为以下几类。

1. 纪念动机

持有这种动机的旅游者一般喜欢购买那些具有代表性和象征性的旅游商品。旅游者购买这样的商品，一方面是为了留作纪念，留待日后据此回忆这次难忘的旅游经历；另一方面是作为一种凭证，作为曾到某地游览过的一种证明，证明自己的旅游经历，以此来提高自己的声望和社会地位，赢得人们的羡慕和尊重。例如：到西安买兵马俑复制品；到南京的雨花台买雨花石；到宜兴买紫砂壶；到肇庆买端砚；到酒泉买夜光杯；到无锡买惠山泥人；到韶山买毛主席纪念章。又如：到中国买旗袍；到韩国买韩服；到日本买和服。有的旅游者从北京回来后穿上了一件印有"我登上了长城"字样的文化衫，都是出于这种动机。

2. 馈赠动机

人们外出旅游时购买的旅游商品，除了留作纪念外，还有一个重要的动机就是赠送给亲朋好友。虽然有的商品在客源地能够买到，但从旅游地带回来的商品肯定别有一番情趣，它表达了对亲朋好友的感情和礼貌，既可以增进彼此的友谊，也可以提高自己的声望。在其他国家和民族，这种现象也是很常见的。例如，日本人在外出或旅游归来都有赠送礼品的习俗。如果远游归乡没有礼物赠送，则被认为是没有礼貌的。

3. 实用动机

实用性的要求是人们购买商品的一个普遍性的心理需求。虽然旅游者来自不同的国家和地区，有着不同的爱好和风俗，但对旅游商品实用性的要求是普遍的。旅游者在购物时特别注意商品的品牌、质量、功能和实用价值。买的东西不管是自用、收藏或者馈赠亲友，首先要看其是否具有实用价值，能否在生活中派上用场，或作艺术装饰，或作日常生活之用品，然后再考虑是否要购买。例如，一些日本和东南亚游客，到中国旅游喜欢购买中国的名贵中药，如六神丸、地造丸和人参等。中国游客到瑞士买军刀，到法国买香水等。这些都是从实用角度考虑的。

4. 新奇动机

这是以注重商品的时尚、奇异、新颖为主要目的的购买动机。好奇之心，人皆有之，追新猎奇是许多旅游者固有的心理需要。旅游者对于异国他乡的具有新异性的物品一般都比较喜欢购买，追求时尚、新颖、与众不同。购买地方特产，是旅游者的普遍心理。当在旅游地看到一些以前未见过的东西时，就会产生好奇感和购买欲。例如：在海南岛旅游，许多旅游者都喜欢购买与椰子有关的工艺品；到福建惠安旅游，女性旅游者喜欢购买一套蓝色短上衣、黑色宽绸裤的惠安女装；到迪斯尼乐园买米老鼠玩具；到云南买少数民族服饰等。

5. 审美动机

这是以注重旅游商品的欣赏价值和艺术价值为主要目的的购买动机。旅游者不仅希望在旅游活动中看到美丽的风景，而且也希望买到精美的旅游商品。很多旅游者在购买商品时都要考虑到商品的美观性和艺术性，重视商品对人体的美化作用、对环境的装饰作用、对精神的陶冶作用。他们非常喜欢具有民族特色、地方特色和审美价值的旅游商品，尤其是对那些具有艺术美、色彩美和造型美的旅游商品更感兴趣。购买的旅游商品往往是首饰、工艺品、陶瓷、民族服装等，例如，外国旅游者到中国常常买字画。

6. 珍藏动机

这是旅游者为了满足个人特殊兴趣、嗜好而形成的购买动机。旅游者个人嗜好千差万别，例如：有人收集火柴盒、香烟盒；有人收集各国邮票、旧式手表；有人收藏古玩字画。有的旅游者对具有保存价值的工艺珍品、名人字画和传世古董等，不惜高价购买，以作珍藏，这类旅游者以高级官员、大企业家、高级学者等为多。

以上是旅游者购物的几种主要动机。在旅游者的购买行为中，可能同时存在两个或两个以上的具体购买动机，相互交错，相互制约。不同的旅游者由于具体情况不同，因而购买动机也不尽相同，从而导致了不同的购买行为。在旅游商品的开发和服务中，应该注意研究旅游者的不同购买动机，更好地为旅游者服务。

二、旅游者的购物行为分析

旅游者购物的全过程是人的认知活动、情感活动和意志活动综合作用的结果。也就是说，旅游者在购买活动中要经历感觉、知觉、记忆、思维、想象、情感、意志等过程。但是，不同的旅游者在具体的购买活动中所表现出来的行为特点具有很大的差异性。对这些不同的旅游者，我们可以按年龄、性别、职业等几个方面来进行分类。

1. 青年旅游者的购物行为

青年主要指年龄在 15~30 岁之间的人。据统计，这部分人口占人总数的 1/5 左右。青年人富有朝气，精力充沛，是旅游者中的庞大人群，也是旅游商品购买者中最活跃、数量最多的人群。青年旅游者的消费心理和行为具有如下特点：

(1) 追求新颖时尚。青年人思维活跃，富于幻想，有冒险精神，对事物有很强的敏感性，对新鲜事物有强烈的好奇心。他们喜欢购买能够代表社会潮流、富于时代精神的商品，常常成为新旅游商品的最先购买者、最早试用者和最有力的推广者和传播者。

(2) 喜欢张扬个性。自我意识的加强使青年旅游者喜欢追求明显的个性张扬，显示自己的与众不同。在选购商品时，他们喜欢购买那些能够同自己的理想、职业、爱好、性格密切相关的商品，以此来展现自我个性，满足表现自我的心理需求。一些高科技含量的旅游纪念品和一些 DIY(do it yourself)旅游商品十分受青年旅游者的欢迎。

(3) 容易冲动购买。青年旅游者的购物决策带有较强的冲动性，注重直觉效果，受环境因素的影响比较大。在理智和感情发生冲突时，感情的作用更大一些，冲动性购买多于计划性购买。他们往往忽略商品的综合性，而片面强调某一款式、某种颜色等。

2. 老年旅游者的购物行为

人们一般把 60 岁以上的人称为老年人。老年人一般具有较高的经济收入，购物的范围极为广泛。老年旅游者的消费心理和行为特征都比较成熟，具有以下特点。

(1) 全面评价商品。老年旅游者见多识广，经验丰富，能对商品作出全面的评价。他们要求旅游商品不仅外形美观，式样新颖，更看重商品的内在因素，讲究货真价实，关注商品的质量与价格比。

(2) 追求实用价值。老年旅游者经常把旅游商品的实用性作为购买商品的第一目的。他们强调商品要经济实用、舒适安全、质量可靠、使用方便，至于商品的款式、色泽、包装等则放在次要的位置。由于自身的身体状况和思维惯性，他们还注重旅游商品的便携性和多功能性。

(3) 注重服务质量。老年旅游者具有较强的习惯性购买心理，一般的广告宣传和促销手法很难改变其已有的消费习惯。他们希望服务员尊重自己动作缓慢、精挑细选、犹豫不决的购买习惯，提供方便、安全、耐心、周到的服务。他们走南闯北，对优质服务多有领略，喜欢进行比较，经常会对服务员提出意见和建议。

(4) 带有馈赠动机。大多数老年旅游者带着馈赠的心理动机到商场购物，他们希望从旅游地购买更多的旅游纪念品，回家后赠送给自己的子女、亲戚、朋友和邻居。

3. 女性旅游者的购物行为

女性旅游者与男性旅游者在旅游活动中最明显的差异之一，是她们更愿意借外出旅游之机购买所需要的商品。因此，人们常常可以看到，女性旅游者回家总是满载而归。女性旅游者的消费心理和行为特征通常表现如下：

(1) 注重商品的外观形象。女性旅游者在选购商品时，往往受款式、颜色、造型以及情感等因素的综合影响，而产生购买欲望。特别是当她们为男友、丈夫、子女和父母选购时，受情感因素的强烈影响，容易产生冲动性购买。

(2) 强调商品的实用价值。女性旅游者在选购商品时，除要求商品的外观美外，还要求其必须具备一定的实际效用，对其实用价值考虑得周到而详细。例如，即食性旅游食品是否含防腐剂和色素，服装是否会缩水和褪色等。

(3) 具有较强的自我意识。女性旅游者的自我意识和自尊心比较强，对外界反应敏感。她们在选购商品时，常常以自我为中心，凭借自己的直觉来评价商品的优劣，喜欢显示自己，往往认为自己所购买的商品符合时尚潮流，渴望得到别人的赞扬和认可。

4. 知识分子旅游者的购物行为

这里所指的知识分子旅游者主要是指文教、卫生、科研人员。知识分子的最大特点是文化程度较高。此类旅游者的消费心理和行为特征通常表现为：

(1) 追求文化品位。知识分子旅游者在旅游活动中的购买行为显示出较高的品位。他们购买旅游商品的标准是要与自己的身份相符，能显示出自己具有一定的文化知识和修养。与其他旅游者群体相比，知识分子旅游者对文化气息较浓的旅游商品更感兴趣，尤其注重旅游商品的艺术性和保存价值。

(2) 购物思维理智。知识分子旅游者在购买旅游商品的自主性较强，大多愿意自己挑选所喜欢的商品，对于服务人员的介绍和推荐抱有一定的戒备心理，对于广告宣传也有很强的评价能力。他们在购买行为中表现出较高的理智，受社会流行和时尚等因素影响较小。

5. 白领阶层旅游者的购物行为

这类旅游者群体主要是指在经济效益比较好的国有企业、合资企业、外资企业从事管理工作的人员。虽然他们的人数不多，但他们的收入比较高，影响力较大，是旅游商品市场中不可忽视的一支消费者队伍。由于这类旅游者的现代意识比较浓厚，因此，他们在购买旅游商品时，追求商品的高档化，对名牌商品和名贵商品比较感兴趣，喜欢购买贵重商品，以显示自己的身份和地位。而且，由于他们的收入水平较高，购买力较强，新风格、新式样的旅游商品容易在他们之中推广。

三、旅游者对购物服务的心理需求

旅游者来到了商店，他们不仅仅希望能够买到称心如意的商品，而且希望能够得到热情的接待和周到的服务。旅游者对购物服务的心理需求主要表现在以下几个方面。

1. 求方便

旅游者到一个地方旅游，往往昼行夜归，日程排得很满，购物时间非常有限，因此，他们希望在购物时，服务员能够提供方便快捷的服务，尽量节省旅游者等待的时间；希望旅游商店距离下榻的饭店不远，甚至希望不必走出饭店就可以选购称心如意的旅游商品；希望饭店商场有方便宾客的种种延伸服务，旅游者购物可以签单统一付账，购买的物品可由服务人员直接送到房间。

2. 求尊重

这种心理是旅游者在购物过程中的共同需求。在购买旅游商品时，他们希望服务人员能够尊重他们的爱好、习俗和生活习惯，满足他们的自尊心。例如：希望服务人员能够热情回答询问，百问不烦；希望服务人员能任其挑选商品，百拿不厌；希望服务人员在语言、行为上彬彬有礼等。虽然有的旅游者到商场的目的只是闲逛，但是服务人员必须以礼相待。

[小资料]

三米微笑

为了吸引顾客，美国沃尔玛百货有限公司有一个非常有名的"三米微笑"原则：它要求员工做到"当顾客走到距离你三米远范围内时，你要温和地看着顾客的眼睛向他打招呼，并询问是否需要帮助"。同时，对顾客的微笑还有量化的标准，即对顾客微笑时要露出"八颗牙齿"，为此他们聘用那些愿意看着顾客眼睛微笑的员工。"三米微笑"的原则是由沃尔玛百货有限公司的创始人山姆·沃尔顿先生传下来的。每当他巡店时，都会鼓励员工："我希望你们能够保证，每当你在三米以内遇到一位顾客时，你会看着他的眼睛与他打招呼，同时询问客人你能为他做些什么。"通过这一招，沃尔玛给顾客创造了一个非常舒适的购物环境。

3. 求放心

旅游者在商场购物时，希望有一个舒适、安全、放心的购物环境，在购物过程中人身安全和财产安全能够得到保障；希望买到货真价实、物有所值的旅游商品；希望商场开具的发票要足以让旅游者放心购买，以免除受骗之后的懊恼。

4. 求知识

旅游者希望在购物过程或闲逛过程中获得有关旅游商品的知识，特别是在购买字画和工艺品时，希望服务人员能够讲解一些有关商品的知识，希望多介绍一些工艺品、纪念品的艺术功能、审美特征、民族风格、地方特色、历史渊源、制作工序、作者逸闻，以及鉴别商品真伪优劣的有关知识等。他们通常对当场作画或刻制的旅游商品特别感兴趣。

第二节 旅游商品及其心理因素

俗话说："巧妇难为无米之炊。"没有优质的旅游商品，旅游购物服务工作就成为无源之水，无本之木，因此提供特色突出、品种丰富、包装精美、质优价廉的旅游商品是做好旅游购物服务工作的基础。

一、旅游商品的三大属性

旅游商品是一种比较特殊的商品，除了具有一般商品的属性外，还具有艺术性和纪念性等特殊属性。

1. 旅游商品的实用性

实用性是所有商品的一般属性。旅游商品首先要具备实用性，即具备旅游者可以使用和消费的功能。旅游者在旅游过程中所使用或消费的商品是大量的和多种多样的，因此，旅游商品的生产和销售，首先要考虑商品的实用价值，做到产销对路。

首先，旅游商品的产销要考虑不同国家、不同民族、不同阶层、不同宗教信仰和不同年龄的旅游者的爱好和风俗习惯。例如，各国、各民族、各阶层的妇女都喜爱首饰，但是对其需求却存在很大差异。东南亚人对戒指、项链、手镯等饰物极为重视，由于风俗习惯的原因，上述物品几乎成为他们身体的一部分而不再是单纯的装饰品了。东南亚人多信奉佛教，很多人胸前都用项链挂着一个小佛像，因此，一条挂着一个精致贵重小佛像的项链，对东南亚国家的佛教徒来说，是很有实用价值的。而对西方国家的基督徒来说，带有十字架或者基督小像的项链才具有实用价值。

其次，旅游商品要因时制宜，要为旅游者提供适时的旅游商品，以突出其适用性。夏天，旅游商店应该销售T恤衫、裙子、凉鞋之类凉爽轻便的夏装服饰；秋冬，则应该多供应御寒类服装。位于名山大川的旅游商店，应该销售具有民族特色的登山鞋、旅游鞋，以方便旅游者。

最后，旅游商品的实用性还应该因地而宜，具有民族特色和地方特色。例如，旅游者在贵州民族聚居区旅游，若能买到集艺术性与实用性于一身的蜡染制品及服饰将非常高兴，而在其他地方，蜡染制品的吸引力和韵味就没有这样强烈。

2. 旅游商品的艺术性

艺术性是旅游商品的重要属性。在很多情况下，旅游者购买旅游商品是为了作礼品送人，或当作纪念品和收藏品珍藏，因此，旅游商品应具有较高的艺术性。只有具备艺术美的旅游商品才能给人以审美的情趣，提高人们的审美鉴赏能力。

3. 旅游商品的纪念性

旅游商品除了具有实用性、艺术性之外，还应该具有纪念性。旅游是人们享受生活、体现自我的美好过程，每个旅游者都希望以各种方式留下这美好的回忆。因此，旅游商品的设计与开发要突出其纪念价值。例如，旅游者在登上长城后，如果能够买到印有"长城"、"我到了长城"等字样的 T 恤衫或上衣，将倍感高兴，因为其具有纪念意义。

二、旅游商品中的心理因素

为了满足旅游者的需要，旅游商品必须在设计、陈列、包装等方面具有特色，经营者必须有针对性地安排旅游商品的设计、生产与销售。

1. 设计心理

旅游者对旅游商品的需求与对一般商品的需求既有相似的一面，也有差异的一面，因此设计人员在设计旅游商品时必须考虑这种差异的心理需求。旅游商品设计者要在广泛进行市场调查和心理分析的基础上，了解各类旅游者的购物需求，这样才能设计出畅销的旅游商品。为此，旅游商品的设计人员应该做到以下几点。

(1) 旅游商品要有纪念性、艺术性与实用性。旅游是一种异地、异时、异常的消费活动，会受到时空的制约；旅游是一种经历，是一种心理体验，也是一种精神享受。旅游者为了使自己在异地、异时的美妙感受能够永久地保持下去，为了使这种愉快经历和体验能在以后重温回忆，就需要有一种象征物来替代，而拍照、摄像、购买旅游纪念品等就是一种极好的方法。因此，旅游者迫切希望旅游商品具有纪念性、艺术性与实用性。对旅游商品而言，纪念性比经济性重要，艺术性比实用性重要。把旅游商品设计得美观大方、款式新颖、工艺精巧，才会得到旅游者的认同。

(2) 旅游商品要有本国风格、民族风格与地方风格。旅游商品只有具备特色，才会有吸引力。设计者要运用当地的自然风光、历史传说或者典型建筑来设计旅游商品的造型与图案，并用当地特产的材料制作，这样就可以突出民族特色与地方风格。我国的许多工艺品、药材、仿古文物、少数民族服饰等都极富特色，因而受到广泛的欢迎。有地方特色的纪念品，由于其新颖独特，可以满足人们的好奇心。产品有特色才会有象征意义，如果旅游商品与当地游览景点的主题无关或失去特色，它就不会有生命力。

(3) 旅游商品要系列化、多样化、配套化。企业要设计和生产花色品种繁多、规格齐全的旅游商品，以满足旅游者的不同需求。旅游者绝大部分有购物需求，但高收入、高消费者毕竟只占少数，大多数旅游者是属于中、低收入阶层。因此，旅游商品要以中、低档为主，尤其是小型旅游纪念品成本低、售价低，又有纪念意义，往往最受旅游者的欢迎。琳琅满目、丰富多彩、品种齐全、规格多样的商品，本身就是一种美，不仅能满足旅游者的实用需要，又能满足旅游者的审美需要。

(4) 旅游商品要就地选题、就地取材、就地生产。旅游商品的设计和生产只有立足当地，才会有特色。旅游商品只有体现当地的文化传统、当地的游览主题，才会吸引旅游者。

2. 包装心理

常言道："人靠衣服马靠鞍"。好的包装不仅起到保护商品的作用，而且具有美化商品、宣传商品、推销商品的功能。设计精美的旅游商品不仅能给旅游者以美的享受，引发对商品的好感，而且能使潜在的购买动机变成现实的购买行动。据调查，有60%左右的消费者在选购商品时，是受了精美包装的吸引而最终采取购买行动的。那些轻、巧、小的包装造型，新、奇、美的包装形式以及包装体上新颖别致的图案、简洁悦目的文字、和谐宜人的色彩，都给消费者以强烈的视觉冲击，产生心理上的美感享受，从而激起消费者强烈的购买欲望。商品包装的功能如下。

(1) 区别性。旅游者在旅途中购物时间很短，只有独特的包装才能让来去匆匆的旅游者在短暂的时间里识别、辨认并购买不同种类、不同品牌的商品。因此，一种品牌的商品，其包装要有特殊性，其包装的图案、形状、式样、色彩、材料、说明文字等均应有别于其他商品。商品包装要符合人们的消费习惯，便于人们识别和记忆。

(2) 方便性。旅游活动是一种异地的活动，因此旅游商品体积要小巧、紧凑、轻便、实用，以便于旅游者在旅途中携带和使用。旅游商品不应做得太大太重、易破易碎，其包装应该便于开启。包装上还应该印有使用、保管说明，尤其是指导旅游者正确使用新产品的方法。

(3) 适应性。旅游商品包装要适应旅游生活的特点，使旅游者用起来方便。例如：食品必须密封包装，便于放在桌上或旅行背包里；玻璃、陶瓷品的包装要结实，防震性能好，便于途中携带。

(4) 可靠性。好的包装，会使人感到商品质量的可靠与可信。采用各种新型和高级包装材料，例如塑料、夹层橡胶、新型纸张、绒布锦缎、金属等，可以使人感觉到该产品是精心设计的，质量是可靠的。当然，包装成本价格应该与商品价值和特点相符。

(5) 象征性。旅游商品的包装要能够体现当地的传统文化、自然风光、建筑的特色，高级商品的包装应该精美，以满足旅游者"花钱买象征"的需要。

(6) 审美感。旅游是一种寻求美、欣赏美的活动。在旅游活动中，旅游者对美的追求特别强烈。现代商品的包装本身就应该是艺术品。为此，设计者在商品包装上要充分利用美学原理,充分利用心理活动中的联觉与错觉现象。大而沉重的商品用淡颜色包装,能使人觉得较为轻巧;某些化妆品、高级滋补品可用方形容器或厚底容器包装,给人以分量较重的感觉。

旅游商品的包装应该满足各类旅游者的需要:男性旅游者希望包装设计风格刚劲有力,要有科学性、实用性;女性旅游者则喜欢构图精巧、线条柔和、色彩艳丽、突出艺术性与流行性;老年旅游者要求风格古朴、突出传统性和习惯性;少年喜欢新奇、时代感鲜明、具有知识性和趣味性的包装。

3. 陈列心理

商品陈列,即以商品为主体,通过布景道具的装饰,配以灯光、色彩、文字说明,运用美学的基本原理,艺术地对商品进行宣传。在陈列中,要运用多种艺术手段使旅游者在感官上对陈列的商品易于感知、记忆和产生兴趣。根据知觉对比的理论,橱窗的背景要突出,色彩要鲜明,光线要柔和,与商品的对比差异要大,这样才易于人们感知商品。商品排列要根据人的视觉规律从上到下、从左到右排列,主要商品排列的位置要与客人的视觉保持平行。商品要选精品,按主次类别合理摆布。商品要保持整洁,一尘不染。陈列要讲美感,对如何排列、突出什么、用什么做陪衬,都要通盘计划,做到和谐统一。对重点商品,要放在最佳位置,以吸引客人的视线。货架的排列和商品的陈列应满足以下要求。

(1) 合理排列货架,提高营业厅内的能见度。客人刚步入商场,一般都会下意识地环顾店内四周情况,对商场的摆设、货架的排列、商品的安排会形成一个初步的印象,然后才会趋近自己所关心的商品柜台或货架。因此,企业应根据客人的这种行为规律把货架作"马蹄型"排列,使客人对所有货架能在环顾之中一览无遗。

(2) 适应购买习惯,方便客人选购。为方便客人选购,旅游商品的陈列必须适应客人的购买习惯。商品的陈列摆放方法主要有:分门别类地放在专柜里;组合配套,按商品功能的接近与联系摆放;顺应客人逛商店时的行走习惯摆放。据研究,国外客人多沿顺时针方向走动,因此商品摆放区域构成的主道与支道要按顺时针方向设计。据观察,国内客人逛商店时会下意识地靠右行走,沿逆时针方向流动,因此在商品陈列中要把那些购买次数多、销量大的商品按逆时针方向摆在通道入口处,吸引客人购买。那些挑选性强的或妇女用品、儿童用品,应放在离通道入口处较远的地方。要把促销商品摆在货架外部显眼之处,把非促销商品摆在货架后部不显眼之处。

(3) 根据商品的实用价值摆放。应该根据季节变化和传统节日的来临,把适应时节、能满足人们生活需要的商品摆在显眼之处。摆放时要设法展示商品的个性特点。陈列方式有橱窗陈列、柜台陈列、悬挂陈列、就地陈列、货架陈列等。现代百货商场或自选超市则让顾客能在有规律地放满商品的货架之中自由选购，创造一个宽松和谐的购物环境。

第三节 旅游购物服务的心理策略

旅游商品设计再美好，制造再精巧，包装再华丽，价格再合理，布置再美观，最终仍要通过销售才能实现其价值。因此，旅游商品销售和服务人员应该了解客人在购物过程中的心理活动特点，采取有针对性的服务策略。

一、精心设计，美化购物环境

购物环境指旅游商品购买现场的设备、设施情况及现场的氛围。旅游购物需要良好的购物环境，只有购物环境好，才能产生好的购物气氛，旅游者的购物心情才会轻松愉悦。如果购物场所宽敞明亮、色彩柔和、环境幽雅、整洁美观，旅游者就会感到舒适和振奋，对出售的商品产生信赖感，便会产生购买欲望。例如，商店温度高低要适宜，温度过高或过低都会使旅游者感觉不舒服，缩短购物时间；在听觉方面，商店要注意保持安静，避免各种噪音，可以适时播放背景轻音乐，使旅游者心平气和、心情愉快地驻足观赏橱窗柜台中的陈列商品，进而激发购物动机和行为。

二、热情主动，激发购买兴趣

虽然旅游者到商店的目的是买东西，但是服务员的服务态度对游客的购物心理也产生重要的影响。"微笑招客，和气生财"。旅游购物服务人员要注意自己的言谈举止、动作表情、服务态度。要以诚挚、善意的微笑和关切、清晰的语言向游客打招呼；要用简单、明快、有效的语言向游客介绍商品；要不厌其烦地向游客出示商品让其挑选；当游客的目光与服务员的目光相遇时，服务员应该愉快地、面带微笑地向游客打招呼，如"您好！"、"欢迎光临！"、"您慢慢挑选"、"我能帮您做什么？"等。商店服务员应当牢记这样一句话：诚招天下客，客从笑中来。笑脸增友谊，微笑出效益。

商店服务员还要善于通过语言与游客进行信息和感情的交流。准确、得体、优美、诚恳的语言对激发旅游者的购买动机起着巨大作用。首先，服务用语要准确、得体，不要说"你买什么？"或"你要什么？"而应当说"您想看看什么？"这里虽然是一字之差，但是对顾客的心理作用却是不一样的，因为这时虽然顾客对某一商品产生了兴趣，但其并没有决定要购买这个商品，还要对商品进行分析比较，最终可能购买也可能不购买。用一个"看"字就具有比较大的灵活性，顾客即使不购买，也不会感到尴尬。其次，服务语言要注意情境性，要把握游客的情绪。例如，"我帮你挑吧"，就会使自尊心强的顾客感到不高兴，可以及时补救，说："您选的这个也不错，但是……"使其情绪自然转换过来。

三、敏锐观察，抓住销售时机

抓住恰当的购物时机是做好旅游购物服务工作的关键。通常，游客进商店有三种目的：一是想购买商品；二是想了解一下商品的行情；三是浏览参观，没有什么目的，看到合适的就买。因此，服务人员一定要善于观察游客的举止神态，判断游客的心理状态，抓住有利的时机为游客介绍商品。当观察到游客想买商品时，就要热情地上前打招呼，不失时机地为他们介绍商品，诱发游客的购买行为。接触游客的最佳时机是游客对商品产生兴趣和好感的时候。表现通常为：当游客长时间地仔细观看某件商品时；当游客拿着几种同样的商品进行对比，不知道应该选择哪一种时；当游客突然停步用眼睛盯着某件商品时；当游客用手触摸商品时；当游客从注意的商品抬起头，把视线转向服务员时；当游客到处看，好像在寻找什么东西时。服务员一旦捕捉到这样的时机，应该马上微笑着向游客打招呼："您好！我能帮您的忙吗？"此外，服务人员对那些看上去只是在"逛"商店的游客，应该用一句"请您随意看"的招呼语，任他们去"逛"，这样他们会感到自在舒心、无拘无束，说不定在不知不觉中会选好自己满意的商品。

四、因人而异，提供特色服务

把握顾客的购物心理是做好旅游购物服务工作的前提条件。旅游者由不同性格、不同阶层、不同性别、不同文化背景的人组成，因而他们的购物心理也不尽相同。因此，商品销售服务人员必须要了解旅游者的购物心理，有针对性地为旅游者提供个性化的商品销售服务。例如：针对青年旅游者追求时尚、展示个性、喜欢冲动的购物心理与行为特征，服务员应该多向他们推荐和介绍反映时代潮流，具有高新技术含量的旅游商品和旅游纪念品；针对老年旅游者，商店推出的旅游商品必须注重内在质量与外在形象的统一，给老年宾客以实实在在的感觉。要提高服务员的服务质量，尽量减少老年顾客购物的等候时间，还要耐心地做好售前的介绍服务工作。针对女性顾客自尊和自我意识强的心理需求,在其购买过程中,要不失时机和恰当地给予赞扬和肯定,并适当宣传商品独特的优点,促进其冲动性购买行为的发生。

参考信息

为什么日本会成为旅游购物天堂

日本游客一直都以在海外旅游时消费能力强劲著称,但现在前往日本旅游的外国游客也开始"回礼"。据调查结果显示,大约 35%赴日游客的主要动机是购物,购物旅游已经取代文化观光,成为赴日游客的首要旅游目的。

日本国土总面积为 37 万余平方公里且 70%都是山地,人口分布比较分散。所以销售电子产品、时装、玩具、化妆品、瓷器、茶具、餐具、小礼品等种类繁多的便捷小店比比皆是。不仅在东京、大阪等大城市,即使是郊外小镇、新干线火车站也同样拥有毫不逊色的大型 Shopping Mall。由于人工成本较高,像我们中国那样满街皆是的小卖部,在日本已全部被自动售货机所取代。

日本的购物环境清洁整齐,货架摆放及柜台展示赏心悦目。无论在日本的街头还是在商场内部,购物指示标识做得都比较醒目,图案设计也充分展示日本的漫画功底,在安装上尽量简洁,以节约有限的空间。

日本的劳动力少,服务业员工普遍年龄较大,但他们的服务意识却是一流的。商店服务人员对待所有人都是一视同仁,丝毫没有因民族、人种不同而另眼相待之意。日本人的礼貌有时真让人受不了,见到顾客来了要鞠躬问好,顾客走了还要鞠躬送行,走开五六米远,不经意一回头,那个服务员又赶忙朝客人鞠躬。

日本商店十分注意自身形象,用诚信招徕顾客。货真价实、童叟无欺等商业格言在日本普遍落实很好。商场摆售的商品都会明码标价,基本上没有砍价的习惯。商品质量保证率很高,假冒伪劣商品极少见到。

日本人秉承"只推销最适合你而不是最贵货品"的诚信销售原则。比如,当售货员发现顾客要买的伞比较小而不适用时,坚决不同意售出。一些商店优惠外国游客,凭护照可免 5%的消费税,与对"老外"狠宰一刀形成鲜明对照。

(资料来源:编者根据相关资料整理)

让旅游纪念品讲述上海故事

2008年,来上海旅游的国内游客达到1.07亿人次,入境游客达到656万人次,旅游总收入达到2096亿人民币。但是,根据各大旅游景点的旅游纪念品销售额的不完全统计,来沪游客在旅游纪念品上人均花费不超过50元,大大低于国际平均水平,这种现状引起业内外的关注。不久前,上海《旅游时报》举行了专家座谈,就上海旅游纪念品的发展思路提出了不少真知灼见。

著名作家程乃姗认为,若把时空化为方格,人生在世就是"守格与出格"。守格是平衡,出格是打破平衡,但格子是永恒。就像国际名牌芭芭瑞(Burberry)一样,百年不变就是她的经典条格,但从大小、材质、色彩的变化,演绎出多达4500种格子。她认为,上海的海派文化不是打造出来的,是历史堆积起来的,同样,经典的旅游纪念品也应该秉持一种"格子"精神,深度演绎上海故事,才能经久而不衰,历久而弥新。

上海工艺美术行业协会秘书长朱建中讲,申城近年来建了不少世界唯一的东西,它的独特性,吸引了许多游客,但如何让上海的魅力流传出去,必然就是旅游纪念品。例如,上海有世界上跑得最快的列车——磁悬浮列车,不少外国游客乘坐后都啧啧称奇,但过去通过车票和纪念章来让人留下记忆,都感到美中不足。最近,他们开发出了磁悬浮纪念笔,造型就是一节流线型的磁悬浮列车,即好看,又实用,外国游客都争相购买。

东方明珠电视塔商场部经理朱兵说,东方明珠在国内有较高人气,也带动了旅游纪念品的销售,一个商场每年有几千万的销售业绩,全在于自主开发旅游纪念品。如一种按钮式的纪念笔销路非常好,电钮一按,透明笔杆内的东方明珠塔闪闪发光,既小巧,又精致,还实用。

《旅游时报》总编辑王祖光认为,目前正在进行的上海旅游纪念品设计大赛,不局限于业内人士,就是希望吸引广大社会热心民众参与,其目的是首先研发出大批低端的旅游纪念品,有了这样的基础,才会有高端的、精彩的旅游纪念品的诞生,彼此从不同角度向世界讲述上海精彩故事。

(资料来源:中国旅游报,2009年1月7日第7版)

案例讨论

买茶叶

一天，几位游客到杭州西湖春酒店商场购物，径直走到茶叶专柜，看了看标价便议论道："这儿的东西贵，我们还是到外面去买吧！"这时，服务小姐便走上前，关切地说："先生们去外面买茶叶一定要去大型商场，因为市场上以次充好的茶叶很多，一般是很难辨别的。"客人立即止步问道："哪家商场比较好，茶叶又怎样进行选择呢？"于是，服务小姐便告诉客人茶叶等级的区分，如何用看、闻、尝等几种简易的方法区分茶叶好坏，又介绍了本商场特级龙井的特点，价格虽高于市场，但对游客来说，买得称心、买得放心是最重要的。几位游客听了服务小姐的介绍，都爽快地买了几盒茶叶。服务小姐为商场做成了一笔较大的生意。

(资料来源：作者根据相关资料整理)

讨论问题

1. 本案例中服务小姐所提供的购物服务有什么特点？
2. 联系实际分析提高旅游购物服务质量的方法与策略。

复习与思考题

1. 旅游者购物时有哪些购物动机?
2. 简述老年旅游者购物行为的特点。
3. 简述青年旅游者购物行为的特点。
4. 简述女性旅游者购物行为的特点。
5. 简述旅游商品的三大属性。
6. 举例说明旅游商品的设计心理因素。
7. 分析旅游购物服务的心理策略。

第十五章　旅游售后服务心理

【本章导读】

　　旅游售后服务是旅游企业服务的延伸，是对顾客感情的延伸，目的是增加旅游产品的附加价值，处理和解决旅游过程中出现的各种问题，从而增加旅游者在旅游活动之后的满足感或减少旅游者的不满情绪。妥善处理好旅游者的投诉，对于旅游企业改善服务质量、提高管理水平、增加经济效益具有重要意义。旅游企业服务人员既要掌握旅游者具有共性的基本需求，又要分析研究不同旅游者的个性和特殊需求；既要注意旅游者的静态需求，又要在服务过程中随时注意观察旅游者的动态需求；既要把握旅游者的显性需求，又要努力挖掘旅游者的隐性需求。旅游者投诉时的心理通常包括求尊重、求发泄和求补偿三种类型。在旅游服务过程中出现偏差是不可避免的，旅游者的投诉是我们搞好旅游工作、弥补工作中的漏洞、提高管理和服务水平的一个重要促进因素。因此，旅游服务人员应该掌握处理投诉的基本原则、处理投诉的程序、处理投诉的技巧以及预防投诉的原则。

【关键词】

　　旅游投诉(tourism complaint)　投诉心理 (complaining psychology)　售后服务(after-sales service)　售后服务方式(type of after-sales service)

第一节　旅游者投诉心理

旅游投诉指旅游者对旅游产品供给表示不满的行为方式，通常包括口头投诉和书面投诉两种类型。旅游投诉是一种国际惯例，国家旅游局颁布的《旅游投诉暂行规定》中明确规定，旅游者具有投诉的权利。旅游投诉已经成为旅游者进行自我保护的一种有效手段。

一、妥善处理旅游投诉的重要性

投诉是沟通旅游企业与旅游者之间的桥梁，也是旅游企业服务质量和管理水平的"晴雨表"。妥善处理好旅游者的投诉，对于旅游企业改善服务质量、提高管理水平、增加经济效益具有重要意义。

1. 发现不足

旅游企业理应向旅游者提供优质、满意的服务，但也难免由于设备设施故障、服务项目不尽如人意、个别服务人员技能不佳或者态度不好等自身原因而被旅游者投诉。投诉固然反映了旅游者的不满，但是从另一个角度也说明了旅游者对企业是寄予期望的，因此旅游企业应当闻过则喜，将其看成是了解和发现服务和管理工作中存在的弱点、漏洞和不足的机会，并及时采取针对性的措施加以改进。

2. 提高声誉

旅游者投诉时，通常还有其他客人在场，因此妥善、得当地处理投诉，会改善公众对旅游企业的印象，显示出企业是认真贯彻"宾客至上"服务宗旨的。"不打不成交"，投诉者一旦获得满意的结果，就会加深对旅游企业的感情。这一切都有利于提高企业的美誉度，从而使变坏事为好事，变不利为有利。但是如果处理不当，那么其他客人一般会同情投诉者，对旅游企业产生不好的印象。

3. 避免危机

旅游者投诉，常常是一个从小到大，从息事宁人到忍无可忍的发展过程。显然，旅游企业对投诉的态度和处理方法可以起到减缓或加剧这个过程的作用。如果旅游企业对投诉不重视，缺乏适当的应对措施，处理的结果与投诉者的期望值相差太远，旅游者就会不满意，投诉就会升级，事态就会扩大。这时旅游行政管理部门就会出面干预，无论最终结局如何，受损失的终究是旅游企业。

[小资料]

客人不再光顾的原因

某酒店收到了一封客人的来信，信中这样写道：我是一个很好的客人。无论店方的服务如何，我从不投诉。人生苦短，何必为这些不愉快的小事执著。我从不抱怨，从不唠叨，从不指责别人。我也不想在公共场所大吵大闹，这样做太伤和气！别忘记我是一个很好的客人。

让我告诉您我的另一方面：我就是那种受到不良对待后，永不再光顾的客人！没错，这样做不能让我及时发泄不满的情绪，远不及当面指责他们痛快；但从长计议，这可是致命的报复！

其实，像我这样的客人，加上我的众多"同道"，大概足以拖垮一家公司！像我这样的人在世间多得是。当我们受到不良的待遇时，我们便会光顾第二家店铺。哪家公司和职员够殷勤，懂得重视客人，我们便到哪里去。总的来说，那些不懂得以礼待客的公司每年会因此损失高达数百万计的收益！

当我看到这些公司不惜重金，企图用宣传攻势使我回心转意时，我觉得他们是多么可笑。想当初，如果他们懂得以亲切的态度和殷勤的服务挽留我这个客人，就不至于到此地步！

这位客人在信中的观点很难说完全正确，但它清楚地告诉每一个旅游企业工作人员：当他们不重视客人投诉时，客人将如何对待自以为是的他们。

二、引起旅游者投诉的原因

引起旅游者投诉的因素是多方面的，有主观的原因，也有客观的原因。著名的管理学家坦朗，在分析客人投诉时，总结出"85—15"模式理论，也就是说，在旅游者的一般投诉中，真正造成投诉的原因，员工的责任往往只占 15%，其余 85%多是程序上、管理上或培训上的原因，换言之，大部分责任在于旅游企业的管理。

引起客人投诉的主观原因主要包括服务人员不尊重客人和工作不负责任。

1. 不尊重客人

客人无论在车、船、飞机上，还是在饭店里以及游览途中，都需要受到服务人员的尊重。如果服务人员不尊重客人，就会引起客人的反感，甚至发生冲突，导致客人投诉。不尊重客人的表现通常包括：

第一，待客不主动、不热情。有的服务人员不主动礼貌地称呼客人，而是以

"喂"来与客人打招呼。在工作时间，有的服务员与同事聊天、忙私事、打私人电话等。当客人到来时，态度冷淡，甚至客人多次招呼都没有反应。还有的服务员接待外国客人热情，接待华侨、港澳同胞和内地客人则很冷淡。

第二，不注意语言修养，冲撞客人。有的服务员对客人态度生硬，在言语上冲撞客人。例如，一位老华侨在某宾馆餐厅要了一杯咖啡，10分钟后服务员却端来了一杯啤酒。这位华侨告诉服务员，这杯啤酒不是我要的。服务员不但不道歉，反而气鼓鼓地说："不是你的是谁的？"

第三，挖苦、辱骂客人。有的服务员对客人评头论足，挖苦客人。例如，有一位客人到商场挑选玉器，当觉得不合适正要离开时，售货员却挖苦道："我看你这副穷酸样，早就知道你没钱买啦。"

第四，不尊重客人的风俗习惯和宗教信仰。例如：信仰基督教的客人在祈祷时，服务员闯进房间打扫卫生；给过生日的法国客人送黄菊花；给度蜜月的日本客人房中摆放荷花等。

第五，无根据地怀疑客人取走宾馆的物品，或误认为客人没有付清账目就离开。例如，某酒店的值班服务员小王对提着旅行包到楼层服务台交房门钥匙的客人曾先生不冷不热地说："先生，请你稍等，等查完你的房间后再走。"说完便给同伴打电话。曾先生顿时显得十分尴尬，心里十分不高兴。这时另一位服务员小张从工作间出来，走到曾先生面前，将他上下打量了一番，又扫视了那只旅行包，曾先生觉得受了侮辱，气得脸色都变了，大声嚷道："你们太不尊重人了！"小张不搭理客人，拿了钥匙径直向客房走去。她进入房间后开始不紧不慢地检查：从床上用品到立柜里的衣架，从冰箱里的食品到卫生间的毛巾，一一清查，还打开电视机开关看看屏幕。然后她离开房间到服务台前，对曾先生说："先生，你现在可以走了。"曾先生早就等得不耐烦了，正要发火，又想到要去赶火车，只得作罢。他带着一肚子怨气离开了酒店。服务人员无端怀疑客人拿走酒店的东西，是对客人的极不尊重。这种做法大大伤害了客人的自尊心，极易引起客人投诉。

除此之外，不尊重客人的行为还包括：未经客人同意擅自进入客人房间；拿物品给客人不是"递"，而是"扔"或"丢"；在客人休息时大声喧哗、高声谈笑、打电话等，影响客人休息。

[小资料]

客人最爱抱怨的餐厅七宗罪

(1) 客人进店坐稳后，服务员便夸夸其谈地介绍酒店中价格较高的菜品。

(2) 客人照着菜谱点菜，常常被告知：对不起，这个菜没有。

(3) 客人点完菜后，服务员很久不上菜，最长的时间竟然超过一个小时。

(4) 客人发现菜点多了，恳求服务员取消几个，被告知：对不起，我们已下单了。

(5) 大部分客人发现菜不熟或者味道不好，不敢回炉重炒，害怕厨师恶作剧。

(6) 假设消费金额是 303 元，客人没有零钱，商议能否 300 元结账，被告知不行。

(7) 本酒店禁止外带酒水，违者一律收取 10%的开瓶费。

2. 工作不负责任

工作不负责任主要指服务人员在工作时敷衍塞责、粗枝大叶、不细致、不认真等。具体表现在以下几个方面。

第一，工作不主动。例如：有的导游员在工作时不愿多开口，带客人游而不导，或者干巴巴地背导游词；有的导游员随便取消事先安排的旅游项目，不作任何解释；有的导游员到景点后让客人自己游览，而自己却躲在车上睡觉。

第二，忘记或搞错客人交办的事情。例如：客人交代衣服要干洗，服务员送去水洗；客人要代订飞机票，服务员忘记办理，误了客人的事；在餐厅将客人的菜单写错或上错菜品；答应提供叫醒服务而没有按时叫醒客人，使客人误了飞机、车、船，甚至耽误了客人的大事，给客人造成损失等。

第三，损坏或遗失客人的物品。例如：行李员搬运行李时乱碰、乱丢，损坏了客人的皮箱；服务员打扫客房卫生时乱动客人的东西，损坏了客人的贵重物品等。

第四，清洁卫生马虎，食品用具不洁。例如：有的服务员卫生习惯不好，仪表不整洁，工作服不扣纽扣，衣服不干净；有的服务员随地吐痰、丢烟头；有的服务员用刷马桶的刷子刷浴缸和洗脸池；有的服务员边工作边吃东西；有的宾馆床具不干净、食品不卫生等。

三、旅游者投诉时的心理需求

在现实生活中，旅游者的需求不仅具有多样性、多变性、突发性的特点，而且不同的旅游者又有不同的需求层次，其主导需求也不尽相同。这就要求旅游企业服务人员既要掌握旅游者具有共性的基本需求，又要分析研究不同旅游者的个性和特殊需求；既要注意旅游者的静态需求，又要在服务过程中随时注意观察旅游者的动态需求；既要把握旅游者的显性需求，又要努力挖掘旅游者的隐性需求。旅游者往往以自我为中心，思维和行为大都具有情绪化的特征，对旅游企业服务的评价也往往带有很大的主观性，即以自己的感觉进行判断。因此，处理旅游者投诉必须先了解旅游者投诉的心理需要。旅游者投诉时的心理通常包括求尊重、求发泄和求补偿三种类型。

1. 求尊重的心理

旅游者在整个旅游过程中，对自己的"客人"角色认知十分清晰，求尊重的心理需求十分明显，服务人员的怠慢可能引起客人的投诉。客人在采取投诉行动之后，希望别人认为他的投诉是对的和有道理的，希望企业管理人员重视他们的意见，渴望得到同情和尊重，并希望有关人员和部门向其当面赔礼道歉。

2. 求宣泄的心理

旅游者希望利用投诉的机会把自己的烦恼、怒气发泄出来，以维持自己心理上的平衡。具有挫折感的宾客，在投诉过程中把内心的怒气和怨气宣泄之后，挫折感和郁闷的心情就会一扫而光，取得了新的心理平衡。

3. 求补偿的心理

通过投诉，旅游者希望有关部门能够补偿他们的损失。由于价格不合理、不公道，财物受损失，身体、精神受伤害等，旅游者会直接向相关企业索赔或采取法律诉讼要求赔偿，弥补损失，这是达到心理平衡的正常需求。

四、处理旅游者投诉的心理策略

在旅游服务过程中出现偏差是不可避免的，旅游者的投诉是我们搞好旅游工作、弥补工作中的漏洞、提高管理和服务水平的一个重要促进因素。处理客人投诉的目标是使"不满意"的客人转变为"满意"的客人，使"大事化小，小事化了"。通过解决旅游投诉，旅游企业可以消除投诉者的不良情绪，实现为旅游者创造美好体验和经历的目的。

1. 处理投诉的原则

如果说"客人永远是对的"是旅游企业服务人员应该具备的最起码的职业意识，那么"客人与企业是双赢关系"也应当成为处理客人投诉时应有的职业意识。以和为贵，和气生财，只要让投诉的客人感到满意，客人和企业就都是赢家。怒气冲冲的投诉客人，一般总是先找来管理人员，倾诉他们的不满和愤懑。旅游企业的员工要学会"忍"的哲学。无"忍"，则小事变大事；无"忍"，则可能投诉变起诉；无"忍"，则可能过失变事故。受理及处理旅游者的投诉，事关重大，马虎不得，通常可以遵循以下原则。

第十五章 旅游售后服务心理

(1) 诚心帮助客人的原则。管理人员对投诉者应该有同情心，要设身处地为投诉者着想，理解投诉者当时的心情，同情其面临的困境，并给予应有的帮助。处理客人投诉时的任何拖沓或者"没有下文"都会招致客人更强烈的不满。客人反映的问题解决得越快，越能表现出旅游企业的诚意和对客人投诉的重视，也越能体现旅游企业的服务质量，取得客人的谅解，换来客人的满意。否则，即使问题解决了，客人也不一定会满意。

(2) "客人永远是对的"原则。服务人员绝对不能与投诉人争辩，要把"理"和"对"让给客人。在客人面前，服务人员永远不能理直气壮、理所当然、理由充分，因为客人是"上帝"，"上帝"永远是对的。这是旅游业的黄金法则，每一位员工都应该牢记。接待投诉者，管理人员应保持冷静态度。投诉的旅游者可能情绪激动、态度不善、言语粗鲁、举止无礼，接待人员要给予理解和谅解，保持冷静和耐心。绝对不可急于辩解或反驳，与投诉者针锋相对。也不能无动于衷，冷落客人。即使是不合理的投诉，也应做到"有理让三分"，给足投诉人的面子，要让客人成为"胜利者"。

[微型案例]

醉汉

在酒店的日常服务工作过程中，总会遇到少数犯"错"的客人，面对粗鲁的客人，"忍"一时或许会"海阔天空"。除夕之夜，某饭店来了一位喝得酩酊大醉的中年男子要求开房。当接待员小刘解释已经客满时，醉汉二话不说，抄起台面上的烟灰缸向前砸去，小刘来不及躲闪，烟灰缸重重地砸到了她的脸上，委屈和疼痛一齐涌上心头，眼泪夺眶而出。而那醉汉却已扬长而去。正当小刘强忍泪水继续工作的时候，房务中心通知有客人退房。此时，她只有一个念头：留住客人，为企业多创造一份效益。于是她擦干眼泪，追上了这位先生，仍十分热情地帮他办理了入住手续。当客人清醒过来回忆起自己酒后的粗暴行为时，不禁愧疚万分。他在感谢信中写到："在那个寒冷的冬夜里，贵宾馆的服务真正让我感受到了春天般的温暖，所以我将选择贵宾馆作为长驻办事处。"

(3) 维护企业利益的原则。企业是员工的物质领地和精神家园，处理投诉不能以无端损害旅游企业或组织的合法利益为代价，要做到既维护了企业的利益，同时又使客人满意。尤其是对于一些复杂问题，在真相明了之前切忌急于表态或当面贬低本企业及其部门或员工。应该弄清事实，通过相关渠道了解其来龙去脉，在弄清楚真相后，再诚恳道歉并作恰当处理。

2. 处理投诉的程序

对旅游者投诉的处理，一般要经过以下四个阶段。

(1) 耐心倾听，弄清真相。客人投诉时心中有愤怒，尤其是发泄型客人，不通过发泄，他们心中就不舒服。作为接待服务人员，为了弄清客人投诉的真相，一定要耐心倾听。倾听时，要适当地点头或做一些手势动作，与对方进行一些目光交流。通常要做到少讲多听，不要打断对方的讲话。要设法使交谈轻松，使投诉的人感到舒适，消除拘谨不安情绪。要表示出有聆听的兴趣，不要表示冷淡与不耐烦。要尽量排除外界干扰，站在投诉者立场上考虑问题，表示出对投诉者的同情，设身处地地为客人着想。对投诉者的感受要表示理解，尽量满足对方的自尊心，使之消除挫折感。要绝对有耐性，控制情绪，保持冷静，不要与客人争论，不要计较客人口气的轻重和意见是否合理。

(2) 端正态度，诚恳道歉。美国人际关系学专家戴尔·卡内基指出：假如我们知道我们势必要受责备了，先发制人，自己责备自己岂不是好得多？听自己的批评，不比忍受别人口中的责备容易得多吗？客人向旅游企业投诉，接待人员不应该对旅游者的投诉采取"大事化小，小事化了"的态度，切忌置之不理，甚至与之发生争吵。应该先向客人道歉，而且道歉必须是诚恳的，应该用"这件事情发生在你身上，我感到十分抱歉"诸如此类的语言来表示对投诉者的关心。这样，客人会感觉到企业重视他们的投诉，其自尊心也可以得到满足，因此客人对企业的怒气会随之降低，投诉处理起来也会随之容易。在交谈的过程中，注意用尊称和姓名来称呼投诉者。不转移目标，把注意力集中在投诉者提出的问题上，不转嫁他人，不推卸责任，绝对不可因投诉者对于某些细节没弄清而怪罪投诉者。

(3) 区别情况，恰当处理。听完客人的投诉，必须给客人以明确的答复，能够当场处理的就当场处理，不能够当场处理的，也要把处理的时间和办法告诉客人。无论客人投诉出于何种心理，对一些看上去明显是旅游企业接待服务工作的过错，在征得客人同意后可以立即做出补偿性的处理。对一些比较复杂的问题，在弄清真相之前，不应该急于表达处理意见，而要在征询客人意见的基础上，做出恰当的处理。对于一时不能处理的事，要注意让客人知道事情的进展情况，以示旅游企业的重视，避免客人产生误会，以为接待部门将他的投诉搁置一边，从而使事态扩大。坚持"首问责任制"，即顾客投诉的问题，只需陈述一次，一经受理，不需再找其他部门，就能得到解决。里兹·卡尔顿饭店(Ritz Carlton)有一条被称为"24/48/30"的规则。其含义是24小时内承认错误，48小时内承担责任，30天内解决问题。

(4) 检查落实，记录存档。与投诉者联系，检查核实旅游者的投诉是否已经圆满解决了，将整个过程写成报告并存档，以便做好客人投诉的统计分析工作。投诉处理完以后，有关人员，尤其是旅游企业管理人员，还应该对该投诉的产生及其产生过程进行反思，分析应该采取哪些措施，制定哪些制度，对这次投诉的处理是否得当，有没有其他更好的处理方法等。只有这样，才能防止类似的投诉再次出现，才能不断改进服务质量，提高管理水平，并真正掌握处理客人投诉的方法和艺术。

3. 处理投诉的技巧

处理投诉是一项集心理学、社交技巧于一体并体现服务人员道德修养、业务水平、工作能力等综合素养，给投诉者所提问题予以妥善解决或圆满解答的工作。因此，接待客人投诉具有很强的挑战性，需要艺术性地处理投诉。

(1) 冷处理。旅游者投诉时，心中往往充满了怒火，投诉成了维持心理平衡的宣泄机会。在受理投诉者投诉时，首先要让投诉人"降温"。"降温"就是要创造一种环境，让投诉者自由发泄他们受压抑的情感，把火气降下来，让冲动的客人逐渐恢复理智的状态。"降温"的环境应是安静幽雅的接待室，投诉者在这里可获得受尊重的感受。受理投诉的管理人员最好是女性，因为女性的微笑能平稳投诉者的情绪，有利于事态的解决。

(2) 热心肠。旅游者采取了投诉行动后，都希望别人认为其投诉是正确的，他们是值得同情的。针对投诉者的这种心理，要把投诉者看成是一种需要帮助的人，在感情和心理上与投诉者保持一致，创造出解决问题的和谐氛围。接受投诉的工作人员要以自己一系列的实际行动和话语，使客人感到有关部门和人员是尊重和同情客人的，是站在投诉者的立场上，真心实意地处理投诉的，从而把不满的情绪转化为感谢的心情。这是解决旅游者投诉最积极有效的方法。

(3) 快解决。在接受旅游者投诉时，要善于分析客人的意见和要求，然后迅速果断地进行处理。管理人员处理投诉的第一个姿态是：向投诉者表示真诚的感谢，把其投诉看成是对本企业的爱护。如果是自己能够解决的问题，应该迅速回复投诉者，告诉处理意见；对明显是服务或管理工作中的失误，应该立即向投诉者致歉赔礼，在征得投诉者同意后，做出补偿性处理。所有旅游者的投诉，都应该尽量在投诉人离开旅游目的地之前得到圆满解决，要把处理旅游者投诉作为重新建立声誉的机会。

[小资料]

- 一个满意的顾客会告诉他周围的3个人。
- 一个不满意的顾客会告诉8～12个人。
- 留给顾客一个负面印象，往往至少需要10个正面印象才能弥补。

- 当一个顾客的抱怨被圆满处理后,他会将满意的情形转告5人。
- 顾客对企业的忠诚值等于10次购买价值。
- 开发一位新顾客所花费的成本是保持一位老顾客的5倍。
- 一个老顾客贡献的利润是新顾客的16倍。

五、旅游投诉的预防

旅游服务部门对游客投诉问题最明智的选择,就是尽量避免投诉的发生。力争为游客提供完美的服务,使游客高兴而来、满意而归是旅游服务各部门追求的终极目标。然而,受各种条件的制约及一些无法预测因素的影响,游客对服务产生不满也是不可避免的。当服务工作出现了缺陷,使客人产生了不满时,旅游工作者必须尽一切努力,及时从"功能"和"心理"两个方面去为客人提供补救性服务,使客人由不满意转为满意,力争使问题不出"三门"(车门、店门、房门)就得到妥善解决,避免客人带着遗憾和懊恼离去。

心理学研究认为,当一个人因为自己的需要未能得到满足,或者遇到不顺心的事情而产生挫折感时,可以采用替代、补偿、合理化、宣泄等方式进行心理调节。

1. 让客人得到代偿性满足

替代,指人们在不能以特定的对象或特定的方式来满足自己的欲望、表达自己的感情时,改用其他的对象或方式来使自己得到一种"替代"的满足或者表达,用来减轻以致消除挫折感的一种心理调节方法。补偿,指一个人在生活某一方面的需要无法获得满足而产生挫折感时,到其他方面去寻求更多的满足,使自己得到补偿的一种心理调节方法。当客人由于服务的缺陷而感到不满意时,服务人员可以让客人得到某种"替代"的满足或得到某种应有的"补偿",以此来消除客人的不满意。

实例1:在一家饭店的餐厅门前,一位身穿游泳裤的男士要进餐厅吃饭,被服务员阻拦,因为到餐厅用餐不能衣冠不整。服务员请客人换了服装再来餐厅,但客人不同意,说过一会儿还要接着游泳,换装太麻烦。这时,服务人员并没有完全拒绝客人的要求,而是采用变通的方式满足了客人的需要:"先生,您能不能先点餐,我们过几分钟送到游泳池去。"这样,既没有破坏规则,又满足了客人的需要。

实例2:一次,一个日本旅行团,由于饭店预订记录出了差错,客人到达时没有吃上晚餐。日方领队大发雷霆,怒气冲天。第二天,饭店经理亲自出面宴请客人，表示歉意，在经济上给予客人适当的补偿，使客人变不满意为满意。

2. 引导客人往好处想

当人们遇到自己不愿意接受而又不得不接受的事情时，常常用一种解释来使这种无法接受的事情"合理化"，为自己找一个借口来进行辩解，以达到心理平衡。当客人遇到不顺心的事情时，服务人员也应该引导客人往好处想。在服务有缺陷而使得客人感到不满意时，也要让客人知道，这并不是服务人员不愿意为他们提供更好的服务，事实上服务人员已经尽心尽力了。如果让客人觉得服务工作的缺陷是"可以谅解"的，就能够减轻甚至消除他们的不满情绪，使他们对服务人员表现出合作而不是对立的态度。

实例 1：在一次旅行中，游客要去尼泊尔，由于客观原因，不能按照原来的计划从曼谷直接飞往加尔各答，而必须改飞达卡再转机。导游员小李尽可能引导游客，以激发他们的积极情绪。小李说："这就意味着我们能够多游一个国家，在各位的日记本上和相册中，除了印度，又可以加上在孟加拉国的见闻了。"对同一件事也可以有不同的解释。

实例 2：在旅游旺季，导游员小王领着一个旅行团去某饭店，有一位客人一定要住单间，当时该饭店已经没有单间了，但是小王跑前跑后，竭力与饭店交涉，恳求店方腾出一个单间，忙得满头大汗。虽然最后没有谈成，但客人看到了小王的努力后，表示谅解。

3. 让客人出了气再走

宣泄，指当一个人遇到某种挫折时，把由此而引起的悲伤、懊丧、愤怒和不满等情绪，痛痛快快地"发泄"出来的心理调节方法。能够把不满情绪发泄出来，就能够比较理智地来对待挫折。当客人对服务的缺陷感到不满意时，服务人员应该让客人"宣泄"自己的情绪，让他们"出了气再说"或者"出了气再走"。具体应该做到以下几点。

(1) 如果没能做到让客人"消气"，那就应该让客人"出气"。让客人出了气再走，比让客人憋着一肚子气离去好得多。

(2) 客人表示他"有气"，并不等于他已经"出了气"。通常客人只有在叙述自己遇到挫折的详细经过时，才能把一肚子气撒出来。

(3) 不要让有气的客人当着其他客人的面"出气"，更不要让许多客人凑在一起"出气"，要尽可能让有气的客人"分别出气"、"单独出气"。

(4) 当客人把一腔怨气全部发泄出来以后，情绪就会平息下去，这时再与客人商量出一个补救性的措施，切实解决客人的问题，尽可能让客人满意地离开。

[微型案例]

让客人发泄不满

一次,导游员小朱接待了一个旅游团。该团下榻的是某市档次最高的一家饭店,客房不但设施好,而且朝向也好,枕山临湖,拉开窗帘,就可以看到秀丽的湖景。入住后不久,小朱突然听到有一位游客在连声大喊:"朱小姐,我被水烫了!朱小姐,我被水烫了!"小朱听到喊声,连忙奔到这间客房,只见大喊大叫的是位老年游客。原来,这位游客第一次住这样豪华的饭店,洗澡时,没有事先调好水温就进入了浴缸,结果打开了上面的热水喷头。虽然幸好只是被热水烫了一下,没受伤,但也被惊吓了好一阵。客房服务员闻讯赶来后马上问候和道歉,这位老年游客向服务员大声发泄自己的不满。最后,在导游员小朱的热心安慰下游客的心情渐渐平静下来了。

第二节 旅游售后服务心理

一、售后服务的概念

旅游企业的售后服务指旅游活动结束后,企业同旅游者保持着经常性的联系,向旅游者继续提供的一系列服务。它是旅游企业服务的延伸,是对顾客感情的延伸,目的是增加旅游产品的附加价值,处理和解决旅游过程中出现的各种问题,从而增加旅游者在旅游活动之后的满足感或减少旅游者的不满情绪。它的目标顾客是老顾客,目的是让老顾客成为"回头客",或者愿意向其他人推荐使用本企业的产品。由于旅游产品的可替代性强,加之旅游企业之间的竞争愈来愈剧烈,如果只注重售前服务、售中服务,而忽略了售后服务,旅游企业就会失去回头客,一些老主顾会转向其他旅游企业,从而影响本企业的销售。

二、售后服务的方式

售后服务对旅游企业经营的作用极其重要,因此旅游企业必须十分重视售后服务,以争取每一个老主顾和每一个旅游者。售后服务的形式有很多:定期拜访顾客、建立客户档案、有奖请客户提意见及建议、邀请客户作兼职质量监督员、与客户之间开展联谊会、向顾客赠送企业自办内刊及小礼品等。

1. 建立客户档案

建立客户档案，详尽地记录每一位顾客的生日、住址、联系电话、个人喜好，在相应时间提供个性化的关怀服务。在顾客生日或节假日的时候，适时地为顾客送上一句祝福；在客人再次光临酒店的时候，有针对性地为客人提供个性化服务。建立客户档案，还可以使酒店内部客户资源共享，可以周到、及时地为客人提供各种服务。建立客户档案是一项繁杂的工作，工作量很大，但其带来的后期效益也很可观。例如，在某家大型宾馆，当一对美国夫妇刚踏入宾馆大门时，迎宾员就非常热情而肯定地喊出了他们的名字，在惊喜之余，这对美国夫妇才恍然想起，几年前，他们来中国时曾经下榻过这家宾馆。而这期间宾馆的迎宾员及服务员已换了很多次。他们为这家宾馆的细致工作而折服，此后，他们成了这家宾馆的忠实客户。

2. 主动登门访问

在旅游者离开旅游目的地时主动登门访问，可以使旅游者感到该旅游企业非常关心他们而产生对该旅游企业的好感。旅游企业也可以借此机会了解旅游者此次旅行的目的是否达到，还可能通过旅游者了解到其他旅游企业的情况。还可以及时掌握旅游者旅游活动中遇到的麻烦事及其抱怨和可能提出的投诉，这样就能争取主动，早做工作，妥善处理。旅游企业主动同宾客打招呼不仅可以使有怨言或打算投诉的客人消气，而且通过友好地交换意见，加深旅游企业与旅游者之间的感情。

3. 寄送意见征询单

旅游企业由于时间和人力的关系，不可能登门拜访每一位旅游者，但可以在旅游者返回后给他们邮寄意见征询单。这样可以了解管理与服务存在的缺点和旅游者的需求，以便改进经营管理和服务的水平。意见征询单的条目要简要明了，可以采用让旅游者打分的方法，并附上回寄信封和邮资，提高意见征询单的回收率。

4. 赠送企业内刊及小礼品

当旅游者收到这份"礼物"时，也许不会太在意。但这份"小礼品"在他心中涌发出的一丝温暖却能让他真真切切地感受到旅游企业对他的尊重，同时也让他真正地记住了该企业的名字。

5. 定期拜访忠实客户

旅游企业主动与有一定规律性的老主顾（例如，商务旅游者）联系，向他们及时传送企业最新的经营动态和消费信息，可以让旅游者及时深入地了解和熟知该企业,还可以询问对方是否最近出行,是否需要给其预留老房号房间,等等。

此外,对 VIP 客户(多次交往的旅游者、团体旅游的负责人、高档次、高消费的旅游者等)还可以采用写亲笔信、寄生日贺卡等方法进行售后服务。

总之,售前服务、售中服务是一种及时性服务,而售后服务是一种长期性的感情投入。做好了售后服务,就可以在顾客中树起一种良好的口碑宣传,在老客户成为"回头客"的同时,也招徕了这些老客户的朋友,而这些客户的朋友也将成为旅游企业的新朋友。

案例讨论

客人投诉,服务至上

一天下午,位于某市的一个饭店的大堂内,有一个团队在办理离店手续,大堂副理、行李员、总台服务员一个个忙得不亦乐乎。正在此时,住在204房的某厂销售部朱经理焦急地来到大堂。"我被你们的铁钉刺伤了。"她的手捂着臀部,眼里流露出极度不安的神情。大堂副理见状便先搀扶她到沙发上坐下,并让服务员迅速送来热茶、热毛巾,然后请她把事发经过细细道来。

事情是这样的:这天午餐后,朱经理回到房里在床上打了个盹。她打算下午3点到市郊的一家工厂去联系业务,所以起身后稍许梳洗一番便坐到镜台前整理拎包。岂料刚坐下,臀部便被凳子上一个突出的钉子刺痛了。她用手摸一下凳子,发现海绵层中有一尖钉突出在外。

大堂副理听到这儿,立即给医务室打电话。由于饭店里不能注射破伤风针,所以他请大夫马上陪朱经理到附近医院去打针,同时又迅速调来总经理专用车。大夫与客人乘上汽车后,大堂副理立即与客房经理到204房查看凳子。凳子上果然有一枚铁钉,上面被一层海绵覆盖着。客房部经理立即让服务员换了凳子,并责成服务员把房内所有用品作一次全面检查。

朱经理在大夫陪同下很快回到饭店,大堂副理立即带上大束鲜花登门拜访。"由于我们工作上的疏忽,使您蒙受伤痛,我代表饭店总经理向您致以深切歉意。"他诚恳地说道:"您有什么要求尽可以告诉我,我一定尽力而为。"大堂副理话音未落,服务员端来一大盘时鲜水果,果香四溢。

朱经理虽受到一些皮肉痛苦、注射过破伤风针后已无后顾之忧,又目睹饭店如此诚意,她当即表示充分理解,并说,饭店服务一贯良好,我被钉子刺伤虽不高兴，但这毕竟是意外的。

讨论问题

1. 结合本案例，探讨处理客人投诉的技巧。
2. 如果你是这位客人，你对该饭店的处理结果满意吗？为什么？
3. 你认为这个饭店还应该在哪些方面改进服务？

复习与思考题

1. 妥善处理旅游投诉有什么重要意义?
2. 引起旅游者投诉的原因有哪些?
3. 旅游者投诉时有什么心理需求?
4. 处理旅游者的投诉应该坚持什么原则?
5. 在处理旅游投诉时,应该履行的程序有哪些?
6. 旅游工作人员处理投诉有什么技巧?
7. 如何预防旅游者的投诉?
8. 简述旅游企业售后服务的主要方式。

第十六章　旅游工作者的心理卫生与保健

【本章导读】

健康包括生理健康和心理健康两个方面的内容。一个健康的人，既要有健康的身体，还要有健康的心理。依据旅游工作者的心理特征以及特定的社会角色，旅游工作者的心理健康标准可以概括为：认识自己，接纳自己；较好地适应现实环境；和谐的人际关系；合理的行为。针对旅游工作者常见的心理问题，需要对旅游工作者进行心理健康培养，旅游工作者本身也要注意对自己进行健康心理的调适和心理保健。同时，旅游企业也应该针对旅游工作者人际交往的心理健康特点，对员工进行有的放矢的心理健康教育，以提高员工的工作幸福指数。

【关键词】

心理保健(mental health)　心理问题(psychological problem)　心理压力(psychological stress)　心理调适(psychological adjustment)

第一节 心理卫生与心理健康

健康是人类的基本需求之一，是每个人所渴望的。在日常生活中，人们常常将"健康"理解为身体上没有疾病与缺陷，认为"没有查出病就是健康"。事实上，通常所说的"健康"只是指人的身体健康状况，但人除了身体之外，还有与之密切联系的心理。因此，我们将健康总结为生理健康和心理健康两个方面的内容。一个健康的人，既要有健康的身体，还要有健康的心理。当一个人身体和心理都处于良好状态时，他才是真正的健康。世界卫生组织(WHO)将健康定义为：既没有身体上的疾病与缺陷，又有完整的生理、心理状态和社会适应能力。

一、心理健康与心理卫生的含义

1. 心理健康的含义

有关心理健康的含义，专家们就这个问题已经议论了半个多世纪，至今还没有取得一致意见。有人认为心理健康指人们能够高效而快乐地适应环境；有人认为心理健康应该是一种积极的心理状态，在这种状态下能够有效地适应各种环境、充分发展其身心潜能，而不是仅仅免于心理疾病；还有人认为心理健康表现为创造性、积极性和人格的统一，有行动热情和良好的社会适应力。目前，人们比较认可的观点是：心理健康是能够使个人的潜能得到最大限度的发挥，并能够妥善处理和适应人与人之间、人与社会环境间的相互关系的能力的总和。1946年第三届国际心理卫生大会具体指出，心理健康应该表现为：①身体、智力、情绪十分协调；②适应环境，人际交往中能够谦让；③有幸福感；④在工作和职业中能够充分发挥自己的能力，过有效的生活。

2. 心理卫生的含义

心理卫生学是探讨人类如何维护和保持心理健康的一门学科。它是心理学、卫生学和其他有关学科的交叉科学。谈到心理卫生，人们总会联想到"心理不健康"或者"精神病"等，认为心理卫生是心理不健康的人的问题，其实这种看法是错误的。心理卫生的含义是对心理健康的维护和增进，是对心理障碍和精神疾病的预防与矫正，它更强调心理能力的增进，健全人格的培养以及社会适应和社会改造能力的提高。心理卫生是以增进人们的心理健康为目的，它包括两个方面的内容：

一是预防和治疗心理疾病；二是促进和提高人们的心理健康水平。从人的发展角度看，如何防止不良行为的产生，如何增进心理健康，涉及每个人生活的各个方面，与个体能否愉快、能否更卓有成效地生活密切相关，这是每个健康的人都十分关心的问题。因此，维护人的心理健康是心理卫生的最终目的，心理卫生的任务就是探讨人类如何维护、保持心理健康的原则和措施。心理健康教育和心理卫生教育实质上是一个概念。

二、心理健康的标准

心理健康是一个相对概念。就人的躯体而言，健康与不健康有明显的生理指标，比如脉搏、体温等，但是要区别心理是否健康并不那么容易。因为一个人随时可能产生心境不良，所以个体的心理健康不是一条直线。每个人随时随地都可能产生心理问题，心理冲突在当今社会就像感冒、发烧一样不足为奇。评价一个人是否心理健康，常用的方法是心理测验，即根据心理学家编制的有关量表所测验的结果进行论断。

1. 心理健康的一般标准

美国心理学家马斯洛和米特尔曼在 1957 年共同出版了一本《变态心理学》，书中列举了 10 条正常人的心理健康标准。这 10 条心理健康标准，受到人们的普遍重视和引用。它们是：有足够的自我安全感；能够充分地了解自己，并能够对自己的能力做出适度的评价；生活理想切合实际；不脱离周围现实环境；能够保持人格的和谐与完整；善于从经验中学习；能够保持良好的人际关系；能够适度地发泄情绪和控制情绪；在符合集体要求的前提下，能够有限度地发挥自己的个性；在不违背社会规范的前提下，能够恰当地满足个人的基本需求。

2. 旅游工作者心理健康标准

参照上述心理健康的一般标准，结合旅游工作者的心理特征以及特定的社会角色，旅游工作者的心理健康标准可以概括如下。

(1) 认识自己，接纳自己。一个心理健康的旅游工作者，应该能够体验到自己存在的价值，既能了解自己又能接受自己，对自己的能力、性格和特点能够做出恰当、客观的评价，并努力发展自身的潜能。

(2) 较好地适应现实环境。心理健康的人能够面对现实、接受现实，并能够主动地适应现实、改造现实；对周围事物和环境能够做出客观的认识评价，并能够与现实环境保持良好的接触；能够妥善处理生活和工作中的各种困难和挑战。

(3) 和谐的人际关系。心理健康的旅游工作者乐于与人交往，不论与同事交往还是进行客我交往，都能够认可别人存在的重要性和作用。在与人相处时，积极的态度(例如，友善、同情、信任)总是多于消极的态度(例如，猜疑、嫉妒、敌视)，因而在工作和生活中有较强的适应能力。

(4) 合理的行为。心理健康的旅游工作者，其行为应该是合情合理的。具体包括：行为方式与其年龄特征一致；行为方式符合社会角色；行为方式具有一贯性；行为受意识控制等。

[小资料]

保持良好情绪状态的方法

- 推陈出新，改变自我。人在安定的生活中，往往觉得沉闷、没有生机、提不起精神，如果适时的对稳定的习惯做些小的变动，就会有一种新鲜感。如对办公室进行一些小的调整，改变一下装饰；经常组织员工活动，和其他合作公司的员工交朋友，为培养员工的爱好创造条件。
- 打扮自己。经常衣冠不整，蓬头垢面，不仅影响情绪也会使自己处于尴尬的状态。打扮无须穿高档服装，只要恰当就可以了。
- 巧用颜色。为了保持自己良好的情绪，应积极去寻找，接触那些温暖、柔和而又富有活力的颜色，如绿色、粉红色、浅蓝色等。
- 走进大自然。大自然的奇山秀水常能震撼人的心灵。登上高山会顿感心胸开阔。放眼大海，会有超脱之感。走进森林，就会觉得一切都那么清新。这种美好的感觉往往都是良好情绪的诱导剂。
- 欣赏音乐。在抒情优美的音乐中，会觉得精神振奋，情绪饱满，信心倍增。
- 多接触阳光。经研究表明，在阴雨天人往往出现情绪低落的现象，这是人受阳光折射太少而引起的，所以应该多晒晒太阳。

第二节 旅游工作者的健康心理培养与调适

一、旅游工作者的常见心理问题

1. 心理疲劳

心理疲劳是工作疲劳在心理上的体现，通常由消极情绪、单调感和厌烦感引起的。现代旅游企业分工很细,每个人都有比较明确的权责范围,工作内容重复性比较大,这就容易使员工感到单调、乏味和厌倦。心理疲劳也可能由其他原因导致,例如,工作不如意、感情受到挫折或者遭到打击等。心理疲劳一般会产生很多不良的后果,能够导致员工郁闷消极、工作积极性降低、能力和技术得不到正常水平的发挥等。

2. 焦虑心理

焦虑指一个人由于对事业、感情等各方面的渴望和追求所产生的压力,而导致的心理上的担忧。焦虑一般包括现实性焦虑、精神性焦虑和神经性焦虑三种情况。焦虑心理压力过大会影响员工的工作绩效。

3. 情感障碍

旅游企业的一个非常明显的特点是年轻人所占的比例很高。年轻的员工正处于走向成熟的过程,内心的矛盾冲突通常很严重。他们有很多心理、生理上的需求,其中最明显的是在情感上,大都希望和年轻的异性交往和接触,希望引起异性的关注,获得对方的友情或爱情,对感情抱有很多美好的幻想。因此,感情障碍主要体现在过早恋爱、恋爱动机不端正、失恋后的心理行为障碍等。

4. 神经衰弱

心理压力过大,会导致易兴奋、易激怒、易疲劳、易衰竭等心理反应。最先的反应为大脑功能衰竭,对微弱的刺激非常敏感;其次表现为情绪上的波动,例如,紧张、烦恼等;最后是头痛、失眠等其他肌肉紧张性疼痛。旅游企业的中高层管理者在这方面的问题相对比较严重。

5. 性格偏执

多种不良的心理因素综合作用通常会形成性格偏执,可能会产生和现实不符合的固执要求。这在旅游企业的青年员工中体现得比较明显,主要表现为孤僻、嫉妒、自卑或者虚荣。

二、旅游工作者的健康心理培养

1. 正确对待心理疾病

来自工作和生活的压力对人的心理冲击是导致心理疾病的主要原因,因此,只要有压力存在,就会产生心理疾病。这是很正常的现象,不应该有自卑心理。同时，心理疾病并不是不可避免的，只要平时加强心理素质的训练，培养坚强的个性和豁达的心胸，心理疾病是可以预防的。

2. 坚持健康的生活方式

在日常的工作和生活中，要遵循一定的行为规律，养成良好的工作和生活习惯。在日常生活上，要做到早睡早起，睡眠合适；每日三餐要有规律，并注意饮食搭配，营养均衡；多参加体育锻炼，保持健康的体魄；不要盲目追求时尚而损害自己的健康。

3. 提高自我认识的水平

(1) 全方位地剖析自己。树立正确的自我意识，对自己进行能力、气质和性格等多方面的评价，一方面要认识到自己的优点，充分挖掘自己的潜能，另一方面也要认识到自己的缺点和不足，能够正确对待。

(2) 确定正确的比较标准。片面地认为自己好或者不好都是不对的，每个人都有自己的缺点和优点，如果在某一方面不如别人，不要自卑，要看到自己的长处。

(3) 确定适合的目标。在确定自己奋斗目标的时候，要根据自己的实际情况量力而行，太低的目标无法激发斗志，太高的目标容易带来挫败感，从而引起心理上的疾病。

4. 讲究心理卫生

旅游工作者一方面要注意用脑卫生，做到劳逸结合；另一方面要增强情绪的控制能力。如果有良好的情绪就注意保持，如果有消极的负面情绪，就要调整自己的心态，尽可能避免心理失调或心理疾病的发生。

三、旅游工作者的健康心理调适

旅游工作者在发现自己情绪状态不佳时，可以通过宣泄调节法、简易入静法、合理克制法等进行调适，以达到改变自己情绪状态的目的。

1. 宣泄调节法

宣泄调节法指通过感情的宣泄来减轻心理负荷。人之所以会陷入消极的情绪状态，除了未能获得预期的满足之外，另一个最常见的原因，就是那些想表达而又未能表达的感情已经成了心理上的沉重负担。一个人如果能够痛痛快快地把它表达出来，就会感到轻松了许多。所谓"宣泄"，就是指这种能够减轻人的心理负荷的"痛痛快快的表达"。

旅游工作者在工作中必须以大局为重，即使受了委屈，也不能闹情绪。特别是在面对面地为客人提供服务时，有了委屈也决不能对客人发脾气。但是人又不能总是克制自己的感情，而不给自己一个表达的机会，否则，心理、生理和行为上必将产生不良的后果。旅游工作者应该让自己的感情既有克制的时候，也有宣泄的时候。该克制时要克制，该宣泄时要宣泄。

无论在客人面前，还是在上司面前，受了委屈之后，就应该找个合适的对象倾诉一下自己的感受，不要总把它"憋"在心里。如果需要采取"攻击性行为"来宣泄，那就应该用象征性的攻击来代替真正的攻击。可以做一个玩偶，把它设想成自己"憎恨"的那个人，痛痛快快地骂它一顿，甚至挥起拳头狠狠地揍它一顿。这些象征性的攻击不会使自己的同志、朋友和客人受到伤害，却可以使自己因为已经得到了宣泄而平静下来。

2. 简易入静法

旅游工作者经常觉得自己总是静不下来，即使有休息的时间，也不能充分地休息，特别是很难真正地感受到内心世界的宁静。

要想让自己"静下来"，首先要通过肌肉的放松和呼吸的放松，使全身处于非常放松的状态。没有"松"，也就没有"静"。"入静"的要点是：坚持以旁观者的态度对待一切。闭上眼睛，对一切刺激都坚持无动于衷，什么都不要想。旅游工作者应该有拿得起、放得下的豁达心态，而"入静"就是要在一段时间内，把一切都放下。

"入静"的意义在于它能使人进入一种既不是睡眠，又不同于平常清醒时的心理状态。只有真正进入过这种状态的人，才会知道它究竟是一种什么样的状态，才会知道它能给人带来什么样的美妙体验，以及它对于维护人的身心健康有多么重要的意义。

3. 合理克制法

在旅游服务工作过程中，由于旅游工作者的心理受到各种主客观因素的影响，不愉快的事情经常发生。在这种情况下，稍有不慎就很可能把心中的怨气发泄到客人身上，影响服务质量。有意识地控制调节和转化自己的情绪，取决于旅游工作者自制力的强弱。有了良好的自制力，就能做到"有理让三分"，加深客人的谅解。

自制力是一种意志力，是自尊、自爱和自重的表现。为了提高自制力，旅游工作者在日常生活中可以采用以下两种方法进行训练。

(1) 回避刺激法。遇到可能使自己失去自制力的刺激时，应该竭力回避。例如，隔壁有人骂自己，不是侧耳去听，而是外出散步。

(2) 积极补偿法。即利用愤怒激情所产生的强大动力，找一件自己喜欢的工作做或读书或伏案疾书，使消极情绪得到充分释放。

[小资料]

心理保健十法

- 返老还童法。常回忆童年趣事，拜访青少年时的朋友，故地重游，旧事重提，仿佛又回到童稚时代。
- 精神胜利法。要不服输，遇到挫折失败，不灰心丧气，保持旺盛精力，从精神上、行动上战胜挫折。
- 腾云驾雾法。读书、看电影、看电视或听人讲话，要专心致志，并随之腾云驾雾似的将思维扩展开去。
- 异想天开法。极力把自己想象成是实践者，摆脱观赏者的地位，做主人，莫做客人。
- 投机取巧法。每天要尽量省时、省力、节约，想出新的办法解决各类问题。
- 贪得无厌法。对知识的获取永远不要满足，每天的计划要排满，使自己的生活充实丰富。
- 到处伸手法。广交朋友，乐为大家办好事，做一个社交家、外交家。
- 广采博集法。要培养广泛的兴趣，用钓鱼、养花、书法、绘画以及收藏各种物品等活动丰富自己的生活。
- 平心静气法。遇到不愉快、生气的事，不要发脾气或急于行事，先平心静气十分钟。
- 见异思迁法。要喜欢新鲜的、奇特的、未知的事物，并接近它、研究它、掌握它。

第三节 旅游工作者心理健康教育

一、旅游工作者岗位适应的心理健康教育

对刚刚走上工作岗位的旅游工作者而言，每个人都面对着一个全新的世界，无论是生活环境、工作环境，还是个人社会角色都发生了很大变化。研究表明，旅

游工作者的许多心理问题，都与其早期的适应不良有关。因此，做好新员工的心理健康教育工作，有效地帮助他们尽快适应新的工作环境，是旅游企业心理健康教育的重要内容。

1. 新员工角色的改变

新员工第一次走上工作岗位，面临的一切都是陌生的：生活环境发生了变化；人际环境发生了变化；学习内容和方式发生了变化；角色地位也发生了变化。参加工作就意味着一种独立，周围人会用一种成人的眼光来看待他们，对他们生活的独立性和社会责任感都提出了更高的要求。总之，这些新员工面对新的环境，面临一个重新评价自己和他人，重新确立自我观念的过程。

2. 新员工的心理适应问题

刚走上工作岗位的员工在心理上都存在着一系列的矛盾和冲突，出现了许多不适应，这些矛盾和冲突主要表现如下。

(1) 渴望交往与自我封闭的矛盾。新上岗的员工大多正处于青年初期，随着他们自我意识的不断发展，渴望与人交往，希望被同事、社会接纳的需要也日益强烈。但是有些员工性格内向，不会与人主动交往，但又渴望别人能够理解自己，渴望别人能与自己做"心的交流"。如果这种需求得不到满足，就会感到无所寄托，产生孤独感。

(2) 自豪与自卑的内心冲突。新员工积极努力工作，如果得到同事和上级领导的表扬，自豪感就会油然而生。也有一些旅游工作者，尽管他们也在自己的岗位上不断地努力，刻苦钻研，但是由于种种原因，其结果并不尽如人意，于是他们在心理上就产生了自卑感，使自尊心受到了沉重的打击，严重者甚至可能导致失眠、神经衰弱和抑郁症等生理和心理症状。

(3) 理想与现实的矛盾。很多新员工都把新的工作岗位想象成理想的天堂，但是工作了一段时间后，就逐渐发现了各种各样的不合适和不满意之处，例如，生活安排不好，上下班不方便，工作得太辛苦，对工作不太感兴趣等。新员工通常把现实的工作当作理想的仙境，把现实世界理想化，给现实赋予了极高的理想色彩，当两者出现矛盾的时候，新员工就会出现情绪低落，不能安心地工作。

(4) 独立与依赖的矛盾。时下正是独生子女的时代，不少人在家都被娇生惯养，从小到大都受到外界的帮助和鼓励，凡事都不能独立解决，这就使很多人产生了很强的依赖感，遇到事情不知所措，不知如何料理自己的生活，不会与人打交道等。这些心理上的不适应，对问题的不知所措，很容易导致心理障碍或疾病。

(5) 富于思考与认识偏激的矛盾。由于新员工的社会阅历较浅，社会经验匮乏，所掌握的知识数量与分析问题的能力有限，因此他们对一些纷繁复杂的社会现象的认识和判断不免有所偏颇，甚至会在认识和情绪反应上走向极端。

3. 帮助新员工调整自己，适应新的生活模式

针对员工面临的众多挑战，应该帮助员工从以下几个方面入手来调整心态。

(1) 提高生活自理能力。随着员工中独生子女的增多，培养员工的自理能力已成为新员工上岗适应的第一步，这也是将来他们独立走向社会，适应社会生活的重要一课。

(2) 学会以平等的态度对待自己和他人。新员工中存在的许多人际关系方面的问题，往往是由于他们各自的生活风格和行为习惯方面的差异引起的。要克服人际交往中的误解和不快，首先要树立与别人平等交往的态度。要使员工认识到，即使自己的看法是正确的，也不能简单地要求别人按自己的模式去做。另外还要开阔生活空间，使其在积极的交往中促进同事间的沟通，并要注意人际交往的技巧。

(3) 正确地认识和评价自己。要在新的环境中，真正认识自己的实力，客观地看待别人和自己的长处和不足。只有承认人人都有各自的优势和不足，才能客观地评价自己和他人，吸取他人的优点，弥补自己的不足。认识到个人在某些方面存在不足后，要能够保持自信。

二、旅游工作者人际交往的心理健康教育

每个人都有人际交往的需要。良好的人际关系不但可以稳定情绪，给人以安全感和归属感，还有助于个体自我意识的深化和发展。就旅游工作者所处的人生阶段而言，交往的需要在其心理构架中占有突出的位置。因此，培养旅游工作者的人际交往能力是其走向社会必修的一课。

1. 旅游工作者人际交往的特点

旅游工作者人际交往的特点是由他们自身的条件所决定的。旅游工作者的文化层次相对较高，身心趋于成熟，重感情好幻想，因此在人际交往上通常表现为：追求平等；注重精神领域的交流；情感性强；富于理想。这就容易产生理想与现实的矛盾，导致心理上的困惑和苦恼。

2. 旅游工作者人际交往中的心理不适应

人际关系、社会的复杂性和旅游工作者心理的单纯性，常常会使部分旅游工作者在交往中遭受挫折，产生各种各样的心理不适，影响他们正常的人际交往。从

总体上看,旅游工作者由于人际交往所产生的心理不适主要表现在认知、情绪和人格障碍三个方面。

(1) 人际交往中的认知障碍。员工走上工作岗位后,人际关系不再局限于建立友谊这一层面,而是要求个体学会同形形色色的人打交道,使自己的行为模式逐渐走向成熟,符合社会的要求。但有些员工在开始新的生活时,仍按原来的方式进行交往,在认识和评价人的过程中常带有主观、极端和简单化的倾向。因此,与人交往中,一旦不符合自己的意愿,便会产生交往障碍。

(2) 人际交往中的情绪障碍。旅游工作者在人际交往中的情感性很强,因此他们对人的社会认识极易受情绪波动的影响,常常对人的看法大起大落,呈现不稳定的状态。例如,社交中的恐惧、愤怒和嫉妒都是影响正常人际交往的情绪障碍。

(3) 人际交往中的人格障碍。人际交往中的自卑、怯懦、偏执及性格上的一些缺陷,往往与个体不正确的自我评价相关。例如,有些人有肯定自我、保护自我的强烈要求;有些人过分自傲,否定他人;有些人自私、鲁莽或者高傲孤僻。这些情况势必会影响人际交往的正常进行。

3. 旅游工作者人际交往能力的培养

良好的人际关系可以给人带来欢乐,不良的人际关系则会给人带来痛苦和烦恼。因此,旅游工作者应该加强社交能力的培养与训练,提高和完善人际交往能力,这样就能够享受到良好人际关系所带来的快乐。

(1) 培养旅游工作者的交往意识和技能。具有良好的交往意识,才能主动与他人交往,避免交往中的被动和自我封闭。培养交往意识主要是培养勇于交往、善于交往和正确交往的动机,其中包括掌握交往的原则、技巧等一系列内容。

(2) 克服交往中的认知障碍。改善人际关系,首先应该改变自己,要通过改变自己来改变别人。在人际交往过程中,旅游工作者应该学会反省自己在人格、情绪、认知等方面的不足之处,并有意识、有步骤地改进。同时,要有意识地拓宽自己的交往视野,力争全面、客观地认知对方。

(3) 寻求具体方法来解决人际关系问题。可以采用两种方法:感受性训练方法,即培养员工对他人情感的高度敏感性;角色扮演方法,即让员工模拟现实问题,站在不同的立场上来处理问题,以便了解别人的需要和感受,从而改善待人的态度。

三、旅游工作者心理健康的企业维护

1. 加强企业内部沟通

(1) 旅游企业员工之间的人际交往。要使企业员工之间的人际关系融洽,一方面企业管理者要努力营造良好的企业氛围,使员工能够有很强的集体荣誉感、凝聚力和向心力,在员工之间形成和睦团结、和衷共济的氛围。另一方面旅游企业要经常举办一些形式活泼的活动,例如,户外篝火晚会、野外拓展训练等,以增进员工之间的感情。

(2) 加强员工与企业之间的交流。旅游企业管理者要注意倾听员工的心声,经常开展双向互动交流活动。"金无足赤,人无完人",管理者在工作中也有很多不足之处,员工会因此产生一些不愉快的情绪。企业管理者可以采取在企业网站上开辟专栏、定期举办座谈会、找个别员工单独交谈等方式,融洽干群之间的关系。

2. 帮助员工解决生活上的困难

有时候心理上的疾病是由于生活上的困难造成的,例如,家庭背景不好的员工性格会比较内向;家里出了变故的员工容易把情绪带到工作中。虽然员工家庭里的许多事情是企业力所难及的,但是企业应该尽量照顾家庭困难的员工,帮助他们解决一些生活上的困难,解除员工的后顾之忧,使员工的心理负担减少,工作更加积极。在工作的安排上,要尽量科学合理,每一班次工作时间不宜过长,避免造成工作效率低下。

3. 注重青年员工的思想道德教育

旅游企业中青年员工的比例一般都很高,青年时期是人的心理和生理逐渐成熟的时期,是人生最充满生机的时期。但是,青年人的情绪强烈,感情丰富,很容易出现情绪上的不稳定,所以旅游企业要加强对青年员工进行思想品德教育。例如,定期为青年员工举办人生哲理知识讲座,引导员工树立科学的世界观和人生观;对青年员工的异常心理,要注意引导,加强调节;及时地对青年员工的不良情绪进行疏导。

参考信息

导游心理培训不容忽视

经常有一些导游，拥有不错的教育背景，也有了一定的工作经验，但看到身边优于自己的导游比比皆是，因此自信心严重缺失，在工作中表现为原地踏步，或进步缓慢；而有些导游，工作中取得了些许成绩，或者在某方面拥有优势，于是就自满自大，不求上进，对工作中出现的失误也满不在乎；还有一些导游，由于曾经出现过差错或者受到投诉，背上了思想包袱，在以后的工作中缩手缩脚、患得患失，不能全方位展现自己的能力；还有一些导游，对导游工作的认识不够深刻，工作中得过且过，缺乏长远目标，对前途充满困惑。以上现象，在导游中不同程度地存在着，并且越来越成为制约导游成长的瓶颈。这些问题，仅仅靠传统的培训模式难以解决，只有对他们进行有针对性的心理辅导或心理培训，才能帮助他们摆脱困扰。那么，导游的心理培训该如何进行呢？

首先，导游的心理培训必须遵循人性化的原则。现在的导游大多接受过较高的文化教育，他们更渴望得到别人的尊重。因此，在培训中应该正确对待导游的成绩与过错，对成绩宜扩大化、广而告之，以增强其自信心与荣誉感。而对失误或差错，应就事论事，以分析与帮助为主，并把批评与惩罚控制在合理的范围内，切忌由此及彼。只有接受培训的导游感受到应有的尊重，他们才可能接受和认同正在进行的心理培训。

其次，导游的心理培训还必须遵循个性化的原则。在培训中，应该根据每个导游的个性、兴趣爱好、工作方式、带团风格、语言水平、专业技能、成败经历以及心理素质等元素，逐项分析，然后对症下药。

(1) 信心缺失型导游：对于这类导游，宜适当降低要求，放大他们的优点，肯定他们的成绩与进步。在让他们跟团学习时，目前的做法大都是尽量安排优秀的导游，认为这样他们学到的东西多。其实这是一个误区，因为那样反而让他们觉得优秀导游高不可攀，更加不自信乃至自卑。从心理培训的角度出发，应该让他们跟那些水平略高、经验稍微丰富的导游学习。

(2) 自满自大型导游：对这类导游应提出更高的要求，强调他们工作中的不足，让他们认识到这些失误可能造成的不良后果。培训时可请资深导游或专家与之座谈、交流，让他们认识到寸有所长、尺有所短，意识到自己需要学习的东西仍然很多。

(3) 患得患失型导游：首先，应帮助他们找出差错或被投诉的主、客观原因，助其卸下包袱；其次，帮助他们学会定期总结，客观看待自己的不足，强化对自己优点的认识。对于他们当中已经具备一定经验的导游，还可以让他们传、帮、带，充分显示旅行社对他们的信任，也有利于他们重新自我定位。

(4) 困惑彷徨型导游：针对这类导游对前途的困惑，应协助他们重新认识导游这一职业，认识导游的社会价值，帮助他们制订切实可行的短期、中期乃至远期目标，比如导游考级、职称评审等。

以上只是粗略的分类。事实上，有些导游可能兼有两种或两种以上的特征。这些都需要培训者来判断，从而制订出相应的培训计划。

(资料来源：中国旅游报 2009年2月16日，第10版)

心理测验实例

请做一个练习，测试一下自己的焦虑情绪如何。仔细阅读下面每一题，然后根据你最近一个星期的实际感觉，选择适合的答案。

(1) 经常觉得紧张和着急(   )
   A. 没有或很少有   B. 偶尔有   C. 经常有   D. 绝大部分或全部时间有

(2) 无缘无故感到害怕(   )
   A. 没有或很少有   B. 偶尔有   C. 经常有   D. 绝大部分或全部时间有

(3) 常常心里烦乱或觉得惊慌(   )
   A. 没有或很少有   B. 偶尔有   C. 经常有   D. 绝大部分或全部时间有

(4) 觉得可能将要发疯(   )
   A. 没有或很少有   B. 偶尔有   C. 经常有   D. 绝大部分或全部时间有

(5) 觉得一切都不好，可能会发生什么不幸(   )
   A. 没有或很少有   B. 偶尔有   C. 经常有   D. 绝大部分或全部时间有

(6) 脚发抖打颤(   )
   A. 没有或很少有   B. 偶尔有   C. 经常有   D. 绝大部分或全部时间有

(7) 为头痛、颈痛和背痛而苦恼(   )
   A. 没有或很少有   B. 偶尔有   C. 经常有   D. 绝大部分或全部时间有

(8) 感觉身体衰弱和疲乏(   )
   A. 没有或很少有   B. 偶尔有   C. 经常有   D. 绝大部分或全部时间有

(9) 觉得不能心平气和，很难安静地坐着(   )
   A. 没有或很少有   B. 偶尔有   C. 经常有   D. 绝大部分或全部时间有

(10) 觉得心跳得很快( )
　　A. 没有或很少有　　B. 偶尔有　　C. 经常有　　D. 绝大部分或全部时间有
(11) 因为一阵阵头晕而苦恼( )
　　A. 没有或很少有　　B. 偶尔有　　C. 经常有　　D. 绝大部分或全部时间有
(12) 晕倒，或觉得要晕倒似的( )
　　A. 没有或很少有　　B. 偶尔有　　C. 经常有　　D. 绝大部分或全部时间有
(13) 吸气都感到有困难( )
　　A. 没有或很少有　　B. 偶尔有　　C. 经常有　　D. 绝大部分或全部时间有
(14) 脚麻木和刺痛( )
　　A. 没有或很少有　　B. 偶尔有　　C. 经常有　　D. 绝大部分或全部时间有
(15) 为胃痛和消化不良而苦恼( )
　　A. 没有或很少有　　B. 偶尔有　　C. 经常有　　D. 绝大部分或全部时间有
(16) 常要小便( )
　　A. 没有或很少有　　B. 偶尔有　　C. 经常有　　D. 绝大部分或全部时间有
(17) 难以入睡( )
　　A. 没有或很少有　　B. 偶尔有　　C. 经常有　　D. 绝大部分或全部时间有
(18) 噩梦( )
　　A. 没有或很少有　　B. 偶尔有　　C. 经常有　　D. 绝大部分或全部时间有

最后，请按照 A. 4　B. 3　C. 2　D. 1 标准，给每个答案打分。如果你的累计总分大于 45，则情绪良好、稳定；如果你的总分在 30～44 之间，说明处于中间状态，也会经常性地情绪焦虑；如果你的总分低于 30，那么你有严重的焦虑情绪，必须引起重视或求助于心理医生。

案例讨论

长春市导游培训增设心理辅导课

　　没有固定工资、时常面对各色人群、随时应对突发事件，这些压力的确让看似风光的导游员有些难以承受。长春市某旅行社的工作人员认为，导游员的压力是全方位的。例如，在旅游过程中，游客都讨厌进购物店，但是导游员是执行者，必须按照旅行社安排的行程走。如果游客理解导游员，压力还会小一些，如果游客强烈抵触，导游就完全处于弱势。"你体会过被人指着鼻子骂还要保持微笑的感觉吗？"说到两年来的导游生涯，曹小姐不禁潸然泪下。"旅游行程是旅行社制定的，游客是前台接待人员拉来的，合同也是游客和旅行社签订的。导游员就是陪同游客按照行程旅游，照顾游客在旅途中的生活，确保不发生意外情况。可是，旅游活动中只要出现问题就是突发事件，导游员就像救火队员一样。如果能平息事件就是好导游，稍有差错，游客说你不负责任，旅行社说你失职。压力实在太大了"。

如何正确调节疲惫的心态是导游从业人员必须面临的问题。长春市一位心理咨询师直言："实际上导游行业对从业人员的性格有很特殊的要求。性格内向的人很难从事这种个性张扬的工作。据我了解，导游工作既要考虑旅行社的利益，还要考虑游客的利益，所以，在面对压力时，更需要释放。比如向朋友倾诉、在工作过程中与合作者分担压力、获得他人的支持都是很好的减压方式。业余时间导游员应该注意休息，用幽默的方式调整心态，或者用运动的方式放松身心。在生活中最简单的减压方式就是微笑，让自己的嘴角向上挑、做深呼吸，通过调节面部肌肉的方式来减轻心理压力。"

长春市旅游质监所所长则表示，从2007年的导游员年审培训开始，培训内容中将增加心理学知识，请心理咨询专家为长春市登记在册的大约1600名导游员进行培训。她说："这项培训内容不是短期效应，而是长期的。希望通过此项培训让长春市的导游员增强自我心理调节的能力。"

(资料来源：城市晚报，2007年4月4日，有改动)

讨论问题

1. 导致导游员心理压力过大的原因是什么？
2. 结合案例，分析缓解和减轻旅游工作人员心理压力的方法和措施。

复习与思考题

1. 心理健康和心理卫生的概念。
2. 心理健康的一般标准是什么？
3. 旅游工作者心理健康标准是什么？
4. 旅游工作者常见心理问题有哪些？
5. 如何培养旅游工作者的健康心理？
6. 旅游工作者心理调适方法有哪些？
7. 旅游企业如何维护员工的心理健康？
8. 讨论旅游工作者心理健康教育的基本内容。

参 考 文 献

中文文献

1. 阿拉斯塔·莫里森．旅游服务营销．朱虹，等译．北京：电子工业出版社，2004
2. 曹日昌．普通心理学(上)．北京：人民教育出版社，1980
3. 陈筱．旅游心理学．武汉大学出版社，2003
4. 崔丽娟，等．心理学是什么．北京：北京大学出版社，2002
5. 冯建新．心理学基础．北京：教育科学出版社，2002
6. 符国群．消费者行为学．北京：高等教育出版社，2001
7. 甘朝有．旅游心理学．天津：南开大学出版社，2001
8. 甘朝有，齐鸿善．旅游心理学．天津：南开大学出版社，2005
9. 黄继元，李晴．旅游心理学．重庆：重庆大学出版社，2003
10. 贾静．旅游心理学．郑州大学出版社，2002
11. 凯思琳·林格·庞德．职业导游员——导游职业发展动态．张文，等译．大连：东北财经大学出版社，2004
12. 李灿佳．旅游心理学．北京：高等教育出版社，1995
13. 李晴．消费者行为学．重庆：重庆大学出版社，2003
14. 李晴，牟红．旅游礼宾原理与实务．重庆：重庆大学出版社，1998
15. 李天元．旅游学．北京：高等教育出版社，2002
16. 李昕．旅游管理学．北京：中国旅游出版社，2006
17. 李昕．实用旅游心理学教程(第2版)．北京：中国财政经济出版社，2005
18. 李毓秋，梁拴荣，姚有记．心理学原理与应用．北京：经济科学出版社，1999
19. 刘纯．旅游心理学．北京：高等教育出版社，2002
20. 吕勤，郝春东．旅游心理学．广州：广东旅游出版社，2000
21. 马莹．旅游心理学．北京：中国轻工业出版社，2002
22. 邱扶东．旅游心理学．北京：立信会计出版社，2003
23. 单凤儒．营销心理学．北京：高等教育出版社，2001
24. 沈祖祥．旅游心理学．福州：福建人民出版社，1998
25. 时蓉华．社会心理学．杭州：浙江教育出版社，1998
26. 史蒂芬·佩吉，等．现代旅游管理导论．刘劼莉，等译．北京：电子工业出版社，2004
27. 孙喜林，荣晓华．旅游心理学．大连：东北财经大学出版社，1999
28. 魏星．实用导游语言艺术．北京：中国旅游出版社，1993
29. 吴正平．旅游心理学教程．北京：旅游教育出版社，1999
30. 吴正平，阎纲．旅游心理学．北京：旅游教育出版社，2003
31. 谢苏，王明强，汪瑞军．旅游心理概论．北京：旅游教育出版社，2001

32. 徐汎. 中国旅游市场概论. 北京：中国旅游出版社，2004

33. 游旭群. 旅游心理学. 上海：华东师范大学出版社，2003

34. 约翰·斯沃布鲁克，等. 旅游消费者行为学. 俞慧君，等译. 北京：电子工业出版社，2004

35. 张梅. 旅游心理学. 天津：南开大学出版社，2005

36. 张树夫. 旅游心理. 北京：中国林业出版社，2000

37. 章志光，金盛华. 社会心理学. 北京：人民教育出版社，2003

38. 曾凌峰. 调逗人们的购买欲望. 北京：中国经济出版社，2004

39. C.德威特·科夫曼. 酒店业推销技巧. 赵起，等译. 北京：旅游教育出版社，1991

40. Christine Williams，等. 旅游与休闲业服务质量管理. 戴斌，等译. 天津：南开大学出版社，2004

41. M. 艾森克. 心理学——一条整合的途径(上册). 阎巩固，译. 上海：华东师范大学出版社，2001

42. Philip Kotler，John Bowen，James Makens. 旅游市场营销. 谢彦君，译. 北京：旅游教育出版社，2002

43. Robert H. Woods，等. 饭店业质量管理. 李昕，译. 北京：中国旅游出版社，2003

44. Rocco M. Angelo，等. 当今饭店业. 李昕，译. 北京：中国旅游出版社，2004

45. 赵黎明，黄安民，张立明. 旅游景区管理学. 天津：南开大学出版社，2002

46. 孙根年. 国际旅游支付方程、支付等级与旅游偏好. 北京：地理学与国土研究，2001(1)

47. 汪家荣，史美珍，译. 西方企业的服务革命. 北京：旅游教育出版社，1989

48. 新华网

英文文献

1. Albrecht, K. (1988). *At America's Service*. Homewood, IL, USA: Dow Jones-Irwin.

2. Bowie, D.. Buttle, F. (2004). *Hospitality Marketing: An Introduction*. Burlington, MA, USA: Elsevier Butterworth-Heinemann.

3. Carlzon, J. (1987). *Moment of Truth*. Cambridge, MA, USA: Ballinger.

4. Goeldner, C., Ritchie, J and McIntosh, R. (2000). *Tourism: Principles, Practices, Philosophies* (8th Ed.). New York: John Wiley & Sons.

5. Katz, D. (1960). The Functional Approach to the Study of Attitudes, *The Public Opinion Quarterly*, Vol.24.

6. Lovelock, C. (1991). *Services Marketing* (2nd Ed.) Englewood Cliffs, N.J.: Prentice-Hall.

7. Maslow, A.H. (1970). *Motivation and Personality* (2nd Ed.). New York, USA: Harper and Row.

8. Neal, C., Quester, P. and Hawkins, D. (2004). *Consumer Behaviour: Implications for Marketing Strategy* (4th Ed.). North Ryde, NSW, Australia: McGraw-Hill Australia Pty Limited.

9. Swarbrooke, J. (2002). *The Development and Management of Visitor Attractions* (2nd Ed.). Singapore: Elsevier Science. 东北财经大学出版社影印出版，2005

10. Weaver, D. and Oppermann, M. (2000). *Tourism Management*. Milton, Australia: John Wiley & Sons Australia, Ltd.

11. McDowell, A. (1993). Legislative Controls, Planning Policy And Tourist Development On The Costa Del Sol, South Spain. The British Library British Thesis Service

12. Angelo, R.M., and Vladimir, A.N. (2001). *Hospitality Today: An Introduction* (4th Ed.). Lansing, MI, USA: The Educational Institute of AH & LA

13. MacInnis, D., .Jawerski, B. (1989). Information Processing from Advertisements: Toward an Integrative Framework. *Journal of Marketing*, 53

14. Profiles in Travel, *Travel Agent Magazine*, October 16, 1989

日文文献

1. [日]沟尾良隆. 旅游学——基本和实践. 古今书院，2004
2. [日]马场房子. 消费者心理学. 白桃书房，1981
3. [日]前田勇. 服务新时代. 日本能率协会管理中心，1995
4. [日]前田勇. 旅游与服务的心理学. 学文社，2000
5. [日]前田勇. 现代旅游总论(第2版). 学文社，1999
6. [日]前田勇. 现代旅游学关键词事典. 学文社，1998
7. [日]石冢勉. 外客接待的基础. 株式会社STREEM出版事业部，1995
8. [日]丸田赖一. 度假区开发计划论. SOFT SCIENCE, Inc. 1989
9. [日]西村幸夫，等. 城市风景规划. 学艺出版社，2000
10. [日]盐田正志，长谷政弘. 旅游学(第7版). 同文馆，1999
11. [日]佐藤圭而，杉野尚夫. 新城市规划总论. 鹿岛出版会，2003
12. [日]Valene L. Smith. 旅游·度假地开发的人类学. 嘉手前晓，译. 劲草书房，1991